Soledad Acosta
José María Samper

Los
DIARIOS
ÍNTIMOS

Edición Crítica
Flor María Rodríguez-Arenas

Foreword, bibliography & notes © Flor María Rodríguez-Arenas
of this edition © Stockcero 2014

ISBN: 978-1-934768-72-3

Library of Congress Control Number: 2014931269

All rights reserved.
This book may not be reproduced, stored in a retrieval system, or transmitted, in whole or in part, in any form or by any means, electronic, mechanical, photocopying, recording, or otherwise, without written permission of Stockcero, Inc.

Set in Linotype Granjon font family typeface
Printed in the United States of America on acid-free paper.

Published by Stockcero, Inc.
3785 N.W. 82nd Avenue
Doral, FL 33166
USA
stockcero@stockcero.com

www.stockcero.com

Soledad Acosta
José María Samper

Los
DIARIOS
ÍNTIMOS

Edición Crítica
Flor María Rodríguez-Arenas

Índice

Introducción VII
    1. El diario íntimo VIII
    2. Soledad Acosta Kemble XI
    3. José María Samper Agudelo XXV
    4. El cortejo XXXIV
    5. Los dos diarios y los otros textos de 1855 XLVII
Conclusión CXIII
Bibliografía CXXI

Los Diarios

Criterio de esta edición I
Diario de Soledad Acosta Kemble 4
Diario de José María Samper Agudelo 5

Introducción

Como textos que explicitan la interioridad de quienes los escriben, los diarios íntimos registran aspectos vivenciales de la cotidianidad entretejidos por la vida afectiva que se tratan de atrapar, contener en palabras y conservar para la posterioridad por medio de la escritura. Sean producto de mano femenina o masculina, en esos textos existe una identificación entre el emisor y el receptor en que se documentan y se describen hechos que hacen referencia a la posición existencial de sus autores y en los que se evidencian diversos rasgos subjetivos y motivaciones personales que de otra manera se desconocerían. Muchos de esos textos se produjeron para ser de uso exclusivamente personal, pero por circunstancias posteriores han llegado a tomar otro rumbo y se han publicado póstumamente logrando objetivos completamente diferentes a los que les dieron origen.

Tal es el caso de los dos textos que son objeto de este estudio: los diarios de Soledad Acosta Kemble y José María Samper Agudelo, escritos hace 159 años. La idea de la redacción de estos textos surgió de José María, quien deseaba conocer clara y verdaderamente qué era lo que impedía que Soledad aceptara la propuesta de matrimonio que le había hecho casi un año antes, en febrero de 1854. Sus autores nunca pretendieron que llegaran a difundirse públicamente los aspectos privados de sus vidas que registraron durante los 124 días que transcurrieron entre el 1º de enero y el 4 de mayo de 1855. No obstante, al continuar su existencia, ya lejana esa etapa registrada, ninguno de los dos, a pesar de los altibajos de la vida, pensó en destruirlos; los conservaron por considerar esas páginas importantes. Lo mismo hicieron posteriormente sus descendientes. Se preservaron bien porque los guardaron por ser de la historia de la familia, bien porque desconocían su existencia por haber perdido el valor inicial con que se habían guardado.

Gran fortuna que ha permitido que esos fragmentos fugaces y olvidados de vida se hayan conservado; pero que han vuelto a la luz; hallazgo[1] que consiente y accede a que el presente penetre en las profundidades del pasado y de la historia para obtener una visión mejor estructurada de las circunstancias que vivieron durante esa época de la historia esos dos jóvenes.

La publicación[2] de estos escritos tiende un lazo al pasado y aporta información sobre los autores que es personal, directa, de primera mano, sin tergiversaciones e histórica; lo que la hace indispensable para intentar comprender algunas de las motivaciones que fueron esencia de su identidad, que los impulsaron e incluso fueron fundamentales posteriormente en su existencia. Originados como parte de un proyecto de comprensión y posible corrección, se convirtieron poco después en textos tanto de representación y justificación, como de rectificación y mesura, para finalmente volverse depósito de la forma en que sus autores fueron protagonistas de una historia privada común nunca destinada a los libros, sino al recuerdo y a la valoración de aspectos vicarios e irrepetibles de la vida.

1. El diario íntimo

Los diarios personales, textos receptores de lo íntimo, de lo confesional y de lo subjetivo, cuyas intenciones son propias y exclusivas de quienes los escriben; poseen las características de ser plasmados según las circunstancias del momento; por eso, sus discursos son fragmentarios, abreviados, reiterativos, desordenados y confusos; ya que sus referentes aluden a situaciones vivenciales concretas, ajenas para alguien lejano al contexto de producción. No obstante, las carencias de sus discursos, lo plasmado en ellos se considera: huella relativamente auténtica de algo ocurrido verdaderamente (véase: Lejeune, 12).

---

1 La recuperación de uno de los diarios que aquí se publica, de casi todos los textos de Soledad Acosta de Samper, de varios de José María Samper Agudelo, Joaquín Acosta, Bertilda Samper Acosta y Blanca Samper Acosta se realizó gracias a la exhaustiva investigación organizada por la Biblioteca Nacional de Colombia y el Instituto Caro y Cuervo en los fondos bibliotecarios de la nación por la celebración del año Soledad Acosta de Samper (2013), decretado por el Ministerio de Cultura de Colombia, al cumplirse un centenario del fallecimiento de la escritora (1913-2013).

2 El texto del diario de Soledad Acosta de 1855 se publicó anteriormente, como parte de su diario, modificada la puntuación, arreglada la redacción, mudadas las estructuras de algunos párrafos y modernizada la escritura (véase: Acosta de Samper 2004). Mientras que el texto de José María Samper es inédito.

El diario puede contener la introspección personal (ideas, reflexiones, sensaciones, sentimientos, emociones), la indagación moral y psicológica, tanto como la cotidianidad individual y la crónica familiar (muchas veces), así como los hechos históricos o las circunstancias sociales y políticas de sus autores. Sea cual fuere el referente que se relacione con quien lo escriba, en el diario se observa la toma de conciencia de circunstancias importantes a la experiencia personal (véase: Girard, 34); además de que en sus páginas se presenta lo afectivo y las interpretaciones momentáneas, las situaciones y escenarios registrados se hallan fechados, señalando experiencias vitales para la memoria.

El diario íntimo contiene un mundo interior que surge de la cotidianidad, donde se guarda muchas veces lo indecible, lo secreto, las confidencias, lo que afecta negativa o positivamente lo subjetivo de la vida de quien escribe. «Lo íntimo tiene unas propiedades, pertenece a un ámbito, que, como todo lo que concierne a la cotidianidad, es lo suficientemente poroso como para que pueda dejar de serlo y se convierta en privado e incluso en público» (Castilla del Pino, 10). No obstante, «El ámbito íntimo exige como condición previa otro ámbito, el de la vida privada» (Castilla del Pino, 11); donde «La intimidad, la soledad y el secreto serían las nociones más estrechamente relacionadas con la privacidad» (Castilla del Pino, 12).

El diario como forma de escritura fue muy popular desde finales del siglo XVII; su uso se masificó durante el siglo XIX en diversos países de Europa (véanse: Mattews, 1950; Batts, 1976; Huff, 1985; Havlice, 1987, entre otros). Philippe Lejeune, en su conocido estudio sobre esta forma de escritura personal, afirmó sobre Francia en el siglo XIX: «miles y miles de niñas y jóvenes han debido llevar diarios en todo el país, a lo largo del siglo (...)» (Lejeune 2009, 130). Además, dentro de la literatura de ficción, este tipo de escritura se representó en obras de esa centuria en diferentes países. Algunas de ellas: *Frankenstein, Wuthering heights, Les Conquérants, The tenant of Wildfell hall, The woman in white, Dracula, Les cahiers d'André Walter*, etc.

Lejeune, como estudioso de esta forma de escritura, informó sobre aspectos específicos que se debían tener en cuenta para interpretar adecuadamente los textos originales. Para él, las dificultades mayores son retóricas. 1. Lo implícito: muy pocos autores de diario se presentan o proporcionan información sobre ellos mismos (personalidad, apariencia, ambiente, etc.), ya que para ellos es lo obvio; pero a siglos de distancia la carencia de esos aspectos pueden hacer difícil la comprensión del texto. 2. Las lagunas temporales: o bien accidentales, por la pérdida de algún cuaderno, o bien reales, cuando el/la autor/a dejó de escribir por días o escribió únicamente por una época determinada, dejando de esa manera ocultas las circunstancias de su existencia durante las épocas silenciadas. 3. Además de comprender la escritura, se debe descifrar el «código» de composición (marco temático dentro del que el diario se articula) para encontrar el significado que se quiso expresar, guardar y recordar (véase: Lejeune 2009, 132-133).

* * *

Dentro de las letras hispanoamericanas se hallan diarios personales de jóvenes de ambos sexos, pero los textos escritos por José María Samper Agudelo y Soledad Acosta Kemble[3], comenzados como diarios íntimos y personales, se convirtieron pasados pocos días en escritura para el otro, cuyas estrategias de comunicación suplían las deficiencias de la oralidad entre ellos, compensando las interferencias que se producían en la comunicación diaria.

Los textos pretendían conservar la memoria de las emociones y de los pensamientos y dejar evidencia de parte de lo que motivaba sus acciones durante los meses antes de contraer matrimonio. No obstante en la lectura se notan aspectos de la intencionalidad de los escritores y la adaptación que hicieron del discurso a las circunstancias y a las expectativas de sus receptores. Escritos en esas circunstancias han pasado a convertirse en un caso muy especial. Al celebrarse la cere-

---

[3] El «*Diario*» de Soledad Acosta es un conjunto de 12 piezas: 11 cuadernillos manuscritos: 1) «Reflexiones» (ag. 22, 1853) [18 pgs.], que en la carátula posterior lleva el título: «Pensamientos, apuntes y notas en Guaduas. Agosto de 1853». 2) Diario (sept. 14 – oct. 26, 1853) [38 pgs.]. 3) Diario (oct. 29, 1853-ene. 30, 1854) [108 pgs.]. 4) Diario (feb. 1º-mzo. 23, 1854 [40 pgs]. 5) Diario (mzo. 23- abr. 7, 1854 [56 pgs.]. 6) Diario (abr. 16-jun. 25, 1854) [152 pgs.]. 7) Diario (jun. 25-sept. 14. 1854) [118 pgs.]. 8) Diario (sept. 29-oct. 29), (nov. 11-12), (nov. 25-dic. 2), (dic. 6-31, 1854) [64 pgs.]. 9) Diario (oct. 13-nov. 16, 1854, fin de la Revolución) [42 pgs.]. 10) Diario (dic. 6-31, 1854) [31 pgs]. 11) Memorias íntimas (sin fecha); y un libro, regalo de José María Samper: Diario (ene. 1º-mayo 4, 1855) [136 pgs.], (este último manuscrito es objeto de este estudio). Todos esos textos son parte del fondo Soledad Acosta de Samper tanto en la Biblioteca de Yerbabuena del Instituto Caro y Cuervo, como en los fondos de la Biblioteca Nacional de Colombia en el fondo: *fsacosta*. Todos esos manuscritos, excepto el de Memorias íntimas, fueron generados por la impresión y las emociones que le produjo a Soledad el haber conocido a José María Samper en las fiestas de agosto de 1853.

monia, el 5 de mayo de 1855, llegaron a conformar la única pareja intelectual pública que dominó el panorama cultural colombiano de la segunda mitad del siglo XIX[4].

Se conocieron el 14 de agosto de 1853[5], en Guaduas, Cundinamarca, cuando José María tenía 25 años y era viudo y Soledad contaba 20 años de edad. Desde el momento en que sus vidas se cruzaron, comenzó una relación que habría de durar hasta el final de sus días. No obstante la fuerza del impacto emocional que él le causara a ella al conocerlo, la relación estuvo a punto de no consolidarse, debido a la manera de ser de ella, a las ideas preestablecidas que poseía, a sus conductas aprendidas y a las circunstancias que sucedían a su alrededor. Sin embargo, la joven no contó con la decisión y los actos con los que el pretendiente subvirtió decisiones, derrumbó oposiciones y en parte modificó comportamientos para lograr que ella aceptara el matrimonio propuesto. Los dos registraron diversos hechos del cortejo y variadas circunstancias ocurridas en poco menos de cinco meses, entre el 1° de enero y el 4 de mayo de 1855 en respectivos diarios íntimos[6], libros destinados por José María a ser los instrumentos de su destino, según fuera la aceptación o el rechazo que Soledad le diera a su propuesta de enlace nupcial.

2. Soledad Acosta Kemble

Soledad era hija única de Joaquín Acosta, quien había iniciado su carrera militar, con órdenes del ya general Francisco de Paula Santander, en el ejército patriota durante las guerras de independencia; carrera que comenzó con el título de subteniente de infantería (1819), hasta ascender a general (1851), nombramiento que recibió pocos

---

4 Aunque hubo otros matrimonios, como el conformado por Manuel Ancízar y Agripina Samper, hermana de José María, ninguno realizó públicamente en conjunto, lo que efectuaron pública y culturalmente los esposos Samper Acosta durante el siglo XIX.

5 El día y la hora en que se vieron por primera vez Soledad y José María, lo escribió él: «Diez y siete individuos íbamos de Ambalema para Guaduas el 14 de agosto. (...) A las cinco de la tarde atravesábamos en gran pelotón la plaza principal de la ciudad, y como en una de sus casas vivía una familia con quien yo tenía antiguas relaciones, volví la vista, al pasar, hacia las ventanas. A una de éstas estaban asomadas dos señoritas de tipos muy diferentes, la una era mi amiga; la otra me era enteramente desconocida. Las miré con mucha atención, las saludé y seguí andando, paré i fui a apearme en la acera del frente, a la puerta de la casa que habitaba mi madre» (Samper 1881, 274).

6 En este estudio, los fragmentos de los diarios y de los otros textos manuscritos que se citan de los dos autores conservan la grafía, la ortografía y la puntuación original.

meses antes de su muerte. Tuvo diversos cargos gubernamentales y diplomáticos, pero dejó una marca en la historia por su labor como docente y por sus estudios, investigaciones y publicaciones realizadas en Francia: en 1847, publicó el Mapa de la República de la Nueva Granada, que hasta ese momento era el mapa más preciso del territorio del país; en 1848 publicó: *Compendio histórico del descubrimiento y colonización de la Nueva Granada en el siglo décimo sexto*; mientras que en 1849, tradujo y publicó: *Viajes científicos a los Andes ecuatoriales...*, textos de Boussingault y Roulin; difundiendo en español los hallazgos científicos de esos viajeros franceses. Al regresar a la Nueva Granada a finales de 1849, rechazó todo cargo gubernamental, para dedicarse a sus estudios e investigaciones; desafortunadamente murió en febrero de 1852.

Mientras que la madre, Caroline Kemble, como mujer de familia de ascendencia inglesa y educada en Francia, tenía una concepción muy precisa del puesto de la mujer en la familia y en la sociedad. Instruida dentro de la ideología de que la mujer existía para apoyar al hombre y que su único centro de acción era la vida doméstica, donde ella debía ser el eje y el modelo de ese mundo interior, transmitió rigurosamente esas ideas a su hija.

Esas concepciones impartidas fueron reforzadas culturalmente por el estado patriarcal, que se valía de todos los medios: educadores, predicadores, ministros, hombres de ciencia, etc., para regular la sociedad e ir en contra de cualquier circunstancia social que cambiara las normas imperantes, como sucedía con el movimiento feminista que en la Gran Bretaña, en Estados Unidos y en otros territorios luchaba por los derechos de las mujeres.

Una concepción muy difundida sobre el ideal de mujer deseado en la sociedad, en el mundo de habla inglesa, fue el impulsado por el predicador anglicano Thomas Gisborne[7] en sus escritos de filosofía moral; especialmente en su libro: *Inquiries into the duties of the female sex* (1797) [*Investigación sobre los deberes del sexo femenino*][8]; quien tres años antes había publicado: *An enquiry into the duties of men in the*

---

[7] Fue uno de los miembros más conocido de la llamada Secta Clapham, grupo formado por influyentes miembros de clase alta de la Iglesia de Inglaterra, que poseían una visión particular reformadora de la religión evangélica anglicana, cuya base se hallaba en Clapham, Londres, entre 1790-1830, y que giraban en torno a William Wilberforce (véase: Scotland, 16).

[8] Libro que se convirtió en el «best seller» de la época, difundiéndose rápidamente en el mundo de habla inglesa.

higher and middle classes of society in Great Britain (1794) [*Investigación sobre los deberes de los hombres de clases alta y media en la sociedad de Gran Bretaña*], (véase la diferencia en el tratamiento de hombres y mujeres; el estatus social identifica a los primeros, mientras que el sexo es lo que determina a las mujeres). Ese primer libro se difundió rápidamente y atravesó fronteras[9], algunas de las ideas que transmitió, se explicitan a continuación:

> En tres aspectos particulares, cada uno de los cuales es de extrema preocupación incesable para el bienestar de la humanidad, el efecto del carácter femenino es de vital importancia. / Primero, en la contribución diaria y de hora en hora al confort de los maridos, de los padres, de los hermanos y de las hermanas y de las otras relaciones, conexiones y amigos, en el trato de la vida doméstica, bajo cada vicisitud causada por la enfermedad y la salud, por la alegría y la aflicción. / En segundo lugar, en la formación y en el mejoramiento de los modales generales, de las disposiciones y de la conducta del otro sexo, por el trato diario y el ejemplo. / En tercer lugar, en el moldeamiento de la mente humana mientras es aún flexible, durante las tempranas etapas de su crecimiento, mediante la fijación de los principios de acción durante el crecimiento; los niños en general, bajo la guía materna durante su infancia y las niñas hasta que se hagan mujeres (Gisborne, 12-13).

Como se observa, en la obra se enfatizaba la domesticidad dentro del matrimonio donde la mujer debía ser compañía para el hombre, lo cual era la condición ideal femenina. Además, las diferencias corporales entre hombres y mujeres señalaban las divergencias entre sus capacidades mentales; porque Dios había diseñado a los dos sexos en forma diferente, del mismo modo sus intelectos y sus disposiciones eran diversos; así, la capacidad mental de las mujeres era relativa a la esfera en que podían moverse, la cual era humilde y limitada (véase: Gisborne 10-11).

Al lado de esto, el autor lanzó un fuerte y cerrado ataque contra las mujeres que en la Gran Bretaña buscaban justicia y equilibrio en

---

9 Este texto circuló desde su primera edición en los Estados Unidos. En la Biblioteca Pública de New York se encuentran 2 volúmenes de la edición de 1797; 1 de la cuarta edición (corregida y aumentada) de 1799; 1 de la 5ª edición de 1801; y 1 de la 11[ava] edición de 1816; es decir, era una obra que tenía amplia circulación en el área.

Joaquín Acosta conoció a su futura esposa en el viaje de regreso a la Nueva Granada en 1831; la familia de ella desembarcó en la ciudad de New York; allí invitaron a Acosta a conocer parte de la familia de ella radicada en las cercanías. En 1832, Acosta regresó a esa área y contrajo matrimonio en Tarrytown, NY, distante 115 kms. aproximadamente de la ciudad.

los derechos de las mujeres, quienes por el abuso del vino, el vocabulario soez empleado en las plazas públicas y las actividades a las que se dedicaban, eran indignas del papel que les correspondía por legado divino.

> La ciencia de la legislación, de la jurisprudencia, de la economía política; la dirección del Gobierno en todas sus funciones ejecutivas, las complejas investigaciones de la erudición, las inexhaustas profundidades de la filosofía, las adquisiciones relativas a la navegación, el conocimiento indispensable del amplio campo de las sociedades mercantiles, el arte de la defensa y ataque por tierra y por mar, que requiere de la violencia y del fraude que atacantes sin principios hacen necesarios, (...) son estudios, búsquedas y ocupaciones asignadas principalmente a los hombres, porque exigen de una mente dotada para el razonamiento total y meticuloso, además de una atención intensa y continua; en un grado en el cual no se requieren, en las mujeres, por las diferencias de los oficios que acostumbran (Gisborne, 20-21).

Según el predicador evangelista, Dios había distribuido con liberalidad capacidades y cualidades en los hombres para realizar esos aspectos; pero había sido más frugal con las mujeres, porque no los necesitaban por el tipo de trabajo que desempeñaban en la esfera doméstica. No obstante, a ellas les había concedido gran vivacidad, rapidez de percepción, gran inventiva y absolutos poderes para reducir el ceño del docto, para renovar las facultades del sabio y para difundir en el círculo de la familia una perenne sonrisa de felicidad; actos en los que la superioridad de la mente femenina no tenía rival (véase: Gisborne, 22).

Las cualidades que hacían la gloria del sexo femenino eran las disposiciones y los sentimientos del corazón; la modestia, la delicadeza y la sensibilidad simpatizante de benevolencia rápida y activa, y la cariñosa y afectiva adhesión familiar; atributos naturales femeninos que no estaban confinados a ninguna etapa particular del desarrollo de la civilización (véase: Gisborne, 23).

Las nociones sobre la naturaleza femenina que difundía este moralista no eran particulares de los británicos, provenían de siglos y estaban extendidas en los territorios europeos desde la antigüedad. Lo que hizo el siglo XVIII, fue apoyarse en la incipiente ciencia médica para emanar una variedad de discursos modeladores de comportamiento, que afirmaban que las diferencias anatómicas de las mujeres se correspondían a su debilidad intelectual, por lo cual debían ser complemento del hombre; pero eran sustancialmente inferiores a él, porque eran impresionables y sensibles en forma tal que la naturaleza predisponía sus corazones y sus mentes para el reino de la privacidad y del sentimiento.

Ahora, Soledad, como hija única, tuvo una formación tanto intelectual como profesional que comenzó a estructurarse desde la infancia en el seno de su familia, en donde desarrolló su capacidad cognitiva y adquirió valores y actitudes sobre la educación y el trabajo intelectual (al observar a su progenitor dedicado a la investigación, a la enseñanza y a la publicación de obras importantes; lo mismo que al verlo participando activamente en el campo político y en los cargos gubernamentales). Ese proceso de estructuración personal en ella fue estricto en algunos aspectos y, el entorno social y familiar lo hicieron complejo y en ocasiones frustrante, porque los padres tenían formas diferentes de relacionarse con ella y pensamientos diversos sobre la forma en que ella debía instruirse.

Debido a que la progenitora dictó durante algún tiempo clases de música en el Colegio de la Merced en Bogotá, es bastante probable que Soledad hubiera recibido instrucción en ese plantel. De haber sido así, y siguiendo el programa de los actos públicos en que participó Agripina Samper, quien sería su futura cuñada (ca. 1843) (véase: Samper s.f., 80), Soledad habría cursado durante sus estudios elementales: aritmética, religión, gramática y prosodia castellana, gramática y fonética francesa, historia de la conquista del Nuevo Reino de Granada, geografía, música, dibujo, costura (véase: «Las educandas del Colejio de la Merced...». fpineda_887_pza57. pdf). También es probable que hubiera alcanzado a seguir otros cursos antes de viajar con sus progenitores hacia Nueva Escocia; ya que para 1847, se había ampliado el programa de estudios. Para ese año, ya se les enseñaba a las niñas: religión cristiana, moral cristiana, historia sagrada, catecismo, aritmética, dibujo lineal, perspectiva, gramática castellana, francés, física, teneduría de libros, geografía general, geografía de la Nueva Granada, urbanidad[10], historia del descubrimiento del Nuevo Reino de Granada, música, costura, dibujo y pintura (véase: «Programa de certamenes del Colejio de la Merced – 1847». fpineda_385_pza19.pdf, 5-6).

La situación educativa de las niñas «de familias decentes», que no siguieron las clases del Colegio de la Merced, era aún mucho más precaria porque en los poquísimos establecimientos privados que la ofrecían, se dejaba a los padres decidir lo que ellos querían que sus hijas aprendieran. Sin importar que tuvieran los rudimentos de la lectura y tal vez de la escritura, de esas jóvenes se esperaba que superan tejer, coser, bordar (con oro y plata) y efectuar labores de anjeo (con plumas); las más afortunadas aprendían a tocar algún instrumento, además de todo lo relativo al manejo de la casa y de la familia; enseñanza que impedía que las mujeres tuvieran una visión más allá de los muros de la casa.

Una descripción acertada de la actividad privada y social de mujeres de «familias decentes» que recibían este tipo de educación, la proporcionó Soledad en su diario:

> Llegaron las Orrantias anoche fuimos a verlas son muchachas y la madre es lo mismo que se les figura que bordar coser y hacer cosas de mano es el mas alto grado de *talento* que la inteligencia consiste en aprender pronto algun bordado o encaje, y hacerlo a prisa es para ellas un gran merito, nos mostraron mil enaguas de crochet, nos llenaron de encajes de bolillos, nos cubrieron de mil bordados que habian hecho despues nos llevaron a la sala – alli hicieron que mi mama tocara y que bailaramos *Schottish, Polka, valse* – ay Dios estaba tan cansada de ellas que ya yo no podia respirar; despues siguio la conversación me dijeron mil cosas de las personas de Bogotá ambas hablaban a la vez, hasta que me atolondraron – despues me llevaron a un cuarto, me estuvieron mostrando los sobres escritos de unas cartas de diferentes personas haciendome el panejirico de cada una no mui en su favor, enfin volvi a casa con la cabeza dandome vueltas, tanto me habian hablado de bailes, versos, modas, *matrimonio civil*, zapatos, peinados, dulces, paseos, juegos, teatro y..... quien sabe que mas sobre cada persona tenian alguna cosa que decir que desagradaba ([oct. 1°] Acosta 1853, cuadernillo 4: 7).

---

[10] Las niñas fueron interrogadas sobre los siguientes aspectos: «Qué es urbanidad – bases principales de la urbanidad en la mujer – limpieza – modestia – afabilidad – modo de presentarse una señorita – como debe asistir a las funciones religiosas – visitas, sus especies, cuando i se hacen – cual i como debe ser la conversación de una señora – sobre la comida i la bebida – maneras en el paseo – qué hai sobre el baile – correspondencia epistolar – como se puede aparecer mas cortés en la sociedad» (fpineda_385_pza19.pdf, 5-6).

Soledad recibió educación básica en Bogotá hasta los doce años, cuando viajó con su madre por diez meses a Halifax, Nueva Escocia, donde vivía la abuela materna, lugar donde mejoró el inglés. Luego en mayo de 1846, las dos viajaron a Inglaterra, donde las recibió Joaquín Acosta. Poco después radicaron en Versalles hasta noviembre (Acosta de Samper 1901, 427), y después se establecieron en París, donde ella estudió por los siguientes dos años y siete meses.

Las breves descripciones que Soledad plasmó en el diario sobre sus estudios en Francia, informaron que había estado en dos escuelas: una de ellas muy rígida y la otra un poco mejor (véase: [abr. 7] Acosta 1854, cuadernillo 7: 51). El tipo de institución que describió, era el clásico internado («pensionnat») francés donde las jóvenes extranjeras de clases medias altas y altas llegaban a educarse. En esos establecimientos, las estudiantes estaban divididas por edades (menores de 7 años, entre 7 y 13 años y mayores de 13 años). Soledad, por la edad, habría quedado ubicada en el grupo de estudiantes mayores: jóvenes que recibían una educación más avanzada de la que ya poseían (el equivalente en esa época al bachillerato o secundaria para las mujeres). En ese tipo de institutos, las jóvenes debían pasar 8 horas del día en clases; la mañana estaba dedicada a las lecciones académicas (artes, lenguas, historia, geografía, nociones de ciencias naturales, literatura) y las tardes se destinaban a la enseñanza de cursos individuales y a su perfección (piano, música, dibujo, pintura, baile). Educación que iba dirigida a hacer a las jóvenes más elegibles en el mercado del matrimonio (véase: Rogers, 172-182).

Cuando regresó a la Nueva Granada llevó la vida protegida y encerrada de una hija única, señorita de clase alta; es decir, entre la casa, la familia, las amistades cercanas (siempre en compañía de la madre); en esa época era muy joven para asistir a las fiestas de la juventud. En la entrada del 21 de noviembre de 1853, cuando ya tenía 20 años y medio escribió sobre su primer baile en Bogotá:

> Ayer no tuve tiempo de escribir –
> Nos mandaron a convidar de adonde mi Sra Mariquita para que fuéramos a comer allá por ser el santo de Virginia – Estaban Pedro Madrid con su madre i esposa, Margarita Paris i la familia del Jeneral Paris. Por la tarde estuve ayudandole a Virginia a componer la sala i a adornarla con flores, (...). / A las seis nos fuimos á casa

para vestirnos i volver al baile pero empezo a llover a la hora que debiamos ir – yo queria quedarme pero mi Mamá me dijo que era imposible no ir – y asi lloviendo emprendimos camino – los caños iban crecidos la agua nos mojaba por todas partes – no habia todavia jente cuando llegamos, pero pronto se lleno la sala y el corredor (que habian preparado para bailar tambien allí) de los convidados. Habia mucha jente, Espinosas, Ujuetas, O'Learys, Paredes, Parises, Codazzis, Tejadas, Neiras i otros que ni conocí ni me acuerdo de ellos – yo bailé con los siguientes Joaquin Paris 3. Medardo Rivas 2. Antonio Escallon 2. Vicente Paris 2. Parodi 1. Bonitto 2. Jacobo Ortega 2. Fidel Paris, Juan Pablo Anubla, Logan, Ricardo Rivas, Ricardo Wills, Timoteo Ricaurte i Mariano Paris i Antonio Ortega – en todo bailé 22 piezas era mi primer baile en Bogotá me veia festejada atendida por todos, mi *vanidad* estaba contenta, pero mi corazon se encontraba solo i triste. (...). / Bailé por primera vez la danza Cubana me gusto pues se parecia en algo á la contradanza i ella me recordaba momentos de alegria que jamas veré – Salimos á las 4 ½ mi tio Benito y Domingo nos llevaron a casa (...) (nov. 21, 1853, cuadernillo 12: 54-55).

Ahora bien, no habiendo recibido Caroline Kemble-Acosta otra educación que la que la preparó para la vida doméstica y la capacitó para contrar matrimonio, aleccionó a su hija en la misma forma, transmitiéndole estrictamente los patrones de comportamiento que una joven de buena familia debía explicitar en su actuación familiar y social, e insistiendo enfáticamente en ellos, porque la conducta de la joven debía ser en todo momento, tanto en lo íntimo, como en lo privado del mundo familiar y aún más en la sociedad, totalmente irreprochable, porque de su actuación dependía el honor de la familia. Esas directrices se basaban en aspectos de conducta establecidos e inmodificables, como se observa a continuación.

Para recordar a José María, Soledad había dibujado a lápiz su retrato; pero su progenitora atenta a la situación de que su hija había dado veladamente su aceptación al pretendiente, a pesar de sus advertencias y consejos para que lo olvidara definitivamente, constantemente vigilaba el proceder de la joven y revisaba sus posesiones para evitar cualquier sorpresa futura. Posiblemente alertada por actos de la hija, le encontró el dibujo, le llamó la atención y la conminó a solucionar lo que había hecho, mediante una determinada inflexión en la voz; tono que hirió la susceptibilidad de Soledad, lanzándola a realizar una serie de acciones que demostraron ampliamente su carácter:

> Tu tambien ya pereciste, se me acabo pues aun ese debil consuelo en mi pesar? quién lo hizo? – quien sino estas manos!... si! manos traidoras para que me destruiste al retrato de mi bien? que no he de tener siquiera ese recuerdo? no me ha de quedar ni su imagen para poder contemplarla en mis ratos de desesperacion i asi calmar algo mi pena inmensa! se acabo yacen alli las cenizas i no puedo ya nunca tener ese placer! Cuantas lagrimas me causo este sacrificio, cuantos suspiros oprimian mi ajitado pecho – sin embargo con mano firme lo hice! rompi la bella imajen i la quemé, cuantas veces mis lagrimas me ofuscaban la vista i los convulsos sollozos apagaban la llama mientras mis ojos seguian el progreso del fuego destruyendo poco a poco toda mi obra – cada punto dibujado alli me habia costado horas de pensar para recordar su fisonomia para mi siempre amable – cuantos dias gaste yo en acabarlo! – cuantas horas de alegria estuve meditando sobre el tiempo cuando lo veia verdaderamente! – se parecia tanto! – pero vano es recordar esto, ya no esciste. – *Mi Mama me sorprendio el retrato i lo vio entre mi pupitre (su pupitre). Lo tomó entre sus manos i dijo "que diria el si supiera esto!" – Que diria el!* resono en mi oido que diria! – Ya no podrá decir nada porque no esciste! el tono de burla con que dijo esto me penetro hasta el alma – no queria yo que ser humano supiera que tenia retrato de el que creyeran que cuando me voy a mi cuarto que estoy mirándolo – no – *esta tarde supo lo que yo tenia y un instante despues lo queme delante de ella!* – fue sacrificio pero mi orgullo mi amor propio me lo mandaba! – al pie de la Solita enterrare sus cenizas! ([jun. 10] Acosta 1854, cuadernillo 7: 136] (énfasis agregado).

Con su reacción, Soledad exhibió la personalidad fuerte que poseía, que la llevaba a demarcar claramente lo público, lo privado y lo íntimo. Tenía ideas precisas tanto de sí misma y de su valor, como de sus acciones; no estaba dispuesta a que la humillaran o a humillarse; de ahí que reaccionara no mostrando «amor propio», como lo denominó, sino soberbia y altanería; tenía un orgullo extremado (tal vez parecido al de la progenitora) y las decisiones que tomaba, eran categóricas y definitivas. La sorpresa que le causó la madre, el tono de burla que ella empleó, la ofensa que sintió de que descubriera el dibujo que le había costado tanto hacer (no solo porque ella había tomado abiertamente la determinación de contravenir los patrones de conducta establecidos, sino por el esfuerzo para ejecutar algo de lo que ella se sentía orgullosa: «cada punto dibujado alli me habia costado horas de pensar para recordar su fisonomia para mi siempre amable – cuantos dias gaste yo en acabarlo! – cuantas horas de alegria estuve meditando sobre el tiempo cuando lo veia verdaderamente! – se parecia tanto!»). Hasta quiso argüir fútiles, fugaces y efímeras justificaciones que ella misma sabía que no eran ciertas («lo vio entre mi pupitre [su pupitre»]); pero con el fin de evitar cualquier otro reproche, su reacción súbita fue despedazar el dibujo e inmediatamente quemar los pedazos frente a la progenitora, dando así por terminada la situación que la había sorprendido y la ofendía.

Sin embargo, alejada la madre después del desplante de arrogancia y de la violencia de la reacción producida, Soledad le seguía otorgando un valor simbólico a esas cenizas que habían contenido poco antes la representación del amado que su memoria conservaba; de ahí que no se atreviera a deshacerse de ellas, a botarlas a la basura, sino que emblemáticamente decidiera enterrarlas en la tierra de la planta que José María le había obsequiado; situación que mostraba tanto la fuerza que tenía en ella la memoria del pretendiente, como el valor que ella le daba a ese recuerdo.

A ese temperamento se unía un carácter taciturno:

> Todos me dicen que tengo fisonomia melancolica, talvez alli estaran retratados mis años para venir, talvez sin pensarlo llevo en la frente impreso el sello de la desgracia, presentimiento que me acompaña siempre y con la edad en lugar de disminuir crece y gana imperio sobre mi espíritu esta idea me ha seguido siempre desde mi mas tierna edad cuanta impresion hizo en mi joven alma las palabras de una mujer que al contemplar mi extremada alegria, mi inquietud y viveza dijo: "esta niña sera desgraciada algun dia y mientras mas alegre esta ahora mayor sera su tristeza cuando este grande", palabras que jamas se me borraron de la mente y que recuerdo sin cesar – ([feb. 1°] Acosta 1854, cuadernillo 11: 1].

Carácter que se había consolidado en la parte negativa, pocos años antes con la muerte de su progenitor. Claramente ella precisó que la causa de la amargura y la desolación que llevaba dentro era el duelo por la pérdida del padre:

> Desde el día, desde la noche, en que pude persuadirme de la realidad de tanta desgracia desde ese momento me senti cambiada y cuan cambiada! el pesar me habia hecho que de una muchacha sin pensamiento sin ideas apoyada en mi padre – de repente senti que el apoyo se me habia ido y que estaba sola – mi madre estaba ahi pero ella no me comprende no toma interés en mi instrucción – en mi espíritu su amor hacia mi es grande pero *no* me *conoce*.... aquella noche tan amarga – tan terrible..... esa noche me volvi independiente de todo y senti que era otra el pesar fue grande la pena tanto mas inmensa tanto que nunca hablo de mi padre – me parece un sacrilegio me parece falta grande hablar de el y aun pensar en el con la sonrisa en los labios cuando quiero estar triste pienso en tan grande desgracia pero nunca es que siquiera pronuncio esas palabras que me conmueven y no quiero mostrar mi pena porque mostrarla seria desear que me la alivien y yo *no quiero* ser consolada – ([nov. 18] Acosta 1853, cuadernillo 12: 47].

Evidentemente, el progenitor le era muy querido y había un cercano grado de convivencia e identificación con él; era una persona fundamental en la afectividad de Soledad. Tanto la ausencia como la falta de su compañía le produjeron un estado de tristeza y dolor. Al serle arrebatada su presencia, su influencia y su apoyo comenzó a sufrir por el duelo; el mundo cambió para ella debido a la ausencia y el sentimiento de pérdida se le convirtió en un motivo de constante desolación. La angustia producida por la carencia, la llenó de aprehensiones negativas que la perturbaron afectivamente; porque la existencia se le convirtió en una adaptación a la pérdida; ajuste que estaba fundado en desconfianzas, indecisiones y susceptibilidades.

La pérdida supuso el final de una etapa de la existencia de la hija, dando paso a sentimientos de tristeza, dolor e incomprensión, totalmente naturales y normales, producto del estado de abatimiento y de la impotencia que resultó del daño irremediable. Sin embargo, al aferrarse a rememorar esos sentimientos negativos su comportamiento se volvió rígido y su conducta repetitiva. «A medida que ellos añoran al difunto y lo buscan, persisten automáticamente en comportamientos que o bien retuvo al fallecido cerca a ellos alguna vez, o bien expresaron al regresar de alguna separación. Ellos permanecen vinculados biológicamente a los seres queridos muertos en formas que poco reconocen» (Attig, 37).

Algunos pueden refugiarse dentro de un dolor normal como una vacilación semideliberada y tal vez psicológicamente necesaria antes de superar la pérdida. Este retraimiento psicológico de esfuerzo puede servir temporalmente; pero cuando se permanece voluntariamente en la angustia producida por la pérdida, la conducta es nociva. Cuando se permanece reviviendo el sentimiento y se rechaza la vida normal y la realidad, se resiste o se retarda el cambio para transformar el caos en equilibrio. Entonces se acepta la pasividad y la permanencia en ese estado negativo y confuso, para evitar tener que enfrentar lo desconocido que trae la existencia. Ese retraimiento en ocasiones hace que la familia preste atención al que sufre, lo cual crea una sensación de atención que recrea la solicitud y el cuidado recibidos en el pasado; resultado secundario que hace que se desee esta situación como compensación por la pérdida (véase: Attig 38-39).

Soledad sintió muy profundamente el desamparo y la orfandad que le produjo el fallecimiento del progenitor; la indiferencia que provenía de la actuación de los otros, así como lo que señalaba como incomprensión por parte de su madre hacia ella, sumaban pérdidas secundarias que agravaban su retraimiento y su melancolía; a tal punto que su estado de ánimo empezó a mostrarse depresivo, cada vez que algo se relacionaba con el futuro.

De ahí que ella reiterara en la escritura de los diferentes cuadernillos de su diario ese constante sentimiento de desolación, que la llevaba a sentirse incomprendida, desamparada, angustiada, abatida, avasallada por negros pensamientos, muchas veces sin causa visible, aunque todo a su alrededor fuera positivo. Ese duelo y el consiguiente abatimiento y estado depresivo, normales en las circunstancias sufridas, también eran formas de conducta establecidas tanto en la literatura cotidiana (véase: Brewster, 490-492); como en los libros de comportamiento para las mujeres (véase: Anónimo 1830, 98-99), quienes deberían sentir un dolor debilitante e irresuelto, producto de la melancolía por la pérdida del ser querido. De esa manera se debía expresar el carácter melancólico por la ausencia sufrida, pero la expectativa cultural era que no se podía alcanzar el alivio de esa pérdida en el hogar, ya que todo lo que se hallaba dentro, recordaba el suceso. Esa demostración de profunda pena, a la vez, mostraba el insondable sentimiento de la joven/mujer que la emitía. Pero a la vez, reforzaba la idea de la inferioridad de la mujer intelectual y emocionalmente, porque era incapaz de superar el problema, lo cual el hombre sí hacía.

El papel pasivo de la mujer en la familia como compañía y apoyo del esposo, la colocaba en una posición en que la debilidad, la pena y la melancolía la volvían aún más pasiva. Sus roles familiares eran los de ser hija, esposa y madre; cuando uno de ellos dejaba de existir a causa de la muerte, lo único que le correspondía a ella era mostrar profunda e insondable melancolía por el duelo.

Si a ese estado se unía la melancolía que producía el amor, la mujer quedaba reducida a la inactividad y a la pena, si se mostraba en sociedad era apenas una máscara de lo que su enlutado corazón sufría; si la padecía en la intimidad, todo debía reproducir su estado; ella no podía estar completa si la razón de su aflicción: el hombre, estaba ausente. De esa manera, las miserias y desgracias de la enfermedad del amor debían controlar la vida de la mujer por el vacío dejado a causa de la distancia del ser amado (véase: Anónimo 1801, 223-374).

> [E]stoi mui desabrida esta noche no tengo pensamientos mis ideas..... porque es que mi caracter es tan desigual – porque estoi un momento triste otro alegre siempre incierta nunca tengo una idea fija como conquistarme como hare para ser igual en todo?.......... algo me falta pero no se qué..... dicen que es ridiculo pensar que a uno no lo comprenden pero solamente una persona una sola persona crei que me comprendería pero mis ilusiones han caido una a una asi como las hojas de un arbol en otoño, pero no hai la esperanza de que como en el arbol en la primavera vuelvan a nacer. Todos los dias hay algun desengaño algunas veces una palabra una expresion hacen huir los sueños mas etereos las ilusiones que una ha fabricado con tanto placer todo cae al suelo i el choque es terrible todas estas emociones se tienen que esconder i debemos parecer mas frias cuanto mas interesadas estamos i parecer mas desentendidas cuanto mas deseos tenemos de oir ([sept. 14] Acosta 1853, cuadernillo 4: 1-2].

Como José María se había convertido en el eje de su vida, ella leía y trataba de instruirse, porque había prometido ser mejor intelectualmente para captar su atención; también quería ¿entender? ¿justificar? por qué actuaba como lo hacía y cuáles eran las causas que la impulsaban a ser fría, displicente y poco interesada; gracias a esas decisiones dejó constancia de algunos de sus gustos y anhelos:

> La vida se compone de pequeños incidentes que nos llevan a grandes acontecimientos. Uno mismo no se conoce sino cuando algun autor toca la cuerda sensible y asi encuentra que tiene los mismos sentimientos, yo tengo gustos raros me gusta lo fantastico lo vivo, lo raro enfin lo que no es comun, no puedo sino admirar hechos de valor sentimientos generosos romanticos y aquel conjunto que todo el mundo le parece locura, arranca de mi alma, un grito, de admiracion; si alguna vez hago traslucir mis sentimientos todos me miran con disgusto y creen que no se lo que hablo; Cuando encontrare un ser como yo me he figurado – tal vez..... ([sept. 17] Acosta 1853, cuadernillo 4: 3].

Soledad explicitó y enfatizó la insondable melancolía que la abrumaba y le hacía la vida difícil en muchas entradas de su diario, como en los siguientes fragmentos; esta vez refiriéndose a la ausencia física de José María, quien se había visto obligado a huir de Bogotá para salvar la vida en la revolución de 1854 y su vida corría peligro real constantemente:

> Porque tanta melancolía que apenas hablar puedo? porque tan terribles pensamientos? porque este desaliento de vivir? porque es que todo, todo, todo me es indiferente llueve, i los rayos caen a lo lejos, suenan los caños, la jente corre i yo siento un peso inmenso sobre el corazon. Adónde está mi $\int$?[11] que se ha echo? ([abr. 1°] Acosta 1854, cuadernillo 6: 28].

> Son las diez de la noche con paso languido i lento i apatica melancolia entro a mi triste cuarto, si triste, porque ahora para mi todo lleva el pesar pintado en lo que es mio..... me siento... dolor profundo terrible, llevo en mi corazon siempre como un puñal que me atraviesa i me llena de desconsuelo. ([abr. 21] Acosta 1854, cuadernillo 7: 10].

En esas circunstancias, invadida por ese sentimiento exacerbarte,

---

11 $\int$: con este signo se representa en este estudio, el símbolo con que Soledad hacía referencia a José María en varios de los cuadernillos.

dudaba de todos, pero más de sí misma, quería cambiar; no obstante, una y otra vez regresaba a la tristeza, al vacío y a la desolación, por la causa más nimia, por una contrariedad leve. Sin embargo, anhelaba algo diferente en la vida para ella:

> Porqué este continuo deseo porqué este anhelo de encontrar sobre la tierra alguna felizidad que jamas se ha visto? – que quiero que deseo! – no sé! – me aburre la vida me aterra el porvenir i no comprendo que busco en el mundo! – Dios mio que soy yo, para que vivir si no tengo mision aqui? ([jun. 11] Acosta 1854, cuadernillo 7: 137).

Esta era la existencia cotidiana de la joven; en su escrito no sólo plasmó las situaciones diarias, sino también los sentimientos y las emociones que surgían en ella y controlaban sus días. Sin embargo, no sólo expresó alegrías y tristezas, melancolía y dudas, sino que en diversos momentos también mostró los prejuicios que poseía y las ideas acendradas de conducta que eran eje de su existencia, como el temor a la pérdida del honor y de la reputación; concepciones que no le permitían ver las injusticias que cometía y los excesos a los que llegaba. Pero también, gracias a esas reacciones extremas, salió de su interior, con resultados productivos para ella como futura escritora; dejó en las páginas de su diario no solo la cotidianidad circundante, sino también aspectos históricos de la vida política de la Nueva Granada, que giraban alrededor de quien era el origen, el motivo y el objeto de su escritura: José María Samper.

3. José María Samper Agudelo

Su nombre completo fue José María Venancio Balbino; nació en Honda, el 31 de marzo de 1828; fue el cuarto[12] hijo de José María Samper Blanco (Guaduas, 1797-1856)[13] y de Tomasa Agudelo Tafur

---

12 Sus otros hermanos fueron: Manuel (1823-1900), Miguel (1825-1899), Rafael (s.f.), Agripina (1831-1892), Rodulfo (1830-1904), Juan (s.f.), Antonio (1830-1890) y Silvestre (s.f.) (véase: Cuervo Rojas, 14).

13 «Mi abuelo no tenía mas doctrina que la del deber, i amaba el derecho como buen aragonés. Esa doctrina i ese amor hicieron patriotas a todos sus hijos. Mis tios Manuel i Mariano i mi padre, prestaron en las milicias locales los servicios que se les pidieron. Mi tio Joaquin hizo una larga campaña, fue vencedor en *Macuritas* i otros combates, i alcanzó el grado de sargento mayor, que mas tarde renunció. Mi tio Juan Antonio fué un guapo soldado de la independencia, i como tal hizo las últimas campañas de Venezuela. Acompañó a Padilla en el famoso combate naval de Maracaibo, fué vencedor en *Carabobo*

(ca. 1805-1865)[14], casados en 1823. Desde niño, José María observó la laboriosidad de su progenitor, su innata inteligencia, la sociabilidad integrativa que desarrollaba en la casa, la cual se convertía en el lugar privilegiado donde exteriorizaba su manera de ser; la que a la vez, le facilitaba el establecimiento de redes de solidaridad y fraternidad.

Con ese ejemplo paterno y la clara conciencia de que provenía de una familia donde los hombres prestaban servicios a la patria, José María creció en ese entorno social, generando respuestas y recibiendo estímulos, que lo mostraron prontamente como poseedor de una amplia inteligencia y de una capacidad innata para relacionarse; poseía un fuerte instinto gregario y era proclive a la aventura; su gran curiosidad, la veloz actividad mental que lo caracterizaba y su fuerte mordacidad lo llevaron a influir en situaciones, con las que fue proyectando una rápida y pública imagen de lo que llegaría a ser.

Viajó a Bogotá a comenzar los estudios secundarios en 1838 en el Colegio de José Manuel Groot (véase Samper 1888, 50):

> Don *Pepe*, como siempre se le ha llamado, era un escelente director de colejio: hombre de índole dulce i benévola, mui laborioso i paciente, desinteresado, i de costumbres puras i austeras; tenía particular cuidado en nuestra educacion relijiosa, i era riguroso en las prácticas exijidas por la iglesia.
>
> Don Pepe era nuestro profesor de escritura, dibujo i pintura i gramática castellana, i en sus lecciones era siempre cumplido, bondadoso i concienzudo. Mui rara vez aplicaba penas materiales, prefiriendo los medios suaves i los estímulos del honor, i frecuentemente nos servía de madrina para favorecernos su señora, espléndida por su rara hermosura, amable por su bondad i respetable por sus virtudes de matrona a la antigua (Samper s.f., 19).

Además de repasar lo aprendido antes sobre gramática y mate-

---

i tomó parte en el glorioso sitio de Puerto Cabello. Ganó sus charreteras de teniente coronel, por ascensos rigurosos desde soldado, pero en 1833 a causa de un disgusto con el jeneral Santander, pidió su licencia absoluta i se aplicó al comercio i la agricultura» (Samper s.f., 11).

14 «Mi madre pertenecía a una de las mas notables familias de Honda, ciudad que hasta 1805 era mui importante i rica. Era hija de Don Miguel Agudelo, andaluz, i doña Bríjida Tafur. Nacida ántes del terremoto que arruinó a Honda en 1805, era en 1823 una hermosa joven, candorosa, confiada i siempre injenua, criada como sus hermanas, según el viejo sistema español cuya base era el sentimiento relijioso exajerado con cierto rigorismo en punto a moral i costumbres domésticas. Mi abuela materna creía que *las muchachas* debían solamente saber leer para que aprendiesen la doctrina cristiana, i coser i todo lo demás de la vida doméstica, para que pudieran ser buenas esposas, pero que no debían saber escribir, a fin de que jamás pudieran contestar cartas de amores. Así que mi madre no aprendió a escribir a derechas, sino cuando ya habían nacido sus ocho hijos (Samper s.f., 14-15).

máticas, estudió latín, geometría elemental, álgebra, geografía e historia. Pasó a estudiar después al Colegio de San Bartolomé, donde en 1840, cursaba ya el segundo año de filosofía. De esa época, de niño-incipiente adolescente, Samper dejó un autorretrato:

> [U]n estudiantillo, que apénas tenía doce años i medio de edad, vestido a la diabla como de costumbre. Tenía los ojos todavía algo azules, los cabellos rubios i mui crespos, la frente abierta i el aire de un muchacho inquieto i travieso. Un capote de tartan escoces a grades cuadros verdes i rojos (vulgo *calamaco*), una cachucha de paño que hácia bolsa sobre la nuca i con la visera echada hácia atrás, un par de botines de cordobán suficientemente averiados, que denunciaban en el propietario el hábito de jugar a la *golosa*, i un chaleco, unos pantalones i una corbata indescriptibles, componían el conjunto de aquel curioso figurin de *modas estudiantiles* (Samper s.f., 37).

Desafortunadamente debido a la Guerra de los Supremos o de los conventos[15], los cinco hermanos Samper que estudiaban en Bogotá tuvieron que dejar los estudios y retornar a su tierra. De ellos, sólo tres regresaron a la capital a estudiar después de concluida la conflagración política. Así en 1842, José María se hallaba estudiando en el colegio del doctor Becerra en calidad de interno:

> Era difícil determinar la categoría a que yo perteneciese, como estudiante, en materia de aprovechamiento. Yo había sido singularmente maula en algunas materias, i era mui aprovechado en otras. Con excepción de la aritmética que no me había disgustado, miraba con horror la geometría, el álgebra y la trigonometría. Mi cerebro no estaba organizado para la rijidez inflexible de las matemáticas, ni yo tenía paciencia para tan áridos estudios; desgracia que siempre he lamentado.
> Al contrario, mi espíritu era mui accesible a todo lo que de algún modo podía afectar mi imajinacion, mi curiosidad de fenómenos, mi sentimiento artístico o mi necesidad de comunicación espansiva. Así, el dibujo, la música i la arquitectura me encantaban, las ciencias intelectuales me gustaban mucho, la física, la geografía i la cosmografía me causaban gratísimas impresiones, i las lenguas extranjeras escitaban mucho mi curiosidad, con escepcion del latin que me despertaba suma repugnancia, a causa de la prevencion

---

15 Conflicto que transcurrió desde 1839 a 1842. también conocida como la Guerra de los Conventos, porque el gobierno de José Ignacio de Márquez ordenó suprimir los conventos que tenían menos de ocho religiosos. Las provincias del sur, que iban en contra del gobierno de Márquez, utilizaron esta ley como motivo para originar la guerra que duró 3 años. En realidad, detrás había una serie de conflictos que enfrentaban las regiones que iban en contra de la centralización.

que tenía, por ciertos motivos, contra los frailes i clérigos, i del empirismo repelente con que entre nosotros se enseñaba la lengua de las lenguas (Samper s.f., 53-54).

En 1843, a los 15 años de edad comenzó como universitario a estudiar jurisprudencia en el Colegio Mayor de San Bartolomé, institución a la que entraba por segunda vez, y donde tuvo por compañeros de estudios a Salvador Camacho Roldán, Nicolás Pereira Gamba, José María Rojas Garrido, entre otros. A esa edad y gracias al impulso que le otorgó José Antonio Cualla, director del periódico *El Día*, publicó su primer artículo contra el Secretario de Estado, Mariano Ospina Rodríguez (futuro fundador del partido conservador y posterior presidente de la república), criticando el plan de estudios que había impulsado y que reorganizó todos los niveles de educación de la Nueva Granada

> Confieso que el derecho romano se me indijestó desde le primer dia i que el civil de don Juan Sala me pareció insípido o mazorral. Mi espíritu no encontró el campo de expansion que le convenia, sino cuando entré a investigar los interesantes problemas de la filosofía política o ciencia social, es decir, el derecho constitucional i administrativo, el derecho de jentes, la economía política i, a hurtadillas, o extra colejio, la ciencia dela[16] lejislacion.
> La disciplina establecida en la universidad era mui rigurosa. Hasta 1842 habia rejido el célebre plan de estudios del general Santander, que dejaba a los estudiantes en una libertad excesiva. Ese régimen habia producido hombres mui notables, desarrollando poderosamente el instinto liberal; pero tambien habia favorecido el desarrollo de los hábitos de patanería. (...).
> Desde 1843 la direccion de la juventud fué mui diferente. En los testos de enseñanza, en la disciplina de los estudios i las clases, en el rigor delos exámenes i grados, i en la infinidad de requisitos i formalidades que para todo se exijia, se manifestaba enteramente el espíritu reglamentario del doctor Ospina, conservador hasta la exajeracion.
> Por lo que hace a los estudios de enseñanza, baste decir que el estudio del derecho romano venia a poner a la juventud en la via dela reaccion, inclinándola a buscar la razon de la leyes en una lejislacion anticuada fruto de la fuerza i la conquista, i fundada en el principio dela esclavitud i en la negacion del derecho individual. El estudio del derecho constitucional i administrativo excluia todo testo doctrinario i se reducia la esplicacion servil dela detestable

---

[16] Una de las características de la escritura de Samper es la unión de la preposición «de» con el artículo definido singular o plural.

constitucion de 1843, i al conocimiento del embrolladísimo fárrago de nuestras leyes administrativas. Nada de investigaciones científicas; toda teoría estaba proscrita. Por demas está decir que la ciencia dela lejislacion estaba escluida de las enseñanzas universitarias. En su lugar habia que aprender de memoria el código penal i las leyes sobre procedimientos criminales.

En cuanto a la disciplina, todo el plan del doctor Ospina tendia a producir el hábito dela obediencia pasiva, i aun del espionaje i la delacion, de las ceremonias de aparato i las formalidades preventivas, de la reglamentacion exorbitante i la sujecion de todos los espíritus al cartabon de prescripciones inflexibles. Teníamos exámenes semanales que se llamaban sabatinas, exámenes semianuales, i exámenes anuales para todos los cursos, exámenes para grados, colacion de grados, &.ª &.ª I luego, las propinas eran numerosas, comenzando desde la matrícula, que nunca fue gratuita. Sin embargo, aquel régimen tenia tambien sus ventajas. Le prestaba atencion notable a la educacion de los modales, a la moralidad de las costumbres i a las nociones i prácticas religiosas; se estimulaba fuertemente la emulacion de los estudiantes, obligándolos a trabajar con aplicacion, i con la frecuencia i publicidad de los exámenes i sus calificaciones se escitaban en la juventud los sentimientos de honor i lejítimo amor propio.

La verdad es que aquel régimen universitario formó muchos hombres de provecho, que hoi son ciudadanos mui distinguidos, i elevó el nivel social dela juventud; bien que, como sucede de ordinario, el rigor que dominaba en la universidad, lejos de inclinar los espíritus hácia la reaccion, los hizo decididamente liberales, contra lo que el doctor Ospina esperaba (Samper s.f., 64-66).

Los estudiantes de la universidad formaban parte de una sociedad heterogénea, cuyos grupos poseían una compleja red de relaciones, ideas, formas de ser y actitudes, que les permitía no sólo reconocerse entre sí y asociarse, sino diferenciarse y alejarse de los otros que no compartían los aspectos de ese complejo tejido de identificación; vínculos y elementos simbólicos que los otros aceptaban, a través de diversos procesos y a lo largo del tiempo, llegando las características a convertirse en una «verdad» que el imaginario social reconocía sin cuestionar. José María describió el grupo con el que él se había identificado, pero del cual se fue alejando con el tiempo:

> Yo alcancé a conocer en la universidad de Bogotá en 1839 i 40, el tipo curioso del *cachifo*, i el tipo inaudito i formidable del *patan*.

Yo mismo pertenecí entonces a la primera categoría. Felizmente nunca llegué al grado del *patanato*. Tampoco alcancé a ser cachaco de gran tono ni aun de pequeño. Pasé sin transición de cachifo a publicista i literato en ciernes. Dios sabe cuánto ha debido influir semejante salto en mis escritos i mis actos públicos!
El *cachifo* jamas fué un tipo odioso; le venía el nombre del que se daba a los primeros estudios de latinidad (*cachifa*), i por ampliacion se habia estendido a todos los muchachos de cierta clase que estudiaban filosofía, matemáticas o idiomas. El cachifo solia ser risible, pero jamas era ridículo; era, en rigor, un pilluelo universitario. En cuanto a su parte física, la descripcion es fácil. Si usaba sombrero lo llevaba siempre con las alas torcidas, sucio i ajado; pero la cachucha de paño, negra o azul, le sentaba mucho mejor, caida hácia atras en términos de formas sobre la nuca una bolsa. La camisa estaba rota i sucia; los pantalones, algo zancones, tenian en la rejion crítica de las rodillas cráteres mas o ménos abiertos, i estaban sostenidos con calzonarias reventadas, disparejas i llenas de nudos, cuando no hechas con cordones o hiladillos indescriptibles. Carecian casi siempre de botones, porque el propietario se los arrancaba para jugar con ellos al *chócolo*. La chaqueta no tenia igual, i dejaba asomar los codos con franqueza. El chaleco trepaba, abrochado con dos o tres botones disparejos, hasta la boca del estómago, dejando en exhibicion sobre el abdómen la pretina de los pantalones llena de surcidos i una camisa desgarrada por causa de los esfuerzos hechos para jugar a la pelota o la *golosa*. La corbata estaba ausente, i las medias solian acompañarla; los botines de cordobán, o vaqueta, o *soche* amarillo, escarapelados, agujereados i con las suelas entreabiertas. Encima de todo un capote de calamaco, digno de figurar en nuestro museo nacional al lado de las despedazadas banderas de Pizarro (Samper s.f., 68-69).

La universidad de Bogotá, tal como la organizó el doctor Ospina, produjo una juventud mui diferente de la anterior. El cachifo casi desapareció, i el patan fue desde 1843 una planta rara, el primero no podía medrar bajo el reinado delas sabatinas, i la patanería no hallaba campo en claustros severamente vigilados. El plan de estudios del doctor Ospina solo podia producir una de dos clases de jóvenes: abyectos o distinguidos. El rigor era tal que suscitaba entre los estudiantes un espíritu de reaccion abiertamente liberal. Por otra parte, como la disciplina nos obligaba a la compostura i nos ponia constantemente bajo la sancion pública, aprendimos a ser cultos con nuestros iguales, respetuosos con los superiores, galanes i comedidos con las damas. Jamas uno de nosotros, al ver pasar una señora, se permitió dirijirle una espresion ofensiva o indelicada, ni dejó de ofrecerle la mano con esquisita urbanidad al pasar un caño (Samper s.f., 71).

En ese mismo año de 1843, José María se enamoró de una compañera de estudios de su hermana; amor que duró cuatro años y que a pesar de ser «desgraciado», según él, lo guardó de cometer deslices, lo hizo mejorar para poder labrarse un porvenir digno, le permitió conocerse en sus pasiones y reacciones, pero incluso fue mucho más allá, ya que «me hizo amar la gloria, i solicitar lo bueno, lo bello i lo grande; me puso en camino para ser lo que soi, inspirándome el santo fuego de la lucha, el anhelo por el triunfo i la fe en el porvenir! En una palabra ese amor me hizo hombre!» (Samper s.f., 80-81).

Recibió el título de abogado en 1847, cuando contaba 18 años.

> En breve se me expidió mi titulo de abogado, y me sentí dichoso, libre y aliviado, habiendo, después de doce años de estudios desde la escuela, completado mi carrera para adquirir una profesión y poder ser útil a mi familia y a mi patria. A la edad de diez y siete años y ocho meses fui doctor, bajo todo el rigor del Plan de estudios y a los pocos días de cumplir los diez y ocho era abogado (Samper 1881, 163).

Ese fue el inicio de una vertiginosa y polifacética carrera pública en que mostró las sólidas bases familiares, culturales y sociales que había adquirido. Con su inteligencia y una fuerte confianza personal en sus capacidades y en sus actos e incentivado por darse a conocer y ser actor importante en la esfera pública, se interesó en los negocios públicos y en las actividades empresariales de la nación y fue comisionado para establecer esos mismos fundamentos en nuevas generaciones mediante clases en la universidad. Laboró a conciencia e intentó innovar en cuanto le fue posible en áreas diferentes con rendimiento totalmente efectivo.

> Al propio tiempo que yo ejercía mi profesión de abogado, que trabajaba asiduamente en el comercio, y que solía divertirme según mi carácter y mi edad, colaboraba activamente en muchos periódicos, enviando artículos (en diversas épocas de los dos años) al *Día, La Prensa,* el *Duende,* el *Aviso* y la *América,* de Bogotá; a la *Gaceta Mercantil,* que publicaba el doctor M. Murillo en Santamarta; al *Fanal,* de Cartagena, que redactaban varios escritores, entre ellos

Lázaro María Pérez; al *Brujo,* publicado en Medellín por el malogrado y valeroso Justo Pabón, y al *Cabrión,* que el mismo Pérez estableció después en Ocaña. Y esto no me bastaba: escribía versos sin tener misericordia a las Musas, y ensayaba mis fuerzas en multitud de asuntos políticos y literarios (...). Fui, pues, nombrado Jefe de la sección de Contabilidad de la Secretaría de Hacienda, donde precisamente iba a ser colaborador de Murillo, y en junio de 1849 me trasladé a Bogotá y me aposesioné de mi empleo. Muy pocas semanas después fui nombrado también catedrático de Ciencia y Derecho constitucional y Ciencia y Derecho administrativo de la Universidad Central, y entré en ejercicio teniendo un número considerable de alumnos (1881, 183).
[M]is primeros empeños habían sido tres: incorporarme en la *Sociedad Democrática,* fundar un periódico y hacerme iniciar en la francmasonería (1881, 189). [Fundé] el *Sur-Americano,* periódico semanal primero y después bisemanal, que sostuve yo solo con mi pluma y mis recursos personales. A fin de darle toda la variedad posible, lo compuse de ocho a nueve secciones, y excepto las de anuncios, remitidos y noticias extranjeras yo escribía todas las demás. Desde un principio di mi nombre al público, asumiendo toda la responsabilidad, y para que los lectores creyeran que se les servían platos de diversas cocinas, yo firmaba con muy distintos pseudónimos el *folletín,* las *variedades,* la *crónica Interior,* los artículos de *fondo,* los de *costumbres y crítica,* y otras secciones. (...) servía mis cátedras con rígida puntualidad, siendo muy querido de mis discípulos; hacía mis clases gratuitas en la Democrática, en dos noches de cada semana, y nunca faltaba a sus sesiones ordinarias; concurría asiduamente a todas las tenidas de la Logia; visitaba todas las tardes a Elvira, haciéndola en regla mi corte de aspirante *in pectore* a marido; jamás faltaba al teatro los jueves y domingos; concurría a bailes y tertulias, juntas, políticas, &c; cultivaba todas mis relaciones, y aún me sobraba tiempo para escribir dramas y ensayos novelescos, poesías y otros trabajos literarios (1881, 194-195).

En cuanto a la redaccion del *Sur-Americano*, yo hacia con ella verdaderas pruebas de gimnástica intelectual. Yo no tenia sino tres o cuatro colaboradores (algunos de mis discípulos, que comenzaban a ensayarse en el periodismo) y aun sus artículos eran mui eventuales, pero tenia que sostener siete u ocho secciones diferentes para dar al periódico interes y variedad. Yo las sostenia todas, escribiendo sobre muchas materias muy diversas, desde los artículos de fondo hasta la crónica y las variedades, desde las revistas industriales hasta los artículos de costumbres o los folletines en verso o

los traducidos del francés. Yo firmaba cada artículo con un pseudónimo diferente, y hacia los mayores esfuerzos por variar el estilo, bien que casi nunca lo lograba, pues es una verdad inconcusa que «el estilo es el hombre». Muy pocos hombres habría(n) podido resistir a un trabajo tan enorme como el que yo soportaba; pero yo lo sobrellevaba con placer, y solo deseaba que nunca se me agotase la materia para trabajar.
No se crea que refiero estas cosas por el vano placer de hablar de mí. En realidad, al proceder como procedía, yo no era una *especialidad* como escritor, sino un *tipo*, bien que muy defectuoso. Poco mas o ménos así trabajan casi todos los periodistas en este país (Samper s.f., 163-164).

Año y medio después de quedar viudo, conoció a Soledad Acosta. Su laboriosidad tenía un derrotero claramente delimitado: la consolidación de su imagen pública; la cual realizó siguiendo aspectos de la estructuración de una empresa: el objetivo era alcanzar el reconocimiento y pasar a la historia, logrando «la gloria». «Gloria! tú eres la única ambicion *social* que me ajita..... (...) por que esto es lo que mas puede hacerme digno de Dios i la inmortalidad!» (Samper 1855a, 15). Cada uno de los cargos que desempeñó y de los proyectos sociales que emprendió, así como las actividades políticas que desarrolló y las asociaciones en las que entró (como la francmasonería[17]) explicitaban la afirmación de obtener ese objetivo; de ahí la seria y nutrida actividad que realizara para conseguirlo. Cada triunfo alcanzado estructuraba con solidez su imagen pública y le abría nuevas oportunidades, que él aprovechaba con gran ímpetu y energía. Ésa fue para él una época de extraordinarios logros públicos.

[E]l dia era de cuarenta y ocho horas para mí. Yo había resuelto el problema del tiempo, descansando de un trabajo con otro, jamás con la ociosidad. Yo tenía fiebre de vida, de trabajo y acción, y el fantasma de la gloria se me mostraba donde quisiera para alucinarme y arrastrarme. Yo dormía durante seis horas seguidas, y en las diez y ocho restantes estaba en actividad. Aun creo que muchas veces trabajaba durmiendo, así como al andar de paseo frecuentemente iba componiendo algo con la mente sola. Jamas tuve pereza para nada.

---

17 «La noche en que fui iniciado en "los misterios de la franca masonería", quedando habilitado para trabajar en "la piedra bruta", fue para mi tan solemne como lo fue más tarde aquella en que me casé. (...) Yo esperaba que, al ser digno por la ilustración, como creía serlo por el carácter i la buena voluntad, de pertenecer a una asociación llena de glorias seculares, como me la pintaban, me sería dado alcanzar en su seno una parte de gloria, a fuerza de aplicación i espíritu de fraternidad» (Samper s.f., 229).

> Mi sistema consistía en dos procedimientos: por una parte no desperdiciaba ninguna inspiracion en el momento en que me ocurriese, y tomaba nota de ella aunque fuera inconducente al asunto que me ocupara; por otra, jamas me ponía a escribir para buscar el asunto y la idea, sino al contrario, cuando ya estaba poseido del primero y me dominaba aquella, de modo que yo tenía en el cerebro toda la esencia y la armazon de mi obra. Solo las formas secundarias y la dicción me ocurrían de improviso. Mi estilo se iba determinado poco a poco, a fuerza de trabajar, mientras que mi espíritu se desarrollaba en un horizonte cada día mas vasto (Samper, s.f., 162-163).

Éste era el hombre de 25 años que se cruzó en la vida de Soledad ese día de agosto de 1853, originando en ella una serie de reacciones y emociones que eran completamente nuevas. Él fue el origen y la razón de la escritura del diario que Soledad Acosta comenzó cuando contaba 20 años de edad. Encuentro feliz para la historia de la literatura en Colombia, gracias al grupo de textos de carácter íntimo que permiten conocer aspectos de la vida privada y de las motivaciones de dos seres de importancia excepcional, que contribuyeron de diversas maneras a forjar la historia política y cultural de Colombia durante el siglo XIX.

4. El cortejo

De familias de ideologías políticas diferentes, el ser «gólgota» (liberal radical) no le ayudó a José María en la mente de la futura esposa, cuyo padre, Joaquín Acosta, había comenzado su vida como liberal, pero la había concluido como conservador. La actuación política del pretendiente era púbicamente conocida; incluso de sus palabras, no sólo se le había dado el nombre «gólgota» al movimiento liberal radical, sino que tal vez él era el más visible, activo y combativo miembro del grupo; actuación que hacía que la familia de ella lo rechazara abiertamente.

Cinco años mayor que Soledad, cuando José María conoció a quien sería su segunda esposa, él tenía toda una vida ya vivida tanto en lo público (con los diversos cargos desempeñados), como en lo privado (con un matrimonio y la pérdida de su esposa y su hija); además, llevaba 12 años escribiendo públicamente sobre: política, derecho, literatura, finanzas, historia y filosofía.

Mientras que Soledad estaba encerrada dentro de su mundo familiar y compartía una serie de reglas y estructuras que le daban su identidad y que había aprendido con el tiempo, con los consejos, las exigencias, las represiones, la observación o al haber quebrantado alguno de esos patrones. Ese comportamiento se esperaba de ella en cada una de las circunstancias de su existencia, porque como hija única representaba a la familia en cualquier momento.

El proceder de José María cuando conoció a Soledad fue tan efectivo, que en ella quedaron grabados tanto su figura, como sus palabras y sus actos.

> [M]e propuse en todos los bailes, durante las fiestas, bailar solamente dos piezas, y ambas con Solita: el primer valse y una contradanza española. Cumplí mi propósito y surtió el mejor efecto, porque ella comprendió la significación de mi conducta (Samper 1881, 277).

Tal fue el efecto que él le causó, que luego de haberlo tratado algunos días de esa semana (del 14 al 21 de agosto de 1853), cuando él se marchó de Guaduas (el 21 de agosto), ella escribió: «Reflexiones», el primer cuadernillo de su diario, fechado el 22 de agosto de 1853 (véase: Acosta, 1853, cuadernillo 14). A pesar de las reconvenciones y del rechazo de la madre, la imagen del joven ya estaba grabada indeleblemente en el espíritu y en la conciencia de ella. Lo volvió a ver meses después, el 28 de enero de 1854 y aunque se alegró, ese sentimiento fue efímero, pues él le había comentado a un amigo, que cortejaba a Soledad; lo cual la enfureció; por eso ella reaccionó prometiendo:

> [C]omo voi yo a aguantar esto? pero no sé como hablar, como parecer para que crea que me és indiferente. No puedo creer que si me amara de veras seria capaz de hablar asi, es verdad que el se lo dijo a un amigo intimo y que el lo ha traisionado, pero nó, no tiene derecho que sus compañeros se ocupen de mi, Dios mio, todos los dias su caracter es diferente a mis ojos, poca delicadeza es esta! que conflicto el mio, cuán diferente habia yo creído que hera... pero como se puede engañar mi alma?» ([feb. 3] Acosta 1854, cuadernillo 11: 2).

> [Y]o le hare ver que no soi tan facil, yo le mostrare que conmigo hai mil dificultades que vencer. Voi a mostrarme no solamente indiferente, sino que le voi a hacer créer que no me agradan absolutamente ni su presencia ni su conversación, esto voi a hacer, aunque me cueste mil sacrificios el hacerlo padecer asi – a lo menos sabre si verdaderamente me ama o no es mas que una inclinación pasajera, veremos – ([feb. 4] Acosta 1854, cuadernillo 11: 4).

Las determinaciones de Soledad fluctuaban según las circunstancias, el humor en que se encontrara y el tamaño y la calidad de la ofensa que sintiera que le habían causado; de ahí que el 7 de febrero, ella renunciara definitivamente a darle cualquier oportunidad a José María:

> [P]or fin tengo que creer lo que antes habia negado – si me amára de veras podria decir a todos que vino a Bogotá para casarse conmigo? y que esta seguro de esto? no! no! – aqui mostro la nobleza de su alma y los sentimientos que yo crei que tenia no moran en su pecho – Renuncio para siempre a un hombre que se cree de tanta importancia y nunca volvere a salir cuando el venga! Adios! ([feb. 7] Acosta 1854, cuadernillo 11: 6).

La reacción que tuvo José María, al ver que ella no le prestaba atención y le volvía la espalda, fue pedir su mano en matrimonio, al día siguiente el 8 de febrero de 1854. Ese paso dado, debilitó la determinación terminante que ella había tomado:

> [E]scribio pidiendo mi mano!... y que ajitacion, que locura se apodero de mis sentidos... me encerre en mi cuarto y en dos horas de meditacion profunda no pude resolverme a decirle el no fatal!— me levanté decidida a conocerlo mas, y yo sé que verlo siempre es para amarlo mas! esto es una debilidad grande lo sé, mi razon me dice que es mui probable que no seré feliz con el ([feb. 9] Acosta 1854, cuadernillo 11: 8).

Debido a las indecisiones, las dudas y a los malos informes que la madre había oído del joven, la respuesta que él recibió, fue tener que esperar 6 meses para que se conocieran y entonces saber si era aceptado o no. Pero yendo en contra tanto de la presión materna, como la de las amistades que aconsejaban a la progenitora, Soledad decidió cultivar su espíritu para no parecerse a Elvira, la esposa muerta de José María; puesto que entendía que no podía alejar de su mente la imagen del pretendiente y menos olvidarlo. Los amigos de la familia llegaron incluso a aconsejarle a la madre, que le exigiese a José María que dejara la política para ser aceptado; pero la reacción de Soledad fue categórica:

> [Y] entonces para que son aquellos brillantes talentos! para que cultivó su fuerte y ardiente imajinacion? si es para no pensar mas que en ganar plata! no! no, yo quiero que sea algo en la Republica, la ambicion que tiene de ser mas que otros es casualmente lo que a mi mas me agrada, quiero verlo brillante, elocuente en la tribuna – Dios le dio el Don de la palabra para poder gobernar a los hombres! hombres como este no se encuentran, talentos asi no los hai y le dijera yo que cambiara sus ideas para ser como todos esos seres viles que no tienen mas ambicion que tener plata ni mas deseo que su comodidad! si fuera a cambiar, entonces perderia para mi toda la ilusion!... ([feb. 9] Acosta 1854, cuadernillo 11: 9-10).

A partir de ese día, ella se acercó emocionalmente más a él, tanto en lo público como en sus pensamientos y en sus emociones; no obstante, había siempre enemigos invisibles: las dudas y el recuerdo de Elvira, la esposa muerta, que conformaban un bloque sólido de aprensiones en Soledad.

A raíz de la revolución del 17 de abril de 1854, José María, por ser gólgota, tuvo que salir huyendo disfrazado de Bogotá para salvar su vida (véase: Samper 1881, 290, 292); pero en medio del peligro, preparó y envió un álbum a Soledad, con motivo de su próximo cumpleaños. Con él le pidió a ella que le diera alguna esperanza sobre el futuro. Soledad escribió en su diario esos sucesos:

> Puede haber igual martirio que el sufrir continuamente que sin delicadeza alguna hablen sus secretos sus mas reconditos pensamientos? i que sin cesar hablando de mi bien me quiten ai! aun las horas de reposo i meditacion i que sin poder escribir por dias enteros no puedo ni por un momento estar sola para contemplar mi dicha de véer el album que me mando mi antes de partir de huir de esta ciudad..... como escribir explicar mi pena inmensa profunda que sufro i al mismo tiempo la tranquilidad ó como llamarla la felizidad secreta que siento que ya di el si supremo i que en adelante soi suya para siempre! suya, si porque escribio ayer otra vez i yo no pude sino decirle que llevara *toda* esperanza, el comprende y yo lo sé sabe que lo amo con mi alma como mi

misma,... no, porque yo daria todo en la vida i no dire la vida que eso es poco daria con gusto mi felizidad para que el estuviera contento el resto de su vida! Dios mio! ([abr. 27] Acosta 1854, cuadernillo 7: 14).

Con esa velada aceptación, él partió lleno de ánimo, dispuesto a arrostrar los peligros para poder volver a Bogotá a concretar lo que se le había prometido. Soledad, siguiendo las disposiciones familiares, se portaba como una joven de buena familia, debía sugerir, nunca explicitar; pero había una circunstancia que también le impedía aceptar la propuesta de matrimonio abiertamente, la cual había expuesto cinco días antes: «escribio para avisar que venia i al mismo tiempo decia el pobre que le diera yo alguna esperanza para consolar su corazon despedazado por las dudas!... yo no sabia que hacer que decir, mi corazón es suyo hace ya ocho meses!... pero me asustaba el tener que decirselo, me llenaba de temor el pronunciar el si» ([abr. 22] Acosta 1854, cuadernillo 7: 11).

Debido a la gravedad del peligro en que se hallaba José María, como a la casi aceptación de la situación entre ellos, circunstancia que alteró su vida, Soledad se llenó aún más de ansiedad e inseguridad acerca del futuro, ante la posibilidad de que ocurriera una desgracia; porque eso excedía a su capacidad de previsión o de control. Esta conciencia de lo imprevisto hizo que surgieran en ella una serie de sentimientos inesperados: miedo, indignación, represión, orgullo, odio, vergüenza, determinación; todo lo que condujo a un cambio de ideas en ella.

La ausencia de él, lo acercó más a ella emocionalmente; página tras página Soledad dejó constancia de la forma en que él, ahora rodeado de peligro, le abría la mente a un mundo que antes mencionaba casi con desprecio: el de la vida política. Obviamente, su acercamiento a ese tipo de circunstancias públicas y su enfoque eran tangenciales y en cuanto se relacionaran con José María, quien era eje y centro de lo que ella relataba. No obstante, a medida que pasaba el tiempo, la escritura, la mostró un poco menos retraída, desamparada e incomprendida, pero siempre dentro de su soledad, aunque estuviera rodeada de familiares y amigos.

Cuando la revolución terminó y José María regresó entre el ejército triunfador, Soledad se alegró mucho, pero su actitud distante cuando estaba con él no se modificó; de ahí que escribiera algunas de las circunstancias que marcaban su cotidianidad y que la agobiaban; posiblemente provenientes de reproches que él le hiciera sobre su conducta y actuación:

> Oh! mi ʃ veras tu algun dia este diario, fiel retrato de mi carácter de mis mas intimos sentimientos? oh! ʃ, ya lo veo tu crées que mi carácter es frio i reservado, pero esta reserva es por el mismo anhelo que siempre he sentido, hé deseado, del tener en el mundo un ser que me comprenda i que sabiendo lo que soi me amé i me consuele – Oh! bien mio, mi alma es triste, mi corazon tuvo ilusiones i las perdio una vez oh! despiertalo a los dulces sentimientos, si, amame ʃ cual yo te amo i veras en mi un ser cambiado – ([dic. 16] Acosta 1854, cuadernillo 5: 11-12).

Soledad trataba de justificarse en la escritura, de hacer comprender sin hablar, por qué era callada, fría, alejada e incluso apática. Sabía que a él no le agradaba esa actitud, pero sus decisiones no pasaban del papel. Ella había expresado ese mismo talante por tanto tiempo, que se le hacía difícil cambiar, a pesar de todas las promesas mentales que hacía. A lo largo de muchas páginas, intentó presentar argumentos sobre su actuación que fueran convincente, pero no lograba convencer ni tampoco modificaba su proceder:

> Dicen que mi caracter es reservado i es verdad, yo misma me siento agobiada por esa reserva que me atormenta, por esa falta de *fé* que me persigue algunas veces – i cual es la causa? yo en mi infancia, en mi primera juventud no era así, entonces todo lo veía brillante, la naturaleza era bella, sin defectos, no habia una nube sobre mi horizonte i solo respiraba el placer; alegre siempre mi feliz espiritu, vivía en un mundo de ilusiones, sin una lagrima que ofuscara mi mirada, sin un pesar en el alma; cuanto sentia lo decia, lo confiaba á todos.... por fin halle que *nadie* simpatizaba con mis impresiones i que mis locos pensamientos inspiraban risa y burla; sensible mi corazon al sarcasmo, vi que habia hablado mas de lo que interesaba a los demas..... mi Madre no simpatizaba *conmigo* en nada, mi padre me daba consejos sobre mi ligereza i poco juicio, vi mi error, i crei que jamas habria en el mundo simpatia para mi; desconfie de todos, amigas como yo las habia soñado no

> escistian i cerre para siempre mi alegre corazon; cambio mi caracter de contento en profundamente melancolico – por eso dicen que soi reservada – pero nadie sufre tanto como yo por esa desconfianza que me llena de tristeza a todas horas – ([dic. 18] Acosta 1854, cuadernillo 5: 13).

Esta exageración de las causas que habían originado su estado de ánimo, empezaba a ser un fenómeno afectivo poco común; le gustaba estar en compañía de sus amigas y familiares; pero se retraía cada vez que José María estaba cerca, dando paso en su talante a una sensación de impotencia y a la desaparición de diversas posibilidades, llegando casi a convencerse de que era imposible modificar la situación en la que se encontraba.

La inestabilidad que surgía de su inseguridad, la llevaba a ser suspicaz y a dudar de todos, especialmente de ella misma cuando se comparaba con José María. En la escritura argumentaba las causas y se defendía y disculpaba, siempre dando razones para su actitud, que ella misma encontraba justificadas. José María sabía que ella escribía un diario y para poder saber lo que registraba en él, comenzó a intercambiar páginas del libro de memorias «Pensamientos i recuerdos» (véase: Samper 1854-1855), que él había escrito durante la revolución de Melo, a cambio de hojas de lo que ella plasmaba; canje que se observa en la siguiente entrada

> Estuvo aqui Mariano esta noche i despues ∫ yo le mostre una pajina dc mi diario que *el* me habia rogado le dejara véer que pensará de mi esta noche mi ∫?..... el creia que yo tenia algun talento i ahora que algo ha visto mio seguiría con esa misma idea? – / El trajo una pajina de su Diario escrita el 20 de julio el aniversario de la Independencia[18] en el camino al Congreso que se iba a reunir en Ibague – Será cierto que le agrado mi debil composicion? que humilde parecia lo mio despues de leer lo que el escribio! ∫ me amaras como yo te amo? ([dic. 18] Acosta 1854, cuadernillo 5: 15).

Como se observa, Soledad se valoraba a sí misma de manera muy deficiente (falta de autoestima); sin embargo la esperanza en relación con él existía, a pesar de su percepción negativa de sí misma y del futuro.

José María se había propuesto modificar la forma de ser de So-

---

18   Véase ese texto en Samper 1854-1855, 25-26.

ledad: la agasajaba, la complacía, la valoraba, la animaba. No obstante, los aspectos concretos del comportamiento de ella no se modificaban; cuestionaba inevitablemente todo lo que sentía, resultándole imposible sentirse segura de nada; la controlaban siempre las dudas, la incertidumbre, la desconfianza y la tristeza.

No valían las veces que se hiciera el propósito de cambiar, no lo hacía; lo suyo era un comportamiento arraigado en su ser, que mostraba casi placer en el abatimiento, la tristeza y el pesimismo, deseando el desconsuelo, convirtiendo la desilusión en la base de la existencia; por tanto, recelando de todos y temiendo el futuro, como se observa a continuación:

> Gran Dios! dadme confianza en mi porvenir dudoso, dadme fé en mi misma para créer que es cierto que *el* me puede amar! I asi se acaban mis sueños de alegria i asi concluye mi ilusion dichosa! oh! tu luz de la esperanza mia, que me alumbras siempre aun en medio de mis aprensiones cuando estaba pesarosa i triste, esperanza!, no me dejeis, no, que sin tí benefica diosa, es un desierto el mundo para mí..... horas de dolor y de triste llanto no vuelvan, no, que mi espiritu agobiado no puede resistir a tanto! –
> Señor no me abandones en la senda que veo abrirse delante de mí, Señor! no me abandones, no, no..... que no se rasgue el velo que cubria mis ojos – oh! si pudiera mas bien morir que perder el encanto de la vida!... Fue un grito impio, Señor perdón! – I tantas lagrimas, tanto dolor terrible, tanta agonia i profunda ajitante desesperacion serian en vano i ese deseo de verlo, de hablarle de oírlo, será solo para sufrir un desengaño! – ..... I tanto sufrimiento i tanto cariño, tantos pensamientos solo en *el* gastados, se habran perdido?..... puedo yo créer que *el* no me ame?...... puedo yo créer que mi presencia le és indiferente i que el venir aquí no es placer para *el?* puedo yo pensar en esto i estar tranquila?..... Si no fuera cierto, si fue ilusion de mi imajinacion tan melancolica siempre... I si yo me pudiera persuadir que su amor es como antes?... pero nó.... esperanza, te invocaba hace un momento pero ahora te desecho no halagueis mi corazon, dejalo en su amargura en su desamparo.... tuve un sueño de felicidad... pero desperté ya a la realidad ilusion engañadora que acariciabas mi mente, huye! dejame aquí con mi tristeza ella es el elemento de mi alma para sufrir nací, erraría mi vocación si fuera feliz!... quien pudiera léer en mi frente escrita mi secreta pena, mientras que callada y quieta escribo aquí! Dios mio! así es el mundo, todo lo que risueño alegre vive tiene

siempre en su interior el germen del pesar, cuan cierto es que solo las lagrimas pueden durar, sobre la tierra no hai sino desengaños! porque sera que sabiendo lo que es la naturaleza humana de tenebrosa i triste, sabiendo que á una sonrisa siguen mares de dolor, sabiendo que la alegria no dura ¿porqué pues buscamos sin cesar el placer i cuando creimos hallar la felizidad al momento la perdemos i al perderla lloramos, oh! desgracia! siempre, siempre nos hace impresion el volver á la tristesa pero á la alegria nos acostumbramos facilmente.... cuanto hai en este fenomeno tan natural en todos para la contemplacion del sér pensador! –
Que vida tan artificial la que llevo yo! – mi temor lo he visto cumplirse ya que tengo que esperar en mi futura suerte?... mientras mas dias, mas meses, mas años mas completos mayores los desengaños..... me ahoga la vida, me cansa el pensar!... me enloquesco! me aterran las ideas que se precipitan en mi mente!... si pudiera huir de mi misma? si pudiera dejar que corra la vida sin pensar!... pero véer correr el tiempo sin esperanza de que sea mas feliz el venidero día esperando que caiga al suelo hasta la ultima flor de la corona de mis ilusiones,..... para que es vivir asi?..... mi horizonte se oscurecio de repente i no veo yá sino pesares en mi porvenir..... anoche estaba yo llena de alegría contenta con mi suerte el futuro me sonreia ¿i esta noche.....?
La noche esta oscura, un manto de nubes cubre el cielo completamente!..... fiel imagen de mi espiritu, te amo oscura, oh! noche triste, aunque aumentes mi pesar..... inciertos, dudosos pensamientos dejad de atormentar mi mente – talvez mañana olvidare las tristesas de hoi, asi es la vida! – tanta amargura no tendrá alguna recompensa? – esperanza volvisteis... tu dulce voz me despierta de mi melancolia! ven esperanza, pensemos en mañana!
Porqué llevar aun en medio de las diversiones esos pensamientos tristes siempre, porqué no olvidar por un momento esas ideas i reflexiones que oscurecen mi vida entera con el velo de la melancolia! – oh! cambio que me llena de dolor mi caracter antes tan festivo! que derecho tengo yo para pasar en medio de esos grupos de alegria con mi fisonomia de continuo sombria, que derecho tengo yo para contestar con seriedad severa á las alegres chanzas de un ser nacido pª la felizidad? – i podran nuestros destinos estar ligados cuando yo tengo el alma tan triste i *el* la alegria es su elemento? – si, *el* me ama, i yo sin *el,* si no moria, mi corazon seria un desierto sin fin! sin esperanza quedaria mi alma para siempre amame   i yo trataré de que continues en la felizidad ese es todo mi anhelo, todo mi deseo en esta vida – ([dic. 20] Acosta 1854, cuadernillo 5: 16-19).

Los anteriores fragmentos parecieran ser un elogio a la tristeza y al pesimismo. Como haya sido, son una demostración de la capacidad profunda de expresión de sentimientos y de transmisión de estados de ánimo intensos, que continuaban reproduciendo reacciones emocionales de melancolía.

Cada vez que Soledad le mostraba páginas del diario, José María se daba cuenta de que no había modificación en la actitud de ella; la oscuridad, los pensamientos angustiosos, la duda eterna eran incesantes; pero esta última vez, parecía que la situación no tenía solución. De ahí que él le hiciera reclamos y le expresara dolor por lo escrito; pero ella era como el adicto con lo que lo había enfermado, prometía, sin embargo, reincidía inmediatamente:

> Mi , mi amado ʃ! te he dado un rato de pesar... pero oh! fue inadvertidamente que lo hize, diera yo quien sabe cuantas horas de tu compañia i conversacion que es el placer mas grande que tengo, por que tu no hubieras sentido tanto mis locos pensamientos! Fueron ideas que pasaron como un lejano relampago que se pierde en el horizonte, i si acaso pense en ti, cuando lo escribi crees tu que no tuviera fe en tu carácter ʃ?... la *fé* que no tengo en mi misma, no creo que al conocerme a fondo me puedan amar, i esta idea me atormenta i me llena de amargura, jamas he tenido a quien confiar el secreto de mis intimos pensamientos i esto me ha hecho tener en mi corazon una cierta melancolia que no puede disiparse pues no he tenido á quien decirsela, mi alma se halla sola en un desierto de amarguras, i solo en tí mi ʃ tengo esperanza de alguna felizidad para el porvenir ([dic. 25] Acosta 1854, cuadernillo 5: 22).

Ante esa conducta explicitada una y otra vez, después de cada una de las promesas, de las ratificaciones, de la manera en que él se consagraba a atenderla, José María reclamaba, se mostraba dolido, se quejaba; pero conociendo la forma de ser de ella, al parecer en esos días del final del año 1854, cambió su propia conducta, tal vez para hacerla recapacitar o para ver lo que podía suceder. Obviamente la variación de comportamiento fue apenas visible, pero sin explicaciones; no obstante, lo suficiente para que ella lo notara y reconsiderara lo que hacía, pensara en su posición y en la posibilidad de que sucediera algo que lo hiciera a él tomar una decisión de ruptura definitiva.

He derramado amargas lagrimas de pesar he pasado horas de angustia..... de sollozos de suspiros. ʃ! oh!, como espiar ese momento de dolor que por mi culpa sufriste! te pido perdon mil veces mi ʃ... i sin embargo no me hallo contenta, como podre yo soportar la pena de que por mi inadvertencia sufrieras mas pesadumbres de las que ya has experimentado? *yo* tengo la culpa yo, que diera mi vida por tí mi amado! –
¡Tus versos son divinos!... mi trovador! tengo completa seguridad que me amas como yo te amo; si, no mas tristes dudas, no mas infundadas aprensiones... huid espiritu de melancolia, huid!, déjame aqui, con mi felizidad; no vuelvas jamas á oscurecer mi alma con tu sombra – Dudas! huid tambien, que con vosotras mi corazon no puede sentir su alegria, con vosotras sombrias compañeras de mis tristesas, no hai contento no hai vida – huid..... pero me queda aquella reserva que no puedo sacudir con fasilidad... me he acostumbrado de tal manera á no hablar lo que siento que cuando quiero decir lo que pienso no me es posible –

Las diez de la noche
Estuvieron aquí esta tarde Margarita Ricaurte i Vicenta Duran vinieron con Maria que las acompaño –
Por la noche vino mi *trovador* al principio crei que estaba triste i se fue temprano, se acordaría con desagrado de la pajina desgraciada de mi desdichado Diario! – pero no creo que tenga sentimiento por eso tu corazon no te dice ʃ, que yo no pense que te molestara te diera un pesar? no sabes que prefiero yo mil veces sufrir mil penas, que el verte triste un instante; si mi cariño no fuera tan profundo no sabría «Lo que es amar» – me pregunto si habia leido sus versos? si los he leido! – no solamente los he leido sino que ese pergamino en que los escribiste lo bañe con mis lagrimas al pensar en que yo te habia afligido, mi tierno i fiel trovador! – ya dieron las diez y media adios!
Escribio su poesia sobre pergamino porque dice que es emblema de sus sentimientos que jamas se acabaran – ([dic. 26] Acosta 1854, cuadernillo 5: 23-24).

Me trajo ʃ mientras habiamos salido esta tarde, unos hermosísimos «pensamientos», tan poeticos, tan lindos, tan elegantes como son los de *el;* los puse entre un libro que *el* me regalo – mandó mi ʃ ir por «el álbum» para copiar alguna cosa ahí i cuanta falta me hace esta noche el compañero de mis lagrimas i suspiros en *su* ausencia! pero tus versos de «Lo que es amar» me consuelan por la ausencia de *tu* album esta noche, mi amado trovador! – por qué será que ya se va mas temprano por las noches esto me apesadumbra, te cansas pues mi ∫ cuando estais conmigo? i yo que siento tanto placer en verte aquí! – ([dic. 27] Acosta 1854, cuadernillo 5: 25).

Sabiendo que ella iba a reanudar su actitud de mutismo y amargura y a volver a la melancolía, José María continuó con su comportamiento alejado, para que ella pensara y modificara su actuación, pero también para que aceptara contraer matrimonio. En este empeño de hacerla tomar resoluciones, empleaba la escritura como aliada; de ahí que a partir de ese momento ésta se hiciera más profusa, más directa, más diciente, más evidente. Le escribía versos, le preguntaba si los había leído, la hacía hablar de ellos; como hizo con el siguiente poema, que le había escrito en diciembre de 1854:

Lo que es amar

    Amar! deleite del alma, –
Embriagador idealismo,
Delicioso parasismo
Que enloquece el corazon!
Límpido cielo poblado
De estrellas encantadoras;
De ilusiones tentadoras
Sempiterna sucesión.
    Amar! visión infinita
De infinitas hermosuras, –
Leyenda de mil ternuras, –
Pöema de adoracion!
Mundo de santos deliquios,
Que crëamos soñadores,
Entre perfumes i flores,
Encantos e inspiración.
    Bello es amar, si nos lleva
El viento de la esperanza, –
Cuando el espíritu alcanza
Un supremo porvenir;
Como el pescador errante
Que, en su góndola cantando,
Blandamente va surcando

Las ondas que ve surgir.
  Bello es amar con el alma,
Ignotos cielos soñando, –
Dulcemente suspirando
¿De un arcánjel a los pies...
I que cada son del arpa,
Que lleva la errante brisa,
Una cándida sonrisa
Nos den en pago despues.....
  Amar, como el ave al bosque, –
Como el Zéfiro a las flores, –
Como a los leves rumores
De la selva, el cazador.
Amar, esperando siempre,
Con ilusión relijiosa,
Honda, pura, respetuosa.....
Eso es amar con amor!
  Es tan dulce tu misterio,
Tu suspiro solitario, –
Tan bello tu santüario
Perfumado de azahar.....
I hai en la flor que se adora
Tanta célica ambrosía,
Tánto brillo i poesía,
Tánto dulce suspirar.....
  Oh! se goza tal ventura,
Cuando el ánima ajitada
Se siente magnetizada
Por una casta beldad.....
Que a su influjo, del poeta
Suelta el arpa su armonía,
I la amante tiranía
Rendimos la libertad.
  Por eso, bella, te canto,
Del viento al eco temblante,
I me siento palpitante
Al oir tu voz vibrar.
I të amo como un sueño
De inmensa, de eterna gloria,
I es tu májica memoria
Mi supremo delirar.
  Oh! déjame que te adore,
Con ese amor reverente,

> Con ese embeleso ardiente
> Que tú sabes inspirar.
> Deja que lleve mis flores
> Al altar de tus encantos;
> I gozosa oye mis cantos,
> I sabrás lo que es amar!
>
> (Samper 1860, 248-251).

Posiblemente conversaran sobre el significado del contenido. Le escribía los poemas en pergamino, no en papel corriente y además le enfatizaba que el amor de él era duradero. Era una tarea de convencimiento, ratificación y revalidación total; pero conocía a Soledad, sabía que la resistencia que mostraba debía tener alguna causa; estaba decidido a averiguarla, solucionarla y llegar al matrimonio. La labor que tenía frente a él era difícil, pero la determinación que poseía era mayor; empleó la inteligencia para llegar a ella por el intelecto más que por el corazón; campo que tampoco abandonó, pero que sabía que ya no era suficiente; algo tenía que cambiar, para alcanzar el resultado deseado.

5. Los dos diarios y los otros textos de 1855

Para comenzar el año de 1855, con el deseo de instar a la irresoluta Soledad a tomar una decisión sobre la vida en común, José María resolvió emplear la escritura más efectivamente; obtuvo dos libros idénticos, le entregó uno a ella y él se quedó con el otro. Con el obsequio, la persuadió a continuar escribiendo en ese libro tanto la cotidianidad como sus más íntimos sentimientos y las causas y consecuencias de ellos, durante ese nuevo año, y él haría lo mismo en el suyo.

Junto al diario de 1855, José María llevó otros dos textos, uno que estaba en su poder y que él había comenzado en 1854: «Pensamientos i recuerdos» (libro que tomaba consigo cuando salía de viaje), donde el pretendiente, primero, y luego el prometido, inscribía la nostalgia y la memoria que le causaban la lejanía y la ausencia de ella; y el otro: «Improvisaciones», «lindo diario de improvisaciones, que tuvo la delicada fineza de preparar para que yo le consagrase allí mis composiciones nocturnas, inspiradas por ella» ([enero 11]. Samper 1855a, 27), donde él escribió cada una de los poemas que compuso para ella en su casa durante 1855, hasta antes del matrimonio; texto en que «El Trovador» que ella amaba, se hacía presente. De ese modo, fueron tres los textos que él escribió durante esos meses, en los que empleó diversas estrategias escriturales para convencer a la lectora que era Soledad.

Gracias a esta idea, han llegado hasta el presente un conjunto de textos de amor entre dos jóvenes, que conformaron con el tiempo la pareja de escritores más prolíficos del siglo XIX colombiano:

1) «Pensamientos i recuerdos consagrados a la señorita – ánjel Soledad Acosta, en testimonio de profunda estimación, de fiel afecto i de perpétua adoracion; por su rendido amante et son fiancé José María Samper A. 1854 i1855» [José María Samper Agudelo].
2) «El diario de 1855» [José María Samper Agudelo].
3) «Improvisaciones» (1855) [José María Samper Agudelo].
4) Los cuadernillos del diario (1853-1854) [Soledad Acosta Kemble].
5) «El diario de 1855» [Soledad Acosta Kemble].
6) «El libro de los ensueños de amor: Historia poética del bello ideal de la ventura por Soledad Acosta i José M. Samper[19]» (1855) [José María Samper Agudelo – Soledad Acosta Kemble].
7) «El libro sagrado de Pepe i Solita». Tomo II (1855-1859) [José María Samper Agudelo – Soledad Acosta de Samper].

De ellos, especialmente en los diarios, textos únicos, se observan los altibajos emocionales de la irresoluta Soledad y se alcanzan a vislumbrar las estrategias de persuasión que José María empleó para persuadirla de aceptar tanto la propuesta de matrimonio que le había hecho hacía meses, como también de llegar a celebrar finalmente la ceremonia nupcial. Ambos escribieron en los libros de 1855 casi diariamente, desde el 1° de enero hasta el 4 de mayo de ese año, víspera del enlace matrimonial.

José María no tuvo la intención de que el diario de 1855 fuera un

---

19 Contiene las composiciones que él escribió en «Improvisaciones» y que concluye en junio 6 de 1855; libro de escritura posterior por la limpieza, los dibujos y el orden de las páginas; libro que incluso lleva un índice al final.

escrito privado; él lo produjo con la clara conciencia de que Soledad lo iba a leer. De ahí que en el texto se explicite la intención comunicativa con ella; para demostrarle que él era la persona que ella buscaba y que además de amarla, era sensible, cuidadoso, espiritual, sentimental, romántico, se preocupaba por ella y por su futuro. Del mismo modo, esa escritura le servía para expresar las facetas de su personalidad y de su identidad, que sabía que ella buscaba en el ser con el que compartiera su existencia. Así le enfatizó que él era: patriota y héroe, que trabajaba por el bienestar de la patria y de la sociedad; que ambicionaba dejar su nombre para la historia; además de que deseaba alcanzar la gloria para orgullo personal y familiar. Del mismo modo, esperaba convencerla de la calidad de sus intenciones y de sus actos y deseaba hacerla aceptar la propuesta de matrimonio y realizar la ceremonia.

Desde estas perspectivas, el diario de 1855 externamente era un instrumento para que Soledad lo aceptara y ya no dudara de él, de lo que él era, de sus deseos, promesas y ambiciones; concepciones que explicitó, reafirmó a lo largo de las páginas y emitió en beneficio de Soledad, receptora de esa escritura.

Internamente, ese texto fue un instrumento de persuasión, con el que José María debía, mediante argumentaciones de carácter convincente, introducirse en la mente de ella para asegurar la aceptación del enlace matrimonial. Ese texto tenía que explicar satisfactoriamente sus actos, de modo que éstos se convirtieran en recursos que le permitieran establecer en la mente de ella una lógica adecuada para formalizar el enlace; es decir, él lo planeó y lo estructuró como medio eficaz de comunicación para que lograra lo que no habían alcanzado las acciones y las palabras. En este aspecto, el pretendiente se valía de la realidad; Soledad era lectora, no actora; por eso debía seguir trabajando a través de la escritura, los vacíos, las inconformidades, las vacilaciones de ella, para mostrar que los dos no sólo eran compatibles, sino que el futuro en común era su destino.

Ahora, como expresión íntima, esas páginas presentan un «yo» de José María, desconocido para el público, en cuya experiencia se van haciendo visibles las motivaciones de una personalidad compleja, en constante diálogo consigo mismo, con Soledad, con el mismo diario. Las entradas poseen muchas de las características de los diarios íntimos: son fragmentarias, abreviadas, reiterativas, desordenadas pero no son confusas; cada una está escrita con el propósito de llegar al matrimonio (por tanto debía hablar de él en los términos en que ella quería y también tenía que persuadirla a modificar sus pautas de comportamiento).

Hay que tener en cuenta que José María era un hombre que había transitado diversos caminos en la vida, sabía lo que quería y por qué. La escritura de este texto de 1855 no es la de un diario de joven enamorado, romántico que secreta y escondidamente plasma sus emociones, deseando, temiendo y confiando en lo que le traería el futuro. Es una escritura con un objetivo único y determinado, que debía adscribirse a los gustos y deseos de Soledad. De ahí que, él estuviese muy consciente de que en cada entrada debía causar el efecto deseado para obtener el objetivo principal: el matrimonio. Esto no quiere decir que no quisiera a la joven, tal vez porque la quería tanto, le soportaba en la misma proporción. Pero las entradas tienen tanto de realidad, como de construcción de esa misma realidad.

Respetando las convenciones de un diario (escritura autorreflexiva y autobiográfica, representación de la subjetividad, identidad entre autor y receptor, etc.), José María empezó su texto con las siguientes enunciaciones:

> Este libro, destinado a ser el santuario de mis íntimos pensamientos a contener todos los misterios de mi alma soñadora i todas las impresiones ocultas de mi ajitado corazón; este libro, que va a ser el espejo de mi vida en todos sus instantes debe tener por único brillo la verdad, por único perfume el de las flores de mi jardín de esperanzas, sea que el tiempo las vaya marchitando, sea que las brisas del placer las conserve frescas i lozanas.
> Historia misteriosa de mis adoraciones i de todos mis arranques, de mis deleites i de mis amarguras, cada una de sus pájinas debe tener por testigo a su propia conciencia i por juez a Dios que me oye, que me escucha i que siente momento por momento las palpitaciones de mi corazón. Yo sé que soi honrado, sensible i jeneroso, i tengo la conciencia de que jamás mi corazón ha sido pervertido. Pero soi hombre i debo tener noblezas i debilidades, i es preciso que me recuerde a mí mismo, día por día, mis actos de virtud i mis defectos, para sentir un lejítimo orgullo por aquellos i reprocharme los últimos con severidad.
> El día de hoi me ha dejado satisfecho i me da la esperanza de un buen año. Hoi me he convencido más de que poseo la *estimación*

de Solita i de su noble i distinguida madre, i recojiéndome dentro de mi propia conciencia encuentro que soi digno de esa estimación. Mi corazón goza en extremo con eso. ¿Por qué? Es porque me encuentro a la altura de dos criaturas de un mérito distinguido. Si Soledad no me amase, yo tendría que llorar mi desventura i le daría un adiós eterno a la esperanza de la felizidad doméstica; pero si *ella* i su digna madre me negasen su *estimación*, me moriría de vergüenza que es peor que morir de amargura.

¿Me ama Soledad? A pesar de su dulzura i sus bondades lo dudo un poco aún. Es porque ella vale a mis ojos tanto, que juzgo mui superior a mi fortuna la dicha de ser amado por ese ánjel. ¿Llegará ella a ser algún día la compañera de mi vida i el objeto de mis ternuras i respeto amoroso? Tal vez, sí llega a amarme como yo a ella; pero si no fuere así, yo devoraré en silencio mi dolor y ella no se arrepentirá jamás de haberme llamado siquiera *su amigo*.

Hoi he gozado mucho a su lado i el día ha sido dulce i tranquilo como las sonrisas de Soledad. Ha recibido con placer i bondad mis versos, mis flores i todo cuanto ha visto mío. El año será sin duda dichoso, sus lindos ojos revelaban hoi tanta bondad; su belleza estaba tan radiante, tan espiritual, tan poética; su voz ha vibrado tan dulcemente en mis oídos... I además el día, la noche, todo ha sido hermoso. *Ella* ha tenido hasta la bondad de escribir la primera línea de este libro. ¡La esperanza debe, pues, animar mi corazón más que nunca! (...)

Hoi me ha mortificado el encuentro con una Sra. que me desagrada por sus sarcasmos, su aturdimiento i su falta de respeto de sí misma. Pero el contraste entre sus defectos i las bellísimas cualidades de la madre de mi amada, me ha hecho algún bien, por que me ha hecho meditar en lo que valen la virtud, la educacion sólida i la dignidad. La una, hermosa, joven con talento i algun brillo de imajinacion, es insoportable por su falta de recato, por su insolencia i su vanidad. La otra siendo madre i sin los encantos pasajeros de la juventud, ejerce el imperio del mérito, encanta con su noble leguaje i se hace amar. ¿Por qué estas diferencias? Es que la mujer está toda en el recato, en la modestia i en la dignidad; i toda la que sale de ese camino se hace ridícula o vulgar –

Hoy he comenzado la publicacion de un periódico, i Dios sabe que solo me animan dos estímulos: el amor de la patria, i una noble ambición de gloria. – La alcanzaré? Tal vez no; pero de seguro que nadie me hará extraviar del camino del honor, dela justicia i de la moderación – Adelante, pues, i no me abandones, Esperanza! – ([enero 1°] Samper 1855a, 3-5).

La estrategia que empleó, fue usar la palabra escrita para modificar la conducta de Soledad hacia él. Como escritor ya durante doce años, él había aprendido a manejar los signos; era buen observador, ahora especialmente con ella (conocía perfectamente lo que sabía, pensaba e ignoraba); además estaba acostumbrado como abogado a argumentar jurídicamente y a mostrar evidencias que sirvieran para convencer; es decir, conocía muy bien la retórica, con sus argumentaciones y razonamientos inductivos y deductivos, los ejemplos retóricos, las premisas del razonamiento necesarias para persuadir, etc. Con este acervo intelectual y práctico que poseía, empezó a establecer las bases de una interacción comunicativa y a plantear situaciones para obtener resultados.

En esa primera entrada expresó: «*Ella* ha tenido hasta la bondad de escribir la primera línea de este libro». De ahí que basándose en lo que Soledad le había escrito, posteriormente empleando las mismas características estilísticas de la escritura de ella, José María afirmó que lo que registrara en el libro iba ser el espejo de su vida y estar basado en la verdad (muestras de objetividad). Esas ideas eran similares a las que Soledad explicitara en la primera entrada de su diario, lo cual indica que ellos estaban de acuerdo en los rasgos que caracterizarían lo escrito en los libros.

José María se mostró en la escritura poco seguro con relación a la joven (no podía ser de otra manera, porque ella variaba como el viento; además probablemente ya sabría que su jactancia pasada la continuaba pagando), reconoció sus aciertos y sus fallos, puso a Dios por testigo de sus pensamientos y de su conducta (en estas afirmaciones empleó la razón contingente: aspectos verdaderos y verosímiles que al ser presentados encadenadamente informaban sobre lo que semejaba ser la realidad).

Luego se evaluó como ser humano: honrado, sensible, generoso, con corazón no pervertido. Sobre esas afirmaciones estructuró su argumentación; las empleó para ubicarse en el nivel alto en que se hallaban Soledad y la Madre («criaturas de un mérito distinguido»): de ese modo, su conducta armonizaba con los intereses de esas dos altas damas. Para hacer la comparación se basó en indicios más o menos seguros: empleó razonamientos desarrollados a partir de lo probable, con los que iría trabajando psicológicamente sobre el estado de ánimo de su interlocutora, cuando ella leyera ese texto.

Así pasó nuevamente a expresar el desequilibrio que existía en su vida, a causa de la indecisión de Soledad; lo cual era entendible, ya que ella estaba ubicada en un nivel superior angelical, casi inalcanzable; por eso, para él sería una fortuna que ella se dignase amarlo. No obstante, entre las preguntas retóricas que explicitó, le sugería a ella lo que era esencial en la relación: «¿Llegará ella a ser algún día la compañera de mi vida i el objeto de mis ternuras i respeto amoroso? Tal vez, sí llega a amarme como yo a ella». Con el empleo de la pregunta retórica y la puesta en duda del amor de ella, ya que no era como el de él, empleaba un pseudodiscurso directo que mostraba la intención que él tenía y lo que, según él, deducía de la actitud de ella (falta de amor). Para suavizar la ambigüedad, le dejó la oportunidad de la decisión a ella, indicándole que si no lo amase, respetaría su decisión.

Sin embargo, no permitió que de pronto en uno de sus estados de ánimo característicos, ella tuviera la oportunidad de entrar en una duda más grande y con el temperamento categórico que poseía, tomara decisiones terminantes en el momento de la lectura. De ahí que describiera con cualidades positivas inmediatamente lo que ella era para él y el efecto que causaba incluso en el ambiente; además, presentó abreviadamente lo que había sido la vista de ese día a la joven (el día había sido como las sonrisas de ella: dulce y tranquilo; ella se había dignado recibir con bondad los obsequios que él le había llevado; su belleza, radiante y espiritual, y su voz dulce, habían transformado el ambiente). En esas palabras se observa la estructuración de un razonamiento inductivo que toma las cosas individuales para pasar a los conceptos universales.

Como había prometido ser veraz en su escritura, el recuerdo tan positivo de lo sucedido en la visita, había sido motivo de la primera página de ese texto tan personal como era su diario. Para un inocente lector, esa entrada sería la expresión de un enamorado cándido y dudoso, pero con esperanza. No obstante, cada una de las frases elegidas tenía la función tanto de manifestar que el amor era positivo, como de influir en el ánimo de la receptora.

Continuó con la valoración de la progenitora, comparándola con una joven ruidosa, insolente, vanidosa y vulgar que había visto ese día; comparación en que Caroline Acosta–Kemble, quien en ese entonces tenía 41 años[20], salía vencedora a pesar de su edad de matrona, gracias a las virtudes del recato, la modestia y la dignidad; de ese modo, Soledad podría deducir el valor y el aprecio que él sentía por la progenitora; pero del mismo tiempo, también podría sentirse orgullosa de la comparación velada que había hecho entre las dos jóvenes: la vulgar (polo evidente) y ella misma (polo ausente + virtudes), lo cual le daba mucha más fuerza persuasiva a la comparación.

Concluyó esa primera entrada hablando de sí mismo, de sus logros y de los aspectos de su existencia que sabía que Soledad quería leer: el trabajo que él efectuaba por mejorar la patria y por alcanzar la gloria; pero aunque no lograra lo último, nadie podría menoscabar su honor (tema supremamente importante para Soledad)[21], su probidad en la conducta era uno de los aspectos que nadie le podría rebatir.

Ahora, como sabía que necesitaría tiempo para que se presentara el momento oportuno para entregarle el texto a Soledad para que lo leyera, gradualmente, fue llenando las páginas de afirmaciones y ex-

---

20   Samper señaló la edad que la Sra. Acosta-Kemble tenía cuando la había conocido en 1853: «[F]ui presentado a la señora viuda del General Acosta, dama inglesa de las más bellas prendas y el más delicado trato. Aunque tenía los cabellos ya casi blancos y cumplidos los treinta y nueve años, estaba en el esplendor de su hermosura de matrona llena de vida y de frescura (había sido muy bella mujer), y su conversación era digna de una cultísima dama, al propio tiempo ilustrada y muy sencilla y candorosa» (Samper 1881, 275-276).

21   Ante la afirmación de que José María no amaba la patria durante la revolución de 1854, Soledad escribió: «No sé que hacerme con mi misma... todo me desespera, el pupitre el album el libro todo lo regalado por *el*... guarde adonde mis ojos no puedan contemplarlos necesito valor para no desesperarme, i la vista de estos objetos me llenaba de amargura – Dios mio! yá adonde quiera que vuelvo las miradas no encuentro lo que mas amaba el album!... he concebido un proyecto que si me ama *el* verdaderamente escuchara mi voz si me ama conocera que fui yo que escribi esto, voi a mandar de algun modo a Ibague una proclama que le recuerde que su honor esta en peligro, que aqui comienzan ya a pensar mal a los que no toman las armas i sobre todo a los que no se entusiasman a los que miran la Patria con indiferencia – Dadme Dios mio! elocuencia suficiente para despertar su corazón! Señor! haced oh! haced que oiga mi voz, que conozca que mi alma no puede amar sino a los que saben adorar a su Pais a los que lo saben defender, talvez será un loco proyecto, tal vez *el* ni verá mi proclama o si la vé no le hará caso, yo hago todo lo que puedo i aun mas, Dios mio! dadme elocuencia!......» ([jul. 12] Acosta 1854, cuadernillo 8: 120).

Esa noticia la llevó a estados extremos de desengaños; las esperanzas y la confianza que había depositado en él, estaban en entredicho; lo cual le producía impresiones penosas, producto de la gran decepción sufrida por la equivocación que había cometido al confiar en él. Honor y actos valerosos eran para ella prerrogativa de su clase y honor era defender la ideología y la identidad de la Nueva Granada como nación; pero como su nombre no sonaba ni entre los reunidos en el Congreso, ni entre los heridos o los muertos, la gente, el parecer de los otros (de su clase, de su familia) rechazaban los actos, la inactividad de Samper. Por el rechazo que le hacían, ella sentía que él la había engañado. Le habían

presiones que explicitaban sus hechos y sus ideas y que solidificaban la imagen propia que quería proyectar. Esos aspectos eran los que sabía de antemano que ella querría leer y constatar; palabras cuyos referentes lo ayudarían a logar lo que deseaba conseguir, como lo fue expresando en posteriores entradas del diario:

> He trabajado mucho intelectualmente i con provecho. Por la noche he tenido ocasion de dar a mi amada Soledad una nueva prueba de afecto. Despues de leer dos lindas pájinas de su Diario, la una llena de ternura i nobleza respecto de un nido de pajarillos, la otra llena de sencillez i naturalidad, relativa a uno de sus paseos campestres – le pedí papel i pluma i asunto para improvisarle algunos versos. Me dio los asuntos de sus dos bellas pájinas i rápidamente le hice dos impresiones que Ella i su digna Madre recibieron con mucho agrado. No podía ser menos, Soledad me inspiraba con su dulce mirada i su anjélico semblante: mi corazon estaba conmovido i el harpa que vibra dentro de él me dió algunas armonias. Esta noche he creido mas que nunca que Soledad me ama. Se ha mostrado tan agradecida, tan sensible a los conceptos de mis impresiones... su sonrisa era tan dulce... su casto rubor por mis elojios era tan hechicero... Ah! yo creo que nos comprendemos perfectamente: yo he penetrado su bella alma, i ella sabe leer en mi corazon... Empiezo a sentirme en posesion de alguna dicha – ([enero 3]. Samper 1855a, 6).

Una de las composiciones que escribió ese día fue:

A SOLITA

Tú que inocente la inocencia adoras,
Que al infeliz le bríndas tu jemido,
Del pajarillo la desgracia lloras
I tu afecto le das al blando nido.
    Es que tu noble corazon comprende
De la Creacion el misterioso encanto,
I él su lenguaje y su grandeza entiende,
Su armonia, sus duelos i su llanto.
    Es que, cándida vírjen, ves el mundo
Al traves de tus puras ilusiones;
I tú comprendes el dolor profundo

---

hecho creer que él era alguien valioso, importante, que era un líder; pero la situación que se vivía, mostraba lo contrario; por eso se sentía traicionada. Dentro de ella se observa un conglomerado de sentimientos negativos y hasta excesivos y dramáticos, teñidos de desesperación. Al no amar a la patria, ante sus ojos, Samper ya no tenía honor ni personal ni social, porque había fallado ante la sociedad; su nombre estaba manchado. Eso significaba que ella se había equivocado al elevarlo y al considerarlo merecedor de gloria y por tanto de sus afectos y de su tiempo.

Del pájaro que pierde jemebundo
Su amor, su nido i plácidos pichones.
 ¿Te duele ver al triste pajarillo
Sin el tesoro que cuidaba ufano,
I andar entre las ramas del tomillo
Quejas lanzando por el triste llano?
 Pues así, Soledad, mi pecho amante,
(Si me abandona tu vital mirada),
Dará a las auras su lamento errante
Huérfano al fin de su ilusión amada!
(Enero 3 de 1855)
                    (Samper 1855b, 4-5).

    Dedicó la visita de ese tercer día del año a mostrarse enamorado, cortés, dedicado, obsequioso, halagüeño hacia ella; no obstante le prestó atención a cada una de las reacciones que ella tenía, a las emociones que expresaba. Ese estado de observación era la puesta en práctica de sus deseos y de sus energías; deseaba conocerla mejor, para lograr un equilibrio personal; tanto para anticipar situaciones y prevenirlas como para aumentar sus méritos. Al hacer el resumen del día, sintió que todo lo había hecho bien, por lo cual estaba contento y satisfecho.
    Pero, al rememorar los hechos, al imaginar a la persona amada y al plasmar las ideas mediante la escritura, José María expresó que deseaba con mayor vigor conservar a Soledad en su vida y estaba dispuesto a hacer todo para convencerla. La escritura era una forma de expresar que ansiaba alejar temores y persuadirse de que triunfaría, de que habría una conclusión feliz. No se debe olvidar que él tenía el propósito específico de que las condiciones se dieran para llegar al enlace matrimonial; por eso, su mente articulaba los efectos, las causas, las razones. De ahí que lo que se observa, sea tanto parte de lo que era la realidad, como parte de la construcción que él efectuaba sobre sí mismo, sobre su lugar en el mundo, sobre lo que él había sido, era y debía ser para la sociedad; todo lo cual proyectaría la imagen que él quería que Soledad conociera, para que tuviera la certeza de que no se había equivocado sobre él. Imagen que ella buscaba en el hombre con el que compartiera su existencia.

Como los textos que él escribía eran apreciados por ella, se valió de la facilidad que poseía para escribir y la aprovechó en su beneficio.

Portada interna de «Improvisaciones»

Además del diario, que ella todavía no leía, ese tercer día de 1855 empezó un nuevo libro escrito especialmente para ella: «Improvisaciones», en el que iría registrando distintos aspectos de las visitas en composiciones poéticas.

Al hacer esto, José María se sirvió de uno de los aspectos que sabía con certeza que a ella le causaban agrado. A ella le daba mucho gusto leer sus poemas, por lo cual lo había denominado su «Trovador». De ahí que empleara la facilidad que poseía para componer versos, para ganar preces durante las visitas. Ese día específico comenzó una nueva ofensiva para que ella aceptara el matrimonio: «le pedí papel i pluma i asunto para improvisarle algunos versos». Al darle ella los asuntos relativos a las páginas del diario de ella que él había leído, él hizo gala de su inteligencia, destreza y habilidad para mostrarle una parte de su talento, dedicado y dirigido exclusivamente a ella. Aptitud y competencia que agradaría a Soledad, despertando sus simpatías e iba a acercarlo más a ella en su aprecio y en sus sentimientos; ya que ella al ver las habilidad que desarrollaba para superar los obstáculos que ella le planteaba, valoraría aún más el hombre que él era.

Ahora, el diario de Soledad explicitaba la alegría que ella sentía por lo que había sucedido ese 3 de enero de 1855 en la visita que él le había hecho. La entrada era positiva, de alegría y esperanza: «Tu me amas, lo comprendo, lo sé. Enfin, allí *tu* me lo dices i todo lo que mi ∫ diga es sagrado para mí...» ([enero 3]. Acosta 1855, 6). No había trazas de melancolía por ningún lado. Parecía que los planes del pretendiente iban por buen camino.

Para llegar a la posición donde estaba, José María había tenido que imponerse limitaciones y adaptarse a las situaciones, para insertarse en el contexto cultural y mental de la unidad que eran la Madre y Soledad; de ese modo, con paciencia, cuidado y atención, fue ganando terreno y fue atrayéndolas indefectiblemente hacia la aceptación de lo que él era y ofrecía. Los hechos que mostraban las palabras de las entradas harían que cuando Soledad leyera esas páginas, recordara lo sucedido y fuera más receptiva a tomar una decisión positiva.

> Son las dos de la mañana, pero no quiero buscar el descanso hasta después de haber dejado algunos recuerdos de este día. Ayer cuando yo le llevaba a Soledad un lindo ramo de pensamientos, ella sonreía cariñosamente. Las mujeres delicadas: de espíritu agradecen siempre una flor, que envuelve un recuerdo, como una fineza i son más sensibles a esos obsequios que revelan consa-

gracion delicada i estimacion, que a los mas suntuosos regalos. Hoi, cuando Soledad vió mi retrato, me dejó comprender un sentimiento tan fino, que me alegré de mi inspiracion. Yo quería que ella tuviera no solo mi alma en mi amor i mi pensamiento en mis escritos, sino mi mirada, mi ser i mi recuerdo en una imagen fiel. Soledad i su excelente madre han aceptado con aprecio ese obsequio, i esto me llena de confianza. Despues comprendí que deseaba algunas flores para su adorno: son tan bellas las flores en la cabeza i el pecho de Soledad... parece que ella les aumenta el perfume con ese ámbar de castidad i de inocencia elevada que la rodea. Me gusta mucho verla mui linda i sobre todo, gozo infinito en complacerla i adivinar sus deseos. Fuí corriendo a traerle rosas blancas i clavellinas i ella agradeció en estremo mi prontitud en agradarla. Despues hemos estado juntos en el teatro i confieso que aparte del inmenso placer que sentía al estar a su lado, aspirando su perfume, adorándola i recreándome en el estudio de su anjélica i poética fisonomía i en su dulce conversacion, halagaba mucho mi amor propio el notar que todos *la* miraban con cuidado i la encontraban mui espiritual i mui bella. Yo sé que Soledad no crée en su belleza, i eso es quizá mejor, porque así comprenderá que amo mas su alma que su ser material. La funcion ha sido mala: buenos versos i nada mas; pero yo he gozado mucho en ella. He quedado como siempre que veo algunas mujeres bellas, satisfecho de mí mismo. Antes no podía dejar de sentir alguna impresion a la vista de una mujer bella: ahora todas me son absolutamente indiferentes. Esto me prueba que le pertenezco enteramente a Soledad. – Me he gozado mucho en ver ridiculizar a las coquetas, porque nada me parece mas odioso que la degradacion del corazon. El amor es una relijion i la coquetería es un indigno paganismo – ¡Es tan miserable la pérdida que se hace del tiempo en las farsas de la coquetería! así son casi todos los amores de ventana – ([enero 4]. Samper 1855a, 7-8).

En esta entrada, se observa la forma en que fue preparando el terreno; primero le llevó un regalo sencillo: simples flores; prestó atención a la manera en que ella las agradeció; después le obsequió su retrato (quería estar con ella, incluso en su ausencia): los hechos eran ahora más directos y claros; luego advirtió que ella deseaba adornarse y se apresuró a complacerla (se daba cuenta de las particularidades de ella y de la manera en que reaccionaba, lo cual era tanto una forma de autoconservación, como de previsión ante lo inesperado);

más tarde la llevó al teatro (junto con la madre) y ahí advirtió la manera en que reaccionaban los otros hombres al verlos juntos, lo cual lo hizo sentirse muy orgulloso. En ocasiones anteriores, en el teatro él era apenas un visitante que debía abandonar el palco cuando otro individuo llegaba; ahora él era el varón que iba con ellas, él tenía el control de su posición dentro del cerrado círculo en que entraba; de ahí que por el puesto público que iba ganando, su amor propio se sintiera halagado.

Como sabía que a Soledad no le gustaba que le dijeran que era bella (la vanidad era una de las fallas que la mujer de ascendencia inglesa de buena familia y religiosa debía evitar, según las normas difundidas en esa sociedad, que Gisborne había explicitado); también posiblemente al compararse con la belleza de la madre, ella que se asemejaba al padre, se sentía imperfecta, en el escrito enfatizó que la belleza de ella irradiaba de adentro, era espiritual; de ahí las ideas que expuso sobre las mujeres, las coquetas, la pérdida de tiempo y la degradación de los sentimientos. Esto le dio la base para explicar que él no podía pensar en otra mujer, porque para él, el amor era una religión que se debía vivir a cada instante. Con esa conclusión cerraba la exposición de lo que había sido el día.

Toda la entrada muestra una serie de argumentos persuasivos, basados en indicios más o menos seguros que aludían a la realidad, eran verosímiles, por tanto eran creíbles; eran razonamientos desarrollados a partir de lo probable, de lo que ella y la madre seguramente pensaban, por lo tanto eran fácilmente admisibles, porque demostraban lo evidente, lo que existía; así la conclusión a la que llegaba, era la que ellas muy probablemente pensaban.

La actitud de Soledad, le indicaba que ella se cohibía ante lo que él era como escritor y como político (condición que ella expresó varias veces en su diario); por eso José María mitigaba esa reacción con la indicación de que a pesar de que él fuera muy activo en su vida, en la relación de ellos habría respeto y equilibrio; ya que las metas de su vida eran el estudio y la tranquilidad, que le permitieran escribir:

> Hoi he trabajado mucho escribiendo: yo mismo me admiro de esa incansable constancia para escribir que me ha procurado la admirable facilidad de contraer mi pensamiento a todo simultánea-

mente: política, poesía, trabajos financieros, históricos, filosóficos i de mi vida íntima. Todo eso sale de mi pluma cada dia. ¿Será que Dios me tiene destinado para alguna gran tarea? Yo llevo once años de esta laboriosidad que aturde a mis amigos, i jamás me fastidia ni me cansa. Yo no seré mui rico, porque en mi ambicion i mis preocupaciones predomina lo moral; pero eso no me importa: yo no quiero dinero sino ciencia – felizidad i goces profundos pero morales todos. Me contentaré siempre con una fortuna que me permita estudiar, escribir i dar vuelo a mi espíritu i mi corazon. Esta noche Soledad me ha mostrado bondadosamente otra página de su Diario: se refiere a las tristes impresiones que un dia (el 23 de Dbre) le ofreció el espectáculo desolador de su antigua casa (la que abrigó su infancia), que fué a visitar con su madre – Habia tanta elevacion i ternura en los sentimientos consignados en esa bella pájina... que me sentí inspirado i le escribí una improvisacion en verso mucho mejor que las anteriores. Ella se entristeció, lo mismo que su madre, por aquella traduccion en verso que yo trazaba de la pájina escrita por Soledad... Siento en estremo haberlas aflijido, pero yo mismo estaba afectado sentía dolor, – ¡i acaso ella me agradecerá ese recuerdo! Me es mui grato recordarle el mérito de su distinguido padre, porque siento orgullo i placer en tributar homenaje a los sabios i bienhechores de la sociedad; – ese es un culto a la ciencia i la nobleza. Ojalá que cada dia pueda yo dejarle a Soledad un recuerdo semejante; pues si por desgracia ella no fuere mi esposa, siempre me estimará con cariño: si me negara su dulce amor, al ménos diría siempre al ver mis recuerdos: «Este jóven tiene alma elevada i corazon sensible: – él es honrado, i debo estimarlo cualquiera que sean sus defectos: yo seré su amiga, ya que no su esposa!». Esto será un consuelo si es que me espera la desgracia – ([enero 5]. Samper 1855a, 8-9).

Con la escritura, José María trabajaba diferentes ángulos para hacer mella en el ánimo de Soledad; la empleó para alabarla, indicándole que lo que ella escribía era convincente y tenía valor; así le dio prueba escribiéndole un poema, que por el contenido les despertó emociones fuertes tanto a Soledad como a la madre (melancolía, tristeza, desolación, añoranza). Le hacía ver a la joven que era inteligente, hábil, capaz de expresarse emocionalmente, que podía generar sentimientos, que podía conectarse con los demás; es decir, la apoyaba y la impulsaba a que continuara expresando lo que sentía y las situaciones que observaba o vivía por medio de textos escritos.

Sin embargo, él se manifestaba en la entrada a la expectativa de la decisión que ella pudiera tomar sobre la relación entre ellos. Con todo, aprovechaba toda oportunidad que tenía para derribar el hermético bastión que era la indecisión de Soledad. En el tema que ella le impuso ese día sacó el mayor partido de su habilidad escritural; ya que no se quedó en aspectos externos de la antigua vivienda que le habían causado tristes impresiones a Soledad, sino que empleó el profundo amor que sentían hija y madre por la memoria de Joaquín Acosta para valorar, respetar, enaltecer y avalar los sentimientos de ellas. El poema que le escribió se titula:

Recuerdos de la infancia (a Solita)

Ayer, cuando triste la casa veías
Donde ántes pasaste tu alegre niñez,
Angustia mezclada de gozo sentías,
Que siempre van juntos dolor i placer.
　La voz de tu padre vagaba en el viento,
Su sombra sagrada míraste quizá,
Que allí de tu infancia cuidó temulento,
De verte tan bella, gentil Soledad.
　Allí sus caricias, su sabia enseñanza.
Su amor, su ternura, gozoso te dio.
I al verte creciendo, bendita esperanza
De orgullo paterno, su pecho inflamó.
　Entónces, al brillo dela alba mañana
Corrías inquieta por entre el jardín,
I envidia le dabas a la flor galana.
Volando gozosa cual un serafin.
　Tus altos cerezos, tus lindos manzanos,
Tus verdes higueras, tu blondo laurel,
Al verte mecían su copa livianos,
Tu frente ceñida de rosa i clavel.
　Entónces, delirios forjaba tu mente,
Soñabas encantos de un árbol al pié,
Talvez en un libro leyendo inocente
Historia de un mundo de supremo bien.
　Jamas te negaba su aliento la brisa,
Ni el blando perfume la flor te negó;
Jamas en tus labios faltó la sonrisa,
Ni el triste suspiro tu seno ajitó...

Empero los sueños se van disipando
I queda del tiempo la amarga verdad.
Por eso tu huerta, tu hogar – suspirando –
Ayer visitabas, jentil Soledad.

Hoi ves que murieron, que no balancean
Su lindo follaje los árboles ya.
¿Qué quieres? tus ojos allí no chispean, –
Sin ellos qué vida tu huerto tendrá?...

Hoi todo en la estancia do alegre viviste
Respira abandono, tristeza i dolor:
¿Qué quieres? si noble tu padre no existe,
Si allí no resuena su májica voz.

Apénas te queda, vagando, su sombra
Que puebla los sitios del pasado hogar:
Tu voz conmovida vibrante le nombra,
I el eco responde: «con Dios vive ya»!

Respeto profundo merece, es sagrada
De tantos recuerdos tu tríste mansión, –
Que allí tus ensueños tuvieron morada,
I allí de tu madre vibró la oracion.

Adios dile al punto; no vuelvas Solita,
Que tantas memorias dolor te darán, –
I en ese santuario la sombra se ajita
Del bien que tus ojos miraron pasar!

Hoi otro horizonte magnífico alcanza
Tu mente atrevida, reflejo de Dios:
Acepta un momento la dulce esperanza
I olvida un instante tu justo dolor.

¡La vida es hermosa! tu espíritu ardiente
Comprende ese mundo de gloria ideal,
Do vaya del jenio la luz, i el torrente
De gozes, nos brinda ventura oriental
(Enero 5 de 1855).
(Samper 1855b, 9-12)[22].

José María se había empeñado en demostrarle que la quería, que la apoyaba; de ahí que le enseñara con el ejemplo, la valorara, le demostrara que él era optimista y tenía confianza en el futuro y en el poder de la voluntad. Con cada gesto, con cada detalle le manifestaba su amor: él que tenía la capacidad y el conocimiento de cómo manejar la escritura, sin tener ninguna obligación con ella en este aspecto,

---

22   Este poema aparece reproducido en: «El libro de los ensueños del amor...» (pgs. 8-11); posteriormente Samper lo publicó con modificaciones como parte del libro: *Ecos de los Andes* (1860, 294-297).

aprovechaba la lectura de un fragmento del diario que ella le había permitido leer, para justipreciar esa intención, reconocérsela como un don que ella poseía; así la vertió en sus propias palabras para convertirla en un regalo con el que él le correspondía la gentileza a ella, validando los mensajes plasmados y afirmando la profundidad de los sentimientos que ella había expresado; representaciones que lo habían movido a él a revertir lo sentido en escritura. Éste era un fuerte mensaje de amor y de solidaridad en el que él le informaba el gran interés que tenía en todo lo que ella hacía, indicándole una y otra vez, que el futuro de ella estaba con él (ver las dos últimas estrofas del poema); era una muestra de la inmutable y firme confianza en el futuro de los dos como pareja.

Para ella, él era su «Trovador», por eso para reafirmar cada promesa, para solidificar la confianza de Soledad y sacarla de sus perennes dudas, José María empleó todas las habilidades de que disponía y de la fortuna que le obsequió el destino en esa ocasión, al darle ella los temas. De esa manera el libro «Improvisaciones» fue el mejor aliado que tuvo en ese momento; en él, unió recuerdos pasados con visiones tristes presentes, para ofrecerle un texto donde la memoria del general Acosta era lo esencial.

El respeto, la veneración y el tributo que expresó por el fallecido progenitor, le ganó con toda seguridad tanto la buena voluntad de la Sra. Acosta, como el acercamiento más profundo de Soledad hacia él, porque ella poseía una intensa devoción filial por el recuerdo paterno. No obstante la memoria triste de lo desaparecido, en el poema había esperanza, ventura, ilusión. Era una manera de guiar las ideas de la joven, de sacarla de sus dudas, de terminar con su recelo.

Ahora, en el diario (siempre pensando en su interlocutora, en la irresolución de ella y en la incertidumbre en que lo tenía a él, José María escribió la posibilidad que había de que ellos no estuvieran juntos, de que ella lo rechazara y él se alejara de su existencia, de la pérdida de un futuro común. Con esto expresaba inquietud, pero no la impotencia para manejar la situación; ya que le decía que al menos el recuerdo de él iba a estar siempre con ella, debido a las cualidades demostradas y a los hechos realizados. Tampoco había fatalismo en su escrito; porque sabía por lo que había sucedido en la visita de ese día, que no había signos de una situación de amenaza o de sobresalto. Ya en el texto empleó dos veces la palabra «esposa», lo que no había sucedido antes; poco a poco tenía la certeza de que su actos estaban funcionando, tanto con la hija como con la madre.

A veces expresaba a través de la escritura indecisión o duda sobre la relación entre ellos, como una manera de analizar y reflexionar sobre cómo controlar las situaciones. Sin embargo, el ánimo y la ilusión que había sentido durante los días anteriores, comenzó a flaquear en la entrada del 7 de enero. Ese día había visto a Soledad muy reservada, lo cual lo hizo dudar y reflexionar:

> Anoche experimenté fuertes emociones en el gran baile que con otros amigos hemos dado en obsequio de las Sras. – Cuando llevaba del brazo a Soledad creía llevar conmigo una parte del cielo; i creo que si antes no hubiera estado tan profundamente apasionado de ella, anoche habría rendido mi corazon a sus encantos. Estaba tan linda, tan magnífica que solo tenía ojos para verla i adorarla. Anoche he sido mas franco que nunca: tuve valor para decirle muchas de las cosas que solo le había espresado por escrito. Pero ella, demasiado severa en sus actos, si me dejaba comprender su afecto, cuidaba mucho de no confesármelo; sus medias palabras i reticencias me asesinaban cruelmente, porque me hacían dudar; pero algunas veces su silencio era mui expresivo i elocuente. Acaso he sido presuntuoso en interpretarlo favorablemente. Sin embargo es bien seguro de que si mi lenguaje lleno de pasion, le hubiera disgustado, me habría manifestado francamente su enojo, porque así es su caracter. Ella es mui reservada i quizá desconfía un poco de la firmeza de mi amor. Es preciso disculpar su desconfianza por que mi pasado puede hacerle pensar, que quien ha amado antes no puede amar despues. Yo le tributo un culto respetuoso a la noble i pura joven que tuve por esposa; pero ella que me oye desde el cielo sabe que mi nuevo [amor] es inocente, casto i desinteresado, lo aprueba, lo comprende i lo bendice. Elvira le pertenece a Dios, yo le pertenezco al mundo i me siento con el corazon bien puro para consagrarlo a Soledad......
> En el baile habia anoche muchas jóvenes hermosas pero ninguna ha tenido poder para alterar un instante mi corazon ni hacerle olvidar a Soledad. Ella tiene el imperio absoluto i solo ella puede producirme impresiones: solo ella me hacia gozar con el baile i por eso danzamos juntos cuatro veces. *Lucrecia* me gusto mucho ahora seis años o cinco, i queriendo experimentar mi corazon me

propuse bailar con ella. Yo rodeaba su cintura, sentia su respiracion en mis mejillas i estaba bella. Apesar de todo no la miré una sola vez no sentí la mas lijera impresión. Estas pruebas son mui peligrosas, pero necesarias para un corazon leal. Si yo hubiera sentido que mi corazon era capaz de impresionarse por *otra*, esta triste verdad me habría convencido de que mi amor hacia Soledad no era verdadero i profundo, entónces habría desistido de pensar en unir mi suerte a la suya: delo contrario yo cometería una infamia. Hoi estoi seguro de mí mismo por que he salido victorioso en la prueba hecha. – otra señorita, me provocó visiblemente a galantearla: como sé que es mui coqueta, pensé un instante en burlarme de ella con el ridículo. Pero le tuve lástima, me pareció que era indigna esa burla con una pobre joven sin talento, i le dije claro: «amo profundamente a Soledad, aunque no sé si ella me ama». Eso terminó la provocación i le dio una lección.
Anoche, despues de mi rendimiento esmerado acia Soledad, ella me dijo una palabra que me hirió profundamente, – mas de lo que ella puede pensar. – Creyóme *embelesado* en mirar a otras, i estoi seguro de que por un instante sospechó de mí. Tal vez no conoce bastante mi corazon. Hoi le he hecho comprender, riendo, mi pesar por aquello, i costará trabajo olvidarlo. El amor es mui susceptible i la duda lo lastima en estremo.
Despues del placer de anoche, ha venido hoi el pesar. Despues de una ausencia de mas de 7 meses, he visto a mi buen hermano Manuel i su familia en una triste situacion, por la enfermedad mortal de Eloisa, su hijita mayor. He estado mui triste esta tarde, i aumenta mi tristeza la enfermedad de mi hermano Miguel. Dios mio! tengo ya serios temores respecto de mi familia, i el corazon me anuncia algunas desgracias de esta clase en el presente año. Talvez tendré que llorar a mi padre!! Dios quiera conservar sus días..... para bien de mi buena i exelente madre a quien tanto amo, i de toda mi familia! (...) ([enero 7]. Samper 1855a, 10-12).

No obstante lo escrito, ella no expresaba abiertamente sus sentimientos; así que él realizó un esfuerzo aún más decidido para persuadirla. Los regalos y la atención no eran todavía suficientes para convencer a la indecisa Soledad; tampoco los sentimientos que había despertado en ella con sus habilidades poéticas y su actuación pública; deseaba que ella entendiera el orgullo, el honor, el valor que provenía de él como persona; y a la vez se sintiera orgullosa de él y lo estimara. Pero lo que hacía no era suficiente, debido a la actuación de ella durante ese día; lo cual lo hizo sentirse mal y experimentar los signos de una derrota, porque se había dado cuenta de que no importaba lo que él hiciera, ella mantenía una posición rígida y alejada. Él trataba de disculpar su actitud, pero la discordancia que había entre los actos de ella en privado y los que expresaba en público, le generaba incomodidad e inquietud; de ahí que realizara atribuciones globales a lo que había observado, que lo llevaron a acusarse de «presuntuoso» por haber creído que todo iba por buen camino. En la escritura demostró desequilibrio emocional y vulnerabilidad, plasmando consecuencias negativas y expresando desesperanza. Era una abierta manifestación de impotencia resultado del comportamiento de ella tan variable.

A partir de ese momento en el discurso de la entrada del diario empezó la estructuración de una comparación de situaciones entre Elvira, la esposa muerta, y Soledad; punto fundamental para esta última, ya que página tras página durante meses en las entradas de los diferentes cuadernillos que conforman su Diario, ella expresó el temor de compartir su vida con la imagen y el recuerdo de la esposa muerta. Ella hubiese querido un pretendiente que la amara, que la aceptara como era, que no tuviera historia y que hiciera de ella el norte y el eje de su vida. De ese modo, por las dudas que sentía por no ser la única en el amor de José María, lo castigaba con su mutismo, con sus reticencias, con sus variaciones de temperamento y con el calificativo que le había denostado, en el que metafóricamente incluía pasado y presente.

Hay que recordar, que como hija única, Soledad nunca había tenido ningún tipo de emulación y competencia entre los miembros de la familia; ella conseguía lo que deseaba; además, era muy estricta por la educación que había recibido, que la había vuelto, reservada, desconfiada, temerosa, indecisa; además estaba acostumbrada a su pesimismo, a la melancolía que expresaba públicamente y que le controlaba la vida diaria. Con esa manera de pensar, de proceder y de juzgar, ella era muy difícil de convencer.

Atento a los valores, los gustos y los caprichos que movían la existencia de la joven, resolvió ser muy explícito sobre el futuro y el puesto que ella ocupaba en su existencia desde hacía meses; por eso le habló de su amor y de sus sentimientos; pero cuando ella lo ofendió, se sintió herido; esperó a estar en privado y no sólo le comentó, sino que le demostró que las palabras que ella había empleado para calificarlo, lo habían injuriado: «Talvez no conoce mi corazon; hoi le hecho comprender riendo, mi pesar i me costará trabajo olvidarlo».

Esa situación muestra dos aspectos: José María comenzó a hablarle a ella directamente, tanto sobre las intenciones que tenía, como a dejarle saber cuándo se había excedido. Soledad estaba acostumbrada a obrar con imponencia en su entorno familiar; (la única superior a ella era la madre en ese terreno) así que tenía la razón, la mayor parte del tiempo. Era posesiva, orgullosa y sentía que era y debía ser el centro de su mundo. Él la había llevado a un baile general que se había realizado en los salones del Congreso y había bailado tres piezas con ella (según el diario de Soledad), también lo había hecho con otras muchachas, pero eso no le gustó a ella y le dirigió palabras negativas, que ella pronto olvidó, pero no él. Normalmente ella no le hablaba sobre lo que sentía, no le explicitaba nada por ser «demasiado severa en sus actos», pero en ese momento lo había vejado con sus palabras.

Se puede suponer el desagrado que José María sentiría de no poder hacer nada en el momento. De haber sido un hombre, en esa época donde el duelo era la manera de solucionar las ofensas, posiblemente hubiera habido algún enfrentamiento. Pero el agravio había venido de la joven a quien cortejaba, lo cual le mostraba a él otro nuevo ángulo de ella que tampoco era positivo; de ahí que al día siguiente le hiciera el reclamo y la objeción.

Al recordarle lo sucedido le indicaba que aunque él fuese hombre reconocido en la política, abogado de amplia carrera y hubiera acabado de tomar parte como combatiente en una guerra civil, se merecía cortesía y respeto; es decir, le enseñaba que había límites para tratar a las personas; no porque él la cortejara, ella lo podía tratar según los altibajos de su temperamento, como al parecer hacía con todo el mundo.

Por otro lado le dejaba ver que en la relación había dos personas, ya que las reacciones de ella parecían indicar que únicamente ella era la que podía imponer los términos del trato, mientras que él estaba sólo para complacerla. Así como él se portaba con ella, ella debería proceder en forma similar; porque él también sentía y reaccionaba.

El hecho de que José María explicitara con detalles todo lo ocurrido en el Diario parece indicar que cada vez tenía más conciencia de la personalidad difícil de Soledad: «severa en sus actos», «medias palabras y reticencias», mutismo, manifestación abierta de enojo cuando algo le fastidiaba; además era muy reservada, desconfiada e indecisa; realizaciones éstas que muy seguramente lo hicieron cavilar y lo llevaron a escribir: «He estado mui triste esta tarde». A todo lo que había sucedido, se unió la realidad de la muerte de una sobrinita y la enfermedad de uno de sus hermanos; situaciones que llevaron a José María a mostrarse en la escritura abatido y melancólico con los golpes y las injusticias de la vida.

Soledad había resentido el reclamo por la ofensa sufrida que él le había hecho durante la visita, porque escribió en su diario:

> [A]noche tuve un momento de impaciencia injustamente i le dije a P. unas palabras que él no ha olvidado i ahora que estuvo aquí me recordó el mis palabras con algun pesar – cuanto, cuanto lo siento; pero no adivinas mi P. que es por lo mismo que te amo tanto que te dije eso? crees tu que si me fueras indiferente me hubiera tomado la péna de hablarte así?... escucha mi voz, mi trovador! escuchala i por la simpatia que tenemos, sabed que te pido perdon! sí, yo que jamas he pedido perdón te lo pido encarecidamente a tí! – ([enero 6]. Acosta 1855, 8).

En la súplica que ella le hizo por escrito, dejó ver otros aspectos de su temperamento: cuando algo no le gustaba, se impacientaba; no se daba cuenta de que ofendía a los otros, intentaba justificar sus actos para hacer que los otros olvidaran los agravios que ella había cometido (con lo que manifestaba que los otros eran la causa del problema); ella se «tomaba el trabajo» de hablarles a los demás; además estaba acostumbrada a actuar como deseaba y jamás se había disculpado por lo que había hecho: «yo que jamas he pedido perdón». Particularidades de ella que José María probablemente conocía o adivinaba; situaciones y características por las que expresó tristeza.

Con toda esa información de lo sucedido entre ellos plasmada en el diario, José María seguía construyendo a través de la escritura una imagen propia que quería que ella entendiera. Haya sido real o no la susceptibilidad que él sintió por las palabras de Soledad, él empleó la situación para llamarle la atención, para demarcar líneas divisoria en el comportamiento, para corregir situaciones, para demandar respeto y para enseñar lecciones. Pero como escribió al final de la entrada, no iba a dejar que ella olvidara fácilmente la situación.

Soledad escribió dos días después:

> [E]sta noche me siento mas triste de lo que por mucho tiempo habia experimentado – todavia piensa *él* en las palabras que le dije la noche del baile, todavia las recuerda i esto me causa pena. Oh! P. Por qué no me perdonáis?..... ([enero 8]. Acosta 1855, 8).

Al parecer José María extendió el reclamo y sus consecuencias por algunos días; sabía que para que ella comprendiera la lección a cabalidad, debía recordarle lo hecho para que no lo olvidara, ya que Soledad parecía tener mala memoria sobre lo que hacía y decía o estaba tan acostumbrada a proceder en esa forma que no se daba cuenta de los problemas que causaba con su actuación.

José María continuó con la construcción a través de la escritura de esa faceta de su identidad, que era sensible y la afectaban el recuerdo y el dolor. De ahí que expresara melancolía exacerbada al relatar las memorias que le había suscitado el haber pasado por los campos de Bosa, donde hacía pocos meses había visto tantos muertos y excesiva destrucción. Representó los recuerdos del combate sostenido durante la revolución y el debate interior que había sentido en ese entonces entre los sentimientos y los valores que había aprendido y que eran su norma. Luego se mostró desanimado y derrotado y en un largo lamento rememoró, se quejó, dudó, reclamó, se impacientó, se disculpó. Plasmó todos esos sentimientos en una entrada bastante larga, porque Soledad continuaba dudando de él y se había negado a dejarle leer parte de su diario.

Diario de Soledad Acosta

Diario de José María Samper

Ven mi amado Diario, que quiero comunicarte mis pesares de hoi. Te quiero tanto ya... Tú vales mucho porque te pueblan el dulce nombre de mi dulce Soledad, – de mi *amado martirio*, i los pensamientos de mi alma soñadora. – Hoi he sufrido mucho, he tenido muchas impresiones fuertes, i [es] necesario que esta pájina sea mui estensa, para tanto que tengo que decirte, mi querido Diario. – Escúchame i guarda con fidelidad lo que a decirte voi. / (...)
Al pasar por Bosa, Cuatro Esquinas i los arrabales de Las Cruces, he recordado todos mis sufrimientos i sustos, i las escenas de muertes i espantos de las recientes batallas. Cuánto orgullo secreto tengo por mi conducta en la campaña, pues aunque esto sea vanidad, mis sacrificios eran mayores que los de casi todos. Cuando yo avanzaba sobre el enemigo con mi espada de Capitán de Guardia nacional, llevaba dos sentimientos contrarios: miedo terrible en el corazon i heroismo supremo en la cabeza. Sí, yo soi miedoso ante el peligro por naturaleza, i solo tengo *el valor del honor*. Creyendo peor el oprobio que la muerte, puedo ser *un héroe muerto de miedo,* es decir cumplir resueltamente mi deber, aunque tiemble por mi vida. Léjos del enemigo yo tenía *miedo* en la campaña; pero cuando ya el peligro era inminente, el honor me daba resignacion i me sentía con brios. El 2 de octubre cuando en Ejido avancé con mi compañía de frente en batalla sobre el enemigo, i lo hicimos correr sin dar un tiro, la *carne* me temblaba i el *espíritu* se me ajitaba con ardor. Así es mi organizacion. ¿Por qué tenía miedo a la muerte? ¡Dios mio! Tú sabes que sólo tres pensamientos me hacían amar la vida i temer la muerte: mi amada Soledad cuyo amor perdía; mi madre adorable a quien haría llorar, i mi patria a quien sentía no poderle consagrar mis pocos talentos, mis meditaciones i mi laboriosidad.
Yo hacia mayor sacrificio que muchos, por que raros tienen un porvenir como el mio, contenido en estas dos palabras – Soledad i Gloria. Soledad! tú eres mi esperanza, mi cielo, el alma de mi corazon! – Gloria! tú eres la única ambicion *social* que me ajita..... Yo quiero *amor* para ser dichoso, i amo a mi dulcísima Soledad, por (que) quiero consagrarle mi vida para hacerla feliz; i quiero Gloria tambien, por que esto es lo que mas puede hacerme digno de Dios i la inmortalidad! –
(...) Esta tarde acompañé al cementerio el pequeño cadáver, lloré bastante al tocar las manecitas (...) El mejor libro de filosofía es el panteon...... Allí cada tumba es una leccion, – cada inscripcion una vanidad humana, i cada flor una ilusion fujitiva. ¿Qué es lo que queda de tanto delirio mundanal? Queda la inmortalidad para el espíritu, – la gloria i la honra para la virtud, – i la ignominia para

el vicio, – el polvo i la podredumbre para la materia – Es por eso que yo amo tanto a Soledad, i recuerdo su faz aun entre los sepulcros, i la amaré siempre – Ella no es *carn*e vil, no es materia; no es una mujer-belleza; es una mujer alma, espíritu, virtud, i eso no perece, ni se hace polvo, ni se olvida jamas! / (...)
Dios mio! Al ver esa tumba he recordado otra sagrada... *Elvira*! Yo sé que estás con Dios i me has perdonado que ame despues de tu muerte a Soledad, i que la ame con mas adoracion que a ti? Tú fuiste un ánjel, me amaste mucho, i yo respeto en estremo tu nombre i tu memoria. Tú que fuiste tan buena, perdóname si no te doi sino recuerdos i honra a tu virtud, mientras le consagro a Soledad mi alma, mi corazon i mi vida con la mas pura adoracion. Acepta desde el cielo este sacrificio, i ya que quisiste mi ventura, déjame recibirla de mi Soledad! así estará tranquilo mi pobre corazon. Yo conservaré tu altar, pero sus inciensos no serán de *amor* sino de *respeto*! ([enero 9]. Samper 1855a, 13-17).

Estos fragmentos de la entrada explicitan la construcción de diversidad de facetas de la persona que José María le presentaba a Soledad; donde se revelaba el cambio de actitud que efectuaba, para poder ofrecerle razones prácticas, con situaciones admisibles y decisiones razonables; todo lo cual muestra un método argumentativo justificativo, donde lo explicitado entra dentro del campo de lo verosímil. De ese modo, el diarista aplicó la razón al mundo de los valores, de los criterios y de la acción.

Así en la construcción de la persona que representaba, destacó características que ella buscaba en el hombre (posibles rasgos, que se fijaron en su mente, tomados de su progenitor), de las que ellos muy seguramente ya habían hablado: dedicación a la esposa y a la familia, héroe de combates, valiente, con gran honor, deseoso de gloria, culto, reconocido por su instrucción, decidido, emprendedor, trabajador, sensible, y sobre todo, que ella fuera todo para él. De ahí que la representación que José María hiciera de sí mismo en el fragmento, fuera concreta y explícita y destacara con énfasis la importancia de sus acciones, sus memorias y sus deseos para el futuro; todo lo cual tenía un establecido orden de prioridades: Soledad, la Madre, la Patria; esta exposición no requería de pruebas fehacientes; de ahí que él trabajara dentro de lo plausible y lo probable.

Plasmó posteriormente la inhumación de la sobrinita en el cementerio; situación y lugar que lo llevaron a efectuar disquisiciones sobre la muerte, la niñez, el amor y la futilidad de los actos mundanos, inútiles si no había gloria, si no se pasaba a la historia por ellos. Especificó que el amar a Soledad era una de esas realidades inestimables, porque ella no era *carne vil*, era especial (*no es una mujer-belleza*) y trascendental (*es una mujer alma, espíritu, virtud*); palabras que al ensalzarla, la valoraban como ser único y le daban preeminencia. Después de haber dejado esto muy claro, el referente pasó a ser Elvira, a quien le dirigió varios pensamientos de cariño y homenaje; pero en la escritura precisó la diferencia entre ella y Soledad: «Yo conservaré tu altar, pero sus inciensos no serán de *amor* sino de *respeto*!», mientras que «le consagro a Soledad mi alma, mi corazon i mi vida con la mas pura adoracion». Había una gran diferencia entre los dos amores; el uno era pasado y fue finito; el otro era presente y sería perenne.

En este párrafo comenzó a sentar las sólidas bases de la argumentación de su caso, que le dirigía a Soledad (quien leería el diario), cuyo resultado práctico era persuadirla; por eso, expresó uno de los obstáculos que debía vencer: el problema que podía ser Elvira para Soledad. Con explicitación de facetas de la personalidad que presentaba y con la discusión de aspectos que sabía, muy seguramente, que abrumaban a Soledad, lo que él hacía era adaptarse a las características de ella como receptora de su escrito, para influirla con eficacia. Para alcanzar su propósito comenzó por demarcar una tajante línea divisoria entre el pasado y el presente; entre carencia y totalidad; de ahí que los hechos pasados de su existencia fueran completamente incompatibles, por tanto no comparables, y porque no se podían comparar, no existía razón para darle importancia al pasado.

Regresando al texto, luego de esa penosa tarde que había pasado en el cementerio, donde incluso ante la tumba de Elvira no había podido sino pensar en Soledad, al hacerle la visita del día, José María encontró que las cosas no habían mejorado entre ellos:

> He salido del panteon con el corazon angustiado, despues de hacer esas plegarias, i he cojido algunas flores para mi Soledad Amada: estuve con ella i se las presenté: las recibió con agrado, pero luego fue ingrata por que (me) lastimó espantosamente. Le pedí unas pájinas de su Diario i me manifestó que no confiaba en mi palabra de no leer mas que la pájinas que ella me permitiera..... ¿Por qué

me lastimaste así, amada mia? En qué te he ofendido, mi Solita, para (que) así me trates? No sabes que soi tan delicado? Por qué desconfías de la palabra de tu amante? Tienes motivos para ello, mi bien? Dímelos, i no me lastimes así: tal vez desconfías igualmente de mi amor! Oh! qué espantosa verdad es esta! *ella* desconfía de mí, no tiene fe; me *admira*, lo conozco, pero no me estima o no me ama..... Soledad! es así como pagas mi amor, mi ternura, mi adoracion? Yo me he entregado todo a ti, soi tu esclavo, tu segundo ser, i tú me das la desconfianza como prenda de tu amor? Donde cabe la desconfianza no cabe el amor; así, ya puedo creer que no me amas! Oh desesperación! qué será de mi? Si llego a convencerme de eso, no me mataré por que eso es infame; pero me espatriaré para siempre, i no volverás a saber de mí jamas..... Seré tu proscrito sin haberte ofendido, sin haber sido tu rebelde ni tu traidor! Ingrata!!..... – Pero no, yo estoi delirando talvez. ¿No es *ella* tan amable i fina, apesar de su espantosa reserva? Entonces es que no me ama? Oh! cuántas dudas! qué tormento es la incertidumbre! Si no me ama, por qué no me desengaña para matarme de un solo golpe? Por qué me asesina lentamente? Pero *ella* es mui noble, es incapaz de tal atrocidad. Luego me ama? Si yo no le agradara me desengañaría francamente i no me martirizaría: ella es incapaz de engañar a nadie. Entonces, qué debo pensar? Voi a meditar un poco – son ya las once, pero quiero no acostarme sin resolver este problema de algún modo, por que las dudas son un martirio espantoso..... ([enero 9]. Samper 1855a, 17-18).

Lamento de enamorado, dolido, dudoso, reclamador, quejumbroso, movido por las más profundas y desgarradoras emociones, emanadas del impedimento de la negación, de la desconfianza y de la ingratitud, según él, de Soledad. Aunque él creía que ella iba a ser más asequible y desprendida, más condescendiente y cariñosa por las atribulaciones que sufría, encontró que no había modificación en la conducta de ella; de ahí que pusiera en duda el amor que ella decía sentir por él. En su argumentación, él hacía uso de la regla de la justicia, donde ella debería tratarlo a él con las mismas consideraciones que él lo hacía con ella. Al haberle dedicado la mayor parte de sus pensamientos durante ese día tan doloroso para él, al haberle dejado él leer una de las páginas de su diario en los días anteriores, ahora ella debería haberle concedido esa pequeña gratificación, que hubiera sido el saber sus íntimos pensamientos; pero como ella le negó lo pedido explicitando que no tenía confianza en que él haría lo que ella quería, él expresó falta de justicia en ella, que lo llevó a que se lamentara, protestara, reclamara, expresara dudas sobre los sentimientos de ella hacia él; y de ser así, él se alejaría del lugar para que ella no supiese de él nunca más; amenaza velada por la falta de reciprocidad.

Este es un argumento cuasi-lógico fundamentado en la naturaleza de las situaciones; había juzgado que el sentimiento entre ellos era idéntico, pero no lo era. Al lamentarse y acusar, relativizó la realidad que había juzgado hasta entonces privilegiada; de ese modo reconsideró la situación en conjunto y efectuó la amenaza; para luego poner todo en duda y acusarse de imaginar la certidumbre y existencia de sentimientos recíprocos, puesto que ella poseía tan excelentes atributos que no podía haber fingido lo que había pasado. La realidad, según él, era tan confusa, que necesitaba reflexionar y esperar a que el tiempo mitigara el «martirio espantoso» en el que se hallaba.

> 12 ½ de la noche – Después de una hora de profunda meditación vuelvo a escribir. Soledad, para calmar mi pena, me entregó esta noche tres cuadernos de su Diario, para que viera tres pájinas no más, i le prometí no leer una sola línea después de esas. Sus tres pájinas son bellas como todo lo que ella escribe. Al concluirlas, pasó por mi mente como un relámpago, la idea de leer, de devorar íntegros los tres cuadernos..... Dios mío! qué profanacion! no, no he leido, i cumpliré mi promesa aunque me cueste la tortura mas espantosa! Yo sé que esas pájinas sagradas pueden aclarar todas mis dudas, i hacerme dichoso o desgraciado desde ahora: tengo en mis manos mi destino, mi porvenir, con esos bellos cuadernos. He llegado hasta abrir uno, pero me he detenido, – no he leido una palabra delas pájinas vedadas. I tú corazon estúpido, tú que sueles adivinar los sentimientos ocultos i los sucesos, no adivinas lo que esas pájinas contienen? No lees sin ausilio de mis ojos? No sientes algo que te revele el secreto? Ah! te siento palpitar como nunca, me saltas, te quieres salir corazón mío! qué es? adivinas? me ama mi Soledad? crée en mi amor? Ah!..... no lo dudo, es cierto, me ama, i me ama con delirio, puesto que delante de ese Diario misterioso, no suspiro, no siento dolor, no se me oprime el corazon, ni me viene un lágrima a los ojos! Corazon mio, tú eres mui leal, jamas me has engañado: yo te creo i me abandono al delirio de la esperanza i la ventura!..... ([enero 9]. Samper 1855a, 18-19).

Según se deduce por la lectura del fragmento de la entrada, José María le dejó saber a Soledad lo triste, dolido y resentido que él quedaba por la negación de ella, lo que la hizo pensar y reaccionar, al valorar los hechos y las situaciones del día, así como los posibles resultados; además, ella para ser consecuente con los pensamientos que había escrito varias veces en el diario de que no quería que él sufriera, ni deseaba causarle aflicciones, le entregó una sección de su diario para que él se diera cuenta de sus convicciones, de su confianza, de su amor y leyera sólo las páginas permitidas. Situación que ella explicitó en la entrada de ese día en su diario:

> Esta noche he hecho una cosa que me admira á mí misma, una cosa que yo no creia que seria capaz de hacer jamas, he dado mi diario *entero* de la Revolución a P. i mostrandole solo dos ó tres pájinas se lo he dejado llevar entero a su casa para que lo tenga en su poder i no lo lea!... habré sido imprudente, sera esto pedir demasiado al poder sobre si mismo que el tener entre sus manos en un cuarto i solo i lejos del mundo entero un cuaderno de mis pensamientos, de mis sentimientos mas íntimos i no tener curiosidad pª leerlo!... yo tengo completa confianza en su palabra de honor! no seria digno P. de la menor estimacion si pudiera hacer un acto como este! – me voi a acostar tranquila i perfectamente confiada ([enero 9]. Acosta 1855, 9).

José María jugó en el fragmento anterior de la entrada con leer sólo lo autorizado o con leer todo, para saber realmente lo que ella sentía hacia él y así estar seguro de lo que sería el futuro. Haya él respetado los límites impuestos o no, lo que sigue a continuación en el escrito de ese mismo día, semeja ser producto o bien de la transgresión o de la continuación del plan forjado para persuadir a la joven, que había comenzado a poner en práctica en la primera entrada del mismo día:

> I bien, Soledad me ama según creo. Pero entonces, ¿por qué esa frialdad i desconfianza? En la meditación que he hecho durante una hora, he pensado en estas explicaciones que pueden tener las dudas de mi amada. O ella tiene temores o recuerdos desagradables respecto de mi anterior esposa; o tiene una opinion dudosa respecto de mi proceder i mis intenciones; o sus dudas provienen de que desconfía de sí misma i tiene un carácter tímido i un alma melancólica. Estos tres pensamientos distintos debo meditarlos

para aclarar mis dudas. – Desde que *ella* me impresionó en Guaduas en 1853, tuve temores de que Soledad me creyera incapaz de amarla por haber *amado* yo *antes*, i temí que otro nombre – el de Elvira, asomara siempre en sus recuerdos. ¿Habrá sucedido esto? No lo sé, pero yo podría desvanecer sus temores con solo una revelación; voi a hacértela a ti, mi caro Diario, i acaso algun dia se la haré a Soledad. – Yo tenía estrecha amistad con *Elvira* desde 1843 i la estimaba mucho por sus bellas cualidades; la había tratado como amiga durante seis años i medio, i jamas había sentido amor por ella. En julio de 1849 un dia le oí ciertas espresiones que me revelaban una bella alma i un corazon noble i eso me hizo mirarla con interes – Yo era ciego amigo del matrimonio desde mui niño, no quería vivir en esa soltura peligrosa que da a los hombres el celibato; quería alcanzar la dulce tranquilidad del hogar doméstico; *estimaba* a Elvira i le tenía cierto afecto: le pedí pues su mano, por que resolví casarme. El trato con ella aumentó mi afecto i al ser su esposo le consagré con la *más absoluta* fidelidad, rara en un joven de 23 años, mi vida i mis ternuras. Elvira era mui casta, linda virtuosa i tenía buenos i nobles sentimientos i modales. Pero su espíritu no estaba a la altura del mío, si bien que mi virtud era mui inferior a la suya. Ella valía mucho mas que yo ante el cielo; yo valía mucho mas que ella ante la naturaleza. Así, yo fui bastante feliz por el amor profundo i la ternura de Elvira; pero ella, si halagó mi corazón, no pudo nutrir mi espíritu, a pesar de que tenía clara inteligencia. En Elvira yo estimaba las virtudes i amaba la belleza i la ternura.

Mi historia respecto de Soledad es mui distinta. Cuando fui a Guaduas no la conocía ni tenía la menor idea, la menor noticia de ella. La vi el 15 de agosto i la amé instantáneamente. Mi amor fue súbito, misterioso. ¿Qué amaba yo en ella? No su fortuna porque yo la ignoraba, i soi mui noble en eso de intereses; no sus virtudes, porque no las conocía; no su hermosura, porque ella si tiene una belleza fantástica, poética i espiritual, – belleza estraña, tipo sin semejanza que revela melancolías profundas, ensueños i jenio, – no tiene sin embargo la *hermosura* femenil, en el sentido que el vulgo le da a esta palabra. ¿Entonces de qué me apasioné? He aquí el misterio era que el dedo de Dios me la señalaba. Soledad tenía algo en si que me estaba predestinado; i la prueba de mi amor acia *ella* es eterno, profundo, invariable i de un carácter elevado. – Jamás he sentido cerca de Soledad la menor impresión profana; todo lo que siento es ternura, adoración relijiosa i admiración i estimacion supremas. Con Elvira, yo sentía muchas veces una ajitacion ardiente, que creo sentiría Adán cuando se halló solo

con Eva..... Si despues de gozar alguna dicha, de sufrir i llorar mucho cerca de la tumba de Elvira, he podido apasionarme instantáneamente de otra mujer, i amarla sin conocerla, qué prueba esto? Que Soledad es el ser destinado para mí, – que el corazon, guiado por Dios, ha adivinado al fin cuál es el ser que le conviene i se le parece, su «media naranja», como dicen los orientales.
I bien, ¿tendrá temores acerca de esto mi Solita? Si los tienes, por qué no me los cuentas, vida mía? Ah! si yo supiera algo te esplicaría todo francamente, i tal vez se acabarían tus dudas, dulce bien mío! – Por qué, pues, eres tan reservada? Por qué desconfías, dueño mío? – Será que no tienes una opinion bastante buena de tu esclavo trovador? Será que me han calumniado? Pero escúchame, no hagas caso de sujestiones. Las mujeres tienen por lo comun envidia de que las demas se casen, i emplean indignas mentiras para dañar a quienes envidian. Los hombres, unos me tienen envidia, porque por mis solos esfuerzos he subido mas alto que otros muchos, i varios obran por pasiones mezquinas. Júzgame por mí mismo i no por lo que te digan, mi amada Solita. – Yo tengo defectos, es verdad: ¿Quieres saberlos? Mira, yo soi muchas veces lijero, imprudente i demasiado jovial quizá. Mi franqueza raya de cualidad en defecto. – Tengo bastante amor propio, soi poco paciente; me irrito con facilidad, aunque me calmo inmediatamente, i ademas soi mui confiado en los demas. Conozco que no soi hermoso ni elegante; pero creo que tú, mi Solita, no te fijas (en) eso. Mi voz es desagradable i mi risa estrepitosa. Ademas, en mi primera juventud era mui exaltado, aunque siempre de buena fe i por patriotismo. Pero escúchame, mi dulce Solita: no soi vengativo; soi desinteresado, fiel, sincero, jeneroso i capaz de todo hecho noble. Siempre sensible me impresiona todo sufrimiento i gozo en hace(r) bien. Cuando hago mal es por aturdimiento, pero jamas por intencion. Mira Solita mia; este jóven amante tuyo a quien crees talvez superficial, tiene bajo las apariencias de un jenio inquieto o poco reflexivo, una alma profundamente contemplativa i un corazón tierno i bueno. Mi espíritu no es superficial como puede parecerte, ánjel mío – Entonces, ¿por qué la desconfianza i la duda? ([enero 9]. Samper 1855a, 19-23).

Conociendo muy bien a Soledad, sabía que ella dudaba de que el pasado no tuviera interferencia en el presente y por tanto, que hubiera repercusiones en el futuro; así que dedicó el resto de la entrada a expresarle por escrito a la lectora que Soledad era, la situación en que ella se hallaba en su mente y en su corazón. Le enfatizó que ella no había tenido, no tenía, ni tendría rival. Para hacerlo, recurrió al relato de los hechos que lo habían llevado a contraer matrimonio por primera vez, dejando muy claro que había tal disparidad en las circunstancias que no era posible que tuvieran ningún tipo de incidencia en la relación entre ellos. Las pruebas de eso, las había aportado la existencia; ya que tanto las causas que lo llevaron a efectuar el enlace con Elvira, como la muerte tan inesperada de ella a tan pocos meses del matrimonio, indicaban que esa unión no era el destino que le estaba reservado. De ahí que él hubiera podido prendarse de ella desde el momento en que la había conocido; lo cual le había permitido sentir que su vida sería completa con ella; además lo que Soledad era para él, no lo había sido Elvira en el pasado.

José María siguió mostrándose humilde, señalando sus imperfecciones, pero también destacando sus virtudes y sus valores. No se jactó de nada, tampoco dio señal de sentirse seguro en la relación, pero atacó algunas dudas, especificó varias circunstancias, esclareció otras. Era la puesta en práctica de un proyecto forjado en el que él se mostraba ante ella como un ser emotivo, sensible, delicado, sincero, enamorado, interesado, dedicado y dispuesto a hacer lo que estuviera a su alcance para conseguir que Soledad aceptara el enlace entre ellos.

> La otra noche, en algun baile, tuviste por un momento – estoi seguro – alguna sospecha zelosa. Fuiste mui ingrata, mui injusta; pero te arrepentiste. Podría rivalizarte mujer alguna? Nunca! tú vales mas que todas, i yo soi incapaz de serte infiel ni con el pensamiento! – Algunas vezes temo que no me amas, por que la imajen de otro hombre vive quizas en tu memoria. En Febrero me dijeron que tú habías permitido a Medardo que te galantease en unos bailes en Dbre de 1853, i que te mostraste afectuosa con él. Te habias olvidado, pues de mí? del 15 de agosto, de Guaduas, del pobre jóven viudo que te pedia tu dulce i purísimo amor? Ah! si yo supiera que por un instante siquiera has amado a otro o pensado en otro... Dios mío! Pero no, te perdono si ha sido así; pero dímelo si fuere cierto, ingrata!
> – Será que Soledad desconfía de su suerte i por eso duda de mi amor i mi ternura? Pero por qué desconfiar si tiene tanto mérito? He notado yo en dos bailes, que mi Solita estaba triste. Sería quizas por que no la rodeaban los jóvenes i eso la hacia aparecer poco bri-

llante? Talvez ella ha tenido esa ideas, pero es injusta. Todos la admiran, pero ninguno se lo dice a ella sino a mí, i pocos la rodean, por que saben que, si no es mía, por lo ménos, yo no soportaré que otros le consagren el corazon – yo soi tan egoista respecto de mi amada, como jeneroso respecto de mí mismo para servir a los demas. Soledad es un ánjel al cual temen acercarse, por que al pié de ella estoi yo, su esclavo, para impedir que otros la miren – – Ella es reservada i desconfiada, por que su juventud ha pasado en el aislamiento i no ha tenido una hermana a quien comunicarle sus pensamientos. No dudo que me ama mucho; pero tengo dudas sobre el concepto que tiene de mí. ¿Cómo sabré de ellas? – Es preciso que yo lea su Diario, es indispensable, i voi a suplicárselo con toda mi alma... Estoi ya mas tranquilo –

Son las 2 ½ de la mañana i voi a buscar en mi lecho algun sueño de amor en que Soledad sea la heroína ([enero 9]. Samper 1855a, 23-24).

La representación que ofrece el fragmento es la reducción de la situación a un dilema: no me quiere porque ama a otro por eso es fría conmigo. Al ofrecer la incompatibilidad mostraba que el eje que unía los dos polos opuestos era la actitud de ella, en la cual el tiempo no hacía mella; por eso no había posibilidad de cambio. Al mostrarla como causante de ese dilema, por medio de la escritura la forzaba a actuar, obviamente en la dirección que él quería, porque sabía que ella no sólo estaba muy interesada en él sino que lo amaba. En la escritura mostró el dilema como una duda, de ahí que inmediatamente en la escritura pasara al perdón, pero dejaba la indecisión abierta para crear la urgencia de la resolución.

En seguida suavizó la duda, sin embargo conservó el mismo derrotero con que había escrito lo anterior de la entrada: expuso un argumento portador de la respuesta al problema, cerrando con preguntas retóricas, cuya fuerza apelativa muestra el empleo del argumento clásico *ad ignorantiam*. Argumento que impacta al hacer más concreta la urgencia de la resolución, ya que todo lleva a la tesis presentada que sitúa a los interlocutores en un ámbito reducido similar al presentado por el dilema anterior.

Cada uno de los argumentos del fragmento ofrece una serie de relaciones que hacen que su suma pueda reconstruir la totalidad de lo que se desea presentar. Para José María, ella poseía todas las cualidades, pero él aunque estaba seguro del amor de ella, no sabía lo que ella pensaba de él como hombre en la sociedad; de ahí la decisión tomada: leer el diario de ella para entender las causas de su actitud.

No obstante lo escrito al final de la entrada, la táctica real de José María fue hacerle leer a ella las páginas que él había escrito durante esos días; especialmente las últimas. Esto debía hacer que ella decidiera la unión matrimonial, pero no había considerado que ella podría negarse (véase: [enero 10]. Samper 1855a, 29), lo cual sucedió, pues ella rechazó leer el texto. Ante esa oposición, él plasmó en su diario: «Solita no ha querido leer mi Diario... Será que está segura de haber leido ya bastante en mi corazon? Talvez está fastidiada» ([enero 10]. Samper 1855a, 25), Es posible imaginarse lo sucedido después: sorpresa, emociones exaltadas, reclamos, convencimiento, aceptación; ya que al final, ella recibió el texto y leyó las páginas escritas.

El resultado de los acontecimientos que se desencadenaron después de esa lectura, José María lo describió: «Lo que ha sucedido no se puede pintar... Yo sé pintar el dolor pero no he aprendido a describir la dicha suprema! He vuelto a casa más tarde que otras noches de la suya, – ebrio de ventura, ciego, casi demente...» ([enero 10]. Samper 1855a, 25). Mientras que ella plasmó en su diario: «Ya le ofrecí ser suya!». Entradas en los dos textos que confirman que el proyecto de él fue efectivo: el escritor empleó la persuasión para convencer y hacer decidir a la lectora que era Soledad.

Lo que sucedía hasta aquí era una lucha entre dos seres con voluntades muy fuertes, pero disímiles. El carácter de ella estaba cimentado en la elaboración mental que había estructurado a través del tiempo de no permitir que nadie se acercara a ella hasta tener total certeza en el futuro, para no salir herida; lo que al final la hacía tenaz y voluntariosa. Mientras que él poseía una capacidad de decisión firme, que superaba obstáculos, pero también se adaptaba a situaciones para alcanzar las metas propuestas. De este modo, ella quería todo o nada, así sufriera intensamente; deseaba tener ratificación cabal de que ella era la única en el pensamiento de él, de que no se equivocaría al aceptarlo y de que su orgullo y su honor no saldrían lesionados.

José María estaba dispuesto a pasar todas las pruebas a que ella lo sometiera, pero no había contado con sus sentimientos más profundos (o con el hastío, producto de la inutilidad de sus esfuerzos). Le había demostrado hasta el cansancio que realmente la amaba, pero ella seguía inmutable en su resistencia. Él estaba acostumbrado a sortear dificultades en su vida como político, como comerciante, como militar; así que reflexionó sobre la situación y la presentó como una conversación con su diario, para indicarle a ella que sabía lo que pasaba, que la conocía muy bien. Con esas ideas, escribió unas páginas categóricas donde expuso sus sentimientos por Soledad, contrastando pasado y presente; enfatizando y reafirmando el futuro.

En las páginas iniciales del diario de José María, el escritor se hace evidente entrada tras entrada. Para beneficio de su interlocutora, en la entrada de enero 10, luego de explicitar la profunda felicidad sentida por la decisión de ella, dejó en suspenso lo acaecido esa noche: «Necesito recogerme i soñar mucho esta noche. Debo orar primero i dar gracias Dios, para poder escribir lo que sucedió esta noche entre mi amada i yo. (...)» ([enero 10]. Samper 1855a, 25-26). Suspenso que para Soledad, lectora conocedora de lo sucedido, pero desconocedora de la manera en que él plasmaría el acontecimiento, creaba ansiedad, expectativa y temor de que lo que él expresara no fuera lo que ella deseaba leer.

En la entrada siguiente (enero 11), José María explicitó efectivamente la función que tuvo la escritura en su proyecto: «¿Qué ha sucedido anoche? Voi a contártelo, mi querido Diario, aunque tú fuiste uno de los testigos de mi suprema dicha, i *han sido tus revelaciones, las que han abierto el camino a mi ventura*» ([enero 11]. Samper 1855a, 26-27), [énfasis agregado]. Además, registró desde su perspectiva lo ocurrido:

> Soledad leyó mis pájinas del día 9, con atencion profunda, abierta, silenciosa, pero ajitada visiblemente, mientras que yo le escribía versos en un lindo diario de improvisaciones, que tuvo la delicada fineza de preparar para que yo le consagrase allí mis composiciones nocturnas, inspiradas por ella. A veces yo la observaba con susto, con angustia, i leia en su linda i sonrosada frente la profunda sensacion que mis pájinas le causaban. De repente, al concluir la lectura me dijo: «Voi a darle a Ud. ahora mismo la contestacion

a esta pájinas». Se fué como un serafin, entró a su cuarto i me dejó solo escribiendo. Algunos momentos despues vino su buena madre i me entregó en nombre de *ella* el álbum que yo le había obsequiado como un triste i amantísimo recuerdo el 26 de abril, al alejarme prófugo de Bogotá... En el primer momento abrí el álbum aturdido sin saber qué significaba; pero al instante recordé que la última pájina estaba en blanco, i que estaba destinada por mí, para que Soledad escribiera mi sentencia de amor... Busqué... i ¡Dios mío! qué vi? Soledad había escrito estas palabras:

«No más dudas, ¡*yo te amo*! ¡Jamas he amado ántes».................................

La pluma es impotente para describir lo que sentí al leer esas inmortales palabras. Estaba aturdido, deslumbrado, estático, cual si un rayo hubiera estallado sobre mí. La ventura que hallaba en aquellas líneas era tan inmensa, tan inmerecida; el deleite de mi alma era tan profundo, que mi organismo estaba como paralizado. Después de algunos instantes el corazon hizo explosion, i una porcion de dulcísimas lágrimas saltó a mis ojos e inundó mis mejillas... Lloraba de felicidad, de placer, de deleite supremo i de gratitud!... Al abrir los ojos, con el corazon palpitando violentamente, tomé la pluma, i escribí al pie de la dulce confesion de mi amada un himno a Dios, dándole gracias por su infinita bondad para con migo! Después llamé a mi amada diciéndole simplemente «Solita»... Ella volvió, se sentó junto a mí i leyó lo que yo acababa de escribir, i vio mis lágrimas, i la espresion de honda felicidad que mi ajitado semblante revelaba. Estaba tan sonrosada, tan ajitada, tan linda, tan avergonzada de la dulce confesion que me había hecho... Parecía un lirio que el aliento de la aurora perfumaba, – ¡un ánjel, una vision oriental! Había tanta castidad en su anjélica fisonomía, tanto amor en sus ojos, tanto candor en su sonrisa... Su madre nos dejó solos (¡que fina atencion!) i yo le leí las demas pájinas de mi diario; le hablé de mi amor, de mis tristezas, de mis esperanzas, de mis sueños, de mi ternura, de mis temores, de mis recuerdos, de todo; nos esplicamos con dulce franqueza, i *ella*, llena de amor i de bondad, al ver que yo depositaba una de mis lágrimas de dicha en su lindo retrato me lo regaló para llenarme aún de mas embriaguez i gratitud... Yo le hablaba de nuestro porvenir, de nuestro amor i tomando su linda i blanca mano, delgada i sonrosada, la estreché entre las mias con supremo deleite, i le di a sus preciosos dedos muchos besos, con una emocion, con un delirio que yo mismo no podía esplicar!..... Entonces vi el cielo, vi a Dios, los ánjeles; tuve un vértigo de infinita ventura, soñé en mil paraísos, i al mirar arrebatado a Soledad, su semblante anjélico resplandecía de amor, de ternura i de felizidad!..... ([enero 11]. Samper 1855a, 27-30).

En este encuentro de voluntades y de personalidades (él, de naturaleza franca y expansiva y acostumbrado a triunfar; ella, melancólica, reservada, desconfiada, voluntariosa), la paciencia, la inteligencia, la sagacidad y la práctica escritural decidieron el resultado final. José María Samper, dejando atrás las posiciones antagónicas, con su inspiración, atención, prudencia, paciencia y con la lectura de páginas y cuadernos del diario que había recibido de ella, tuvo claridad absoluta de lo que era importante; organizó sus pensamientos y dirigió su escritura para encontrar una solución que los satisficiera plenamente a los dos.

Así, empleó la persuasión, sin mostrarse agresivo, proporcionó razonamientos, exteriorizó valores y defectos, explicitó sus sentimientos, efectuó una representación propia de la imagen que quería reforzar en la mente tanto de Soledad, como de la madre; además, estableció un punto de acuerdo entre lo que ella sentía, pero no expresaba y lo que él le demostraba. Así dejó que su escritura terminara de realizar la labor que él personalmente no lograba concluir. Convenció a Soledad de que leyera lo que (supuestamente) era privado; logrando así el resultado por el que había luchado por tantos meses. Pero la tensión contenida y la alegría, producto de la aceptación lo llevaron a mostrar alivio, a la vez que gozo mediante la expresión de emociones y de llanto.

Como hombre con virtud se esperaba que expresara simpatía por otros, fuera paciente en las adversidades, exteriorizara emociones intensas y llegara incluso a las lágrimas en el ámbito amoroso; porque los sentimientos tiernos y las emociones sensibles no se consideraban ni impropios ni problemáticos en un hombre verdadero, cuando se limitaran al mundo privado de la relación con la mujer. De ese modo, sus lágrimas fueron expresión de amor; finalmente había logrado vencer la tenaz resistencia en que ella se enclaustraba.

Como afirmó Barthes, hay una «propensión particular del sujeto amoroso a llorar. (...) Liberando sus lágrimas sin coerción, sigue las órdenes del cuerpo enamorado, que es un cuerpo bañado, en expansión líquida» (Barthes, 130). Sin embargo, la actuación del hombre en la vida pública y en la vida íntima debía ser opuesta. De ahí las situaciones que José María había expuesto reiteradamente en las entradas del diario hasta ese momento.

Como concreción de la situación que se había dado entre los dos el día 10, José María compuso siguiente poema:

Enero 10 de 1855

ELLA Y ÉL

Cerca uno de otro, i abandonados
A la esperanza del porvenir,
Viendo entre sueños mundos poblados
de ámbar i flores, luz y zafir;
"Ella mas linda que una azucena,
El palpitante de inmenso amor,
Sintiendo juntos placer i pena
Así se hablaron con tierno ardor. –
   "Mi bien, ¿no olvidas tu desconfianza?
Dudas te quedan? me amas por fin?
Martirio eterno de mi esperanza
No es tu reserva, mi serafín?...."
   "Oh! no mas dudas! te amo! lo juro,
A otro en el mundo jamas amé"!...
Los dos temblando de amor tan puro
Se prometieron eterna fé –
            (Samper 1855b, 5[23]).

Ese mismo día, la entrada de Soledad en el diario informó:

> Mi tierno, mi amado trovador! oh!, cuan dulce fué tu despedida esta noche! tu, siempre fino i romantico, en lindos versos me dijiste Adios!..... i yo siempre me encuentro confusa cerca de ti, pero ya sabes mi Pepe, cuanto, cuanto te amo, cuan profundo es mi afecto por ti, ya lo sabes. I si no digo lo que siento tu lo comprendes..... en un libro escribe sus poesias improvisadas en mi presencia i yo al dia siguiente dibujo arriba de ellas un paisajito o lo que el quiera expresar en ellas; esta noche escribio *el* cuatro, una titulada "Tus flores" otra *"Ella i El"* en que hace la descripcion de nuestra conversacion de anoche, otra, "Tu imajen" ayer le

---

[23] Este poema fue reproducido con el subtítulo «(Recuerdo del gran dia)» y con variaciones en puntuación en Samper y Acosta (1855, 12). Soledad fechó el poema el día 11 y no el 10 como aparece en el cuerpo de la composición.

regale mi retrato! i en la ultima se despide; Adios mi trovador, hasta mañana! me preguntas si me soñaré contigo, oh!, si no fuera así que triste pasaria la noche! sin ti, Pepe, todo es melancólico i sin brillo! ([enero 11]. Acosta 1855, 11).

El poema de despedida fue:

"Sin título"

Dulce, hechicera Solita,
Blanco sol de mi ilusion.....
¡Cómo al mirarte palpita
I en delirios mil se ajita
Mi rendido corazon!
   No desdeñes mis quintillas
Por que *sin título* estén,
Que son en amor sencillas;
Si al mirarme tú me humillas
Cómo escribirte, mi bien?
   Escucha mi amante acento
De mi fé revelacion,
Antes que vuele en el viento;
I acéptame un pensamiento
De suprema adoracion.
   Me voi, siempre suspirando
Por que ocultas tu beldad.....
¿Si yo salgo delirando
Tu soñarás palpitando
Por mí, bella Soledad?...
   Adiós!, volveré mañana
Con mas ternura i amor,
Para hallarte mas galana
Que la blanca flor temprana,
Encanto del ruiseñor. —
       Enero 11 de 1855.
       (Samper 1855b, 16-17[24]).

Habían sido dos días de intensas emociones para José María, mitigadas y explicitadas algunas de ellas en la composición de poemas relativos a los sucesos acontecidos. Sin embargo, la consolidación de

---

24   Este poema fue reproducido en Samper y Acosta (1855, 17).

la promesa que Soledad le había hecho el día 10, todavía no se realizaba, de ahí que posiblemente él tuviera que sugerir que se fijara la fecha de la boda; situación que cambiaría totalmente su posición en la relación. Sobre esa circunstancia excepcional, escribió el día 12:

> Desde hoi yo soi tu esposo ante el cielo, ante tu madre, ante ti misma i ante mi amor i mi honor! El 5 de mayo lo seré ante la relijion i los hombres... Que la virtud sea nuestro amparo, que la constancia i el amor sean nuestras estrellas, i que la ventura sea la flor inmortal de nuestro paraíso... ([enero 12]. Samper 1855a, 31).

Él había logrado la parte principal: Soledad había aceptado contraer matrimonio; pero todavía faltaba la aceptación de la madre de la joven para poder señalar la fecha de la boda. Sabía que lo que hiciera debía conducir a que la señora aprobara la unión. De ese modo, escribió las promesas para la vida futura en papel pergamino, dando énfasis con esos hechos a la firmeza de sus palabras; luego se las leyó primero a Soledad y después a la progenitora, quien: «Despues de largas i francas explicaciones llenas de bondad i de favor, ella me ha concedido la mano, el porvenir i la consagracion de mi adorable Soledad, llena de confianza en mi probidad, en la elevacion de mis sentimientos i en la firmeza de mis ardientes juramentos de amor i de lealtad...» ([enero 12]. Samper 1855a, 31). José María no se casaba únicamente con Soledad, adquiría una familia, pues la madre de ella era parte de ese nuevo grupo. Sólo cuando la progenitora estuvo segura «del nuevo hijo que Dios le consagra[ba] para su vejez», de su comportamiento y de su protección, aprobó la unión y se fijó la fecha de la boda.

Soledad también dejó memoria de lo sucedido ese día:

> Todo esta pues arreglado i sere suya el dia 5 de mayo, dia de mi cumpleaños. Al oirlo leer la poesia divina de «Supremo deleite»[25], mi corazon al palpitar decia, puede, Señor, en el mundo haber tanta, tanta alegria, tan inmensa, tan profunda felizidad? – Dios mio! mi alma te bendice! – mis ojos se nublan i mis pensamientos tan ajitados no pueden recojerse. Hasta mañana mi fiel diario, mi dulce *trovador*, Adios! ([enero 12]. Acosta 1855, 11).

Soledad conocía muy bien el protocolo cultural, social y familiar

---

[25] El texto de ese poema no se halla en ninguno de los textos producidos en 1855 ni en los libros de poesías de José María Samper. Se publicó en forma separada como: «El deleite supremo», con la dedicatoria «A mi esposa», en Ortiz (1855, 35-37).

que se debía seguir. Ella ya había aceptado el matrimonio, pero la madre debía aprobar públicamente toda la relación y el consiguiente enlace; ceremonia que consintió luego de que supo cómo iba a quedar personalmente. Después del asentimiento materno, Soledad escribió categóricamente: «Todo esta pues arreglado»; porque se habían solucionado a cabalidad todos las exigencias que demandaba la ocasión y al parecer fue con el beneplácito de todos los involucrados.

Las emociones placenteras de los días anteriores (alegría, placer, dicha, apoyo), que llevaban a imaginar el futuro como una promesa de felicidad total y completa, no se prolongaron; los pormenores de la existencia desvanecieron la alegría que se había alcanzado después de tantos momentos negativos y del estrés que esas situaciones habían producido; así la realidad se impuso.

El día 13, Soledad sintió tristeza y pena por la muerte de un conocido, sentimientos que incluso la visita del prometido no mitigaron, pues antes de concluir esa noche escribió: «yo queria conocer el mundo, queria conocer a fondo el caracter de los hombres bajo todas sus faces, mucho he pensado sobre esto, al fin vine a comprenderlo algo i ahora me espanta la poca sensibilidad, el grandisimo egoismo que encuentro en la sociedad i quisiera no conocer la naturaleza humana» ([enero 13]. Acosta 1855,12).

El día 14, era para José María un nuevo aniversario de la muerte de su primera esposa y de su hija y es evidente que en él debía haber algún sentimiento de tristeza por la magnitud de lo que había acontecido. Con esos rezagos emocionales, efectuó la visita diaria de rigor a Soledad, quien mostró desconocerlo en diversos aspectos. La entrada que ella plasmó en el diario dejó constancia de lo ocurrido:

> Esta noche le lei á Pepe una proclama que yo escribi para ver si asi le llegaban á sus oidos mis sentimientos, del mes de julio, cuando me dijeron que el no se habia sentido en nada con los defensores de la Patria. Yo conoci que en su fisonomia habia algun disgusto por lo que en ella decia. ¿Pero por qué es esto, mi Pepe? que seria lo que allí le disgusto; cree el que no hai grandisimo interes cuando yo sentia tanto lo que me habian dicho? no era cierto. – tu obrabas noblemente, pero como podia yo creer que tomabas parte cuando la ultima carta que recibimos de ti decia que no estabas seguro si te mezclarias ó no – oh!, qué ingrato eres Pepe, cuando puedes abrigar en tu pecho aun por un momento algun

disgusto contra mí! me has dado tambien una pena esta noche hablando de *M* [26]. yo no dije nada, pero como quieres ni por chanza que cuando dices que yo pensé en el i a mi no me dé alguna pena; – yo pensar en el hombre que á todas quiere florear i que á todas finje amar? yo, que ya te conocia, podia pensar en otro! – que injusticia, que injusticia es el mortificarme el alma con esa conversacion, Pepe! ([enero 14]. Acosta 1855, 13).

La irrupción de la realidad anuló la ilusión de los días anteriores, produciendo en Soledad resultados negativos; ese día, ella quiso revelar sus pasadas intenciones y, a la vez, exhibir su inspiración y sus habilidades escriturales, leyéndole a él una proclama que seis meses antes había escrito y enviado a Ibagué para incitarlo a recuperar el honor y para que tuviera el valor de defender la patria del tirano.

En esa época, le habían informado a ella: «*el...* no ama a su patria» ([julio 11]. Acosta 1854, cuadernillo 8: 27). Esa noticia la había llevado a estados extremos de desengaño; porque las esperanzas y la confianza, que había depositado en él, estaban en entredicho; lo cual le había producido fuertes emociones negativas, surgidas de la gran decepción y de la equivocación que creía que había cometido al enamorarse de él.

El honor y los actos arriesgados de valor eran para ella prerrogativa de su clase; honor era defender la ideología y la identidad de la Nueva Granada como nación, honor era luchar por la patria y dejar con las acciones el nombre muy en alto. Como no se veía o se tenía co-

---

26   Aludía a Medardo Rivas, quien fue el primero que le habló de amor: «Anoche escuché por primera vez palabras de amor (...). M. R. con quien venia me habia hablado varias veces pero yo no sabia lo que decía estaba mi mente ocupada con ideas tan dulces que no atendia a lo que me decían, de repente comienza el una larga frase que sin duda habia estudiado antes diciendome que me amaba hasta el frenesí i que se yo que mas solte inmediatamente su brazo i le dije que le rogaba que no me hablara de ese modo porque era una conversacion que me disgustaba en extremo me contesto que me pedia humildemente perdon pero que no habia podido menos & yo le repetí que no dijiera mas i que si habia otras señoritas que les agradara: yo no encontraba gusto alguno en tal conversacion i le rogaba otra vez que desistiera no sé a adonde me salio tanto valor no creia yo que podria jamas decir tanto cuando yo no estaba acostumbrada a esas cosas afortunadamente pronto llegamos a casa i se despidió despues de haber añadido sin embargo otras cosas que no pude contestarle porque ya estabamos en la puerta (...) Mi Mama me repite sin cesar que le gusta mucho este hombre que a mí tanto me choca yo nada puedo contestar» ([diciembre 25]. Acosta 1853, cuadernillo 12: 82-83).
    En ese momento, para la señora Acosta, Medardo Rivas era un candidato inmejorable: ocho años mayor que su hija, de reconocida familia, abogado (se había graduado un año antes que Samper), no era controversial como hombre público, tenía posesiones y acababa de ser Cónsul de la Nueva Granada en Venezuela (1849-1850). Lo que no sucedía, ante sus ojos, con José María Samper, cuya familia no tenía tanta trayectoria pública, su ideología radical lo hacía supremamente controvertido y rechazado, además era viudo; es decir, poseía un bagaje personal, social y político que no era conveniente.

nocimiento de que José María hubiera hecho nada notable ni se oía mencionar su nombre entre los que tomaban decisiones para contrarrestar la tiranía, y tampoco se contaba entre los heridos o los muertos, la gente había murmurado, lo habían calificado negativamente y lo habían denigrado rechazándolo.

En medio de la indignación que había sentido por lo que implicaba la noticia recibida (intenso descontento, vergüenza, humillación y deshonor de que la asociaran con él), Soledad le había dado paso a la posibilidad de que palabras que ella emitiera con amor, podrían volverlo al camino correcto: «que su corazon se cambie que conosca su error i vuelva otra vez al camino del honor!» ([julio 11]. Acosta 1854, cuadernillo 8: 26). La única actividad pública que ella como joven mujer podía ejercer pública y anónimamente, era a través de la escritura; así que había decidido: «mandar de algun modo a Ibague una proclama[27] que le recuerde que su honor esta en peligro» ([julio 12]. Acosta 1854, cuadernillo 8: 28).

Esa proclama fue un escrito que se difundió públicamente, cuyo destinatario implícito único había sido José María, cuando al no haberse podido comunicar con él directamente (por no saber dónde estaba, ni las causas de su inactividad[28]); lo había encubierto como un texto con destinatario colectivo, destinado a animar a los hombres a movilizarse a la acción en favor de la patria y en contra del dictador Melo. Sus intenciones habían sido egoístas, pero con sus acciones, Soledad se había unido a la guerra ideológica que había surgido con ese conflicto bélico, y había escrito el primer texto suyo que salió a la luz y tuvo receptores ajenos. La casualidad intervino, sin querer ese fue el comienzo de su labor de escritora pública.

Históricamente, el general Tomás Herrera (designado a la presidencia, a causa del golpe de estado en el que Melo había derrocado a José María Obando) había dictado un decreto de convocatoria del

---

27 No hay que confundir esta proclama, dirigida a movilizar el ánimo de los combatientes constitucionalistas, con la que ella escribió como reto emanado de su madre: «A las valientes bogotanas»; texto que no sólo no hablaba del honor del hombre, ni ella envió a Ibagué, como tampoco se difundió públicamente en vida de Soledad; escrito que ahora en el presente se ha propagado completamente descontextualizado, adjudicándosele atributos, condiciones y resultados que jamás tuvo.

28 Por el álbum de «Pensamientos y recuerdos», se sabe que José María estuvo en Ibagué el 16 de junio; en la quebrada Caima (Tolima) el 3 de julio; en La palma de Coco (cerca a Coyaima, Tolima) el 14 de julio; en el río Coello (Tolima) el 16 de julio; en Purificación (Tolima) el 17 de julio; en Natagaima (Tolima) el 20 de julio; en Ibagué (Tolima) del 29 de julio al 6 de agosto (véase: Samper 1854-1855, 17-35).

Congreso constitucional en junio en Ibagué. José María en su calidad de Secretario de la Cámara de Representantes se había hecho presente en ese lugar para suplir con su memoria la documentación que hiciese falta (véase: Samper 1888, 301); pero el Congreso no sesionó porque no había quorum. Cuando llegó el expresidente José Hilario López a Ibagué, le pidió a Samper que fuera con él a realizar labores de inspección de los terrenos para protección de las tropas constitucionalistas que iban a tratar de recuperar el control de la patria (véase: Samper 1888, 303).

El secreto de la misión (de estratégica importancia) de José María dio pábulo a los contrarios y a los envidiosos para calificarlo de cobarde por no trabajar por la restauración del gobierno. Esa fue la información que había amargado a Soledad, que la había hecho dudar de él y que la había movilizado a escribir proclamas, una de las cuales ocasionó la entrada ya mencionada del 14 de enero.

Durante la visita, José María se había enojado visiblemente por los mensajes emitidos en la proclama. Enfado justo tanto porque ella se los había dirigido específicamente a él, como por que él había estado cumpliendo órdenes y había arriesgado la vida por el constitucionalismo; también porque ella había dudado abiertamente de él y lo había enjuiciado negativamente.

Reacción que Soledad no comprendió y por la cual incluso se ofendió: «que seria lo que allí le disgusto (...)?», «oh!, qué ingrato eres Pepe, cuando puedes abrigar en tu pecho aun por un momento algun disgusto contra mí!». Incomprensión que demuestra el desconocimiento que ella poseía sobre el carácter de él, y, a la vez, señala que ella siempre pensaba que su posición era la correcta: «cuando yo sentia tanto lo que me habian dicho», «como podia yo creer que tomabas parte cuando la ultima carta que recibimos de ti decia que no estabas seguro si te mezclarias ó no».

La entrada destaca al mismo tiempo una característica de José María. Irritado y molesto por lo que acababa de oír y por la comprensión de los hechos pasados, recurrió al ataque velado que sabía que era efectivo: volvió a mencionarle el nombre de Medardo Rivas a Soledad, únicamente para hacerla sentir mal (sabía que el otro no era problema, y que a ella le molestaba que se lo nombraran), lo cual sucedió; malestar que persistió hasta después de la visita, como se observa en el diario: «que injusticia, que injusticia es el mortificarme el alma con esa conversacion, Pepe!». Con esas palabras, él se desagraviaba en parte por el hecho de que ella lo hubiera considerado cobarde.

El cotejo de los dos diarios de 1855 permite observar estos aspectos de la intimidad de la pareja. Mientras que Soledad estaba ofendida, incómoda, molesta y se sentía desanimada por lo sucedido; José María, que había llegado a la visita, triste y melancólico por el peso de los recuerdos de hacía tres años, y en ese momento se había visto agraviado no sólo pública, sino directamente por Soledad y había reaccionado mortificándola y fastidiándola, lo que escribió en su diario fue: «He estado mui agradablemente con mi... Pero no por mas puro que sea mi amor, no debo mezclar los pensamientos en este mismo dia! Talvez sería esto a la vez una profanacion del *pasado* i del *presente*» ([enero 14]. Samper 1855a, 33).

La entrada indica que para José María el diario ya había cumplido su propósito. Lo que registraba ahora era una cotidianidad que muy rara vez iba a expresar realidades prosaicas o verdades dolorosas. Lo cual no sucedía en las entradas del diario de Soledad, ya que ella continuó escribiendo lo sucedido y lo que había experimentado y sentía.

El día 15 pasó sin mayores consecuencias para la pareja, fue placentero según los dos diarios; pero en la entrada del 16 de enero, Soledad pensativa posiblemente por lo sucedido el 14, escribió:

> Habré hecho mal? He estado leyendo el diario de Pepe que me dejo aquí? pero por que no ha de ser bien si solo lo que *el* me ha mostrado he leido –
> Tengo una duda, una aprehension que me atormenta..... yo le he mostrado este diario integro i allí ha conocido que yo lo amo, pero le debo ya mostrar *todo* mi corazon, debo decir todo mi cariño?... mi Madre decia en dias pasados que jamas debiamos confiar completamente nuestro afecto, no sé por que diria esto, oh!, yo no podria dar mi corazon sino *completamente*, por que pues no decirlo? – Adios dudas, no molesteis mas mi alma, dejadla en paz! *Él* verá estas lineas i sabe cuanto, cuan profundamente lo amo, ¿tu lo sabes, no Pepe? jamas has dudado que te amo! – hasta ahora he sido perfectamente franca i por esto estoi satisfecha conmigo misma i seguiré siempre lo mismo; con *mi trovador* no debo tener

esa reserva que ha sido el martirio de mi vida, que ha amargado mis pasados años. Si no estuviera yo tan profundamente persuadida que *él* me ama como jamas amó antes, *jamas* le hubiera dado mi corazon, mi mano no podria ser suya *nunca* si tuviera yo la menor duda..... dudar, jamas! – ([enero 16]. Acosta 1855, 14).

Recelo e intento de prevención inicial de ella, ante lo incierto del porvenir; nuevo deseo de enclaustrarse en su interior y alejarse para evitar desengaños. Sentimientos que inicialmente buscaron apoyo en las palabras de la madre, pero que inmediatamente se distanciaron al compararse con ella: «no sé por que diria esto, oh!, yo no podria dar mi corazon sino *completamente*, por que pues no decirlo?»; afirmación de independencia que señalaba que la hija había empezado la transición hacia la vida en pareja, procuraba separarse del influjo materno y, además, hacía esfuerzos para no permitir que la incertidumbre la dominara y la melancolía, en que había vivido por tanto tiempo, retornara.

Aquí habría que preguntarse si lo que Soledad escribió en la entrada era la expresión de la incertidumbre o un mensaje velado a su interlocutor sobre circunstancias que la incomodaban. Cualquiera haya sido la intención de ella, la entrada produjo reacciones en él, ya que compuso el siguiente poema:

DIBUJO QUE ENCABEZA EL POEMA (SAMPER Y ACOSTA 1855, 18).

¡TÚ DUDAS!

 Dices aún que dudas i aprensiones
Tienes de mí... Lo dices en tu Diario,
En el bello i recóndito santuario
Donde escribes tus hondas impresiones.
 Dudas de mí cuando mi voz temblante
Mi adoración te reveló i mi encanto,
cuando miraste mi ardoroso llanto
De amor i gratitud en mi semblante.
 Dudas, ingrata, i aprensiones tienes
Cuando a tus pies mi corazón palpita,
I enajenado de ilusión se ajita
Mi alma rendida a tu bondad en rehenes...
 Cuando me ves en tu favor gozando,
I al contemplarte, de placer deliro,
I solo en busca de tu fe suspiro
¡Solo por ti felicidad soñando!
 Dudas aún mi Soledad ingrata
Cuando te adoro lleno de esperanzas...
I me pagas mi fé con desconfianzas
¡Mientras tu duda el corazón me mata!
 ¿Eso haces tú mi Soledad, mi cielo?
Yo te perdono tu ofensiva duda;
Mas si mi lengua permanece muda,
¡Lloro en silencio mi ignorado duelo!...
 ¡Oh! ¡no dudes! no dudes de tu amante,
Del fiel esclavo que te rinde el alma:
Mira que así disípase mi calma
Tras de la sombra del dolor punzante!
   (Enero 17 de 1855)
    (Samper 1855b, 18-19[29]).

En la escritura del poema, «el trovador» se expresó con fortaleza y decisión; incluso existen momentos en que pareciera surgir una velada advertencia, que finalmente no se concreta. Ya él conocía muy bien la personalidad de Soledad, a quien antes había llamado su «amado martirio». No obstante, aquí habría que preguntarse nuevamente: ¿cuánto de la construcción de la persona que quería proyectar para beneficio de Soledad se adaptaba para lo que ella quería

---

29 Poema reproducido en Samper y Acosta (1855, 18-19).

ver o leer?, ¿cuánto dejó de escribir?, también ¿cuánto escribió que no coincidía con lo que pensaba? El silenciamiento de situaciones se hizo evidente en la entrada del día 14, que para Soledad fue traumática, mientras que José María no hizo ninguna alusión para la posteridad, de lo sucedido entre ellos.

El día 18, los dos escribieron sobre la misma situación:

> (...) Soledad me dio su Diario de Dbre, que me hizo gozar mucho: solo una pájina fué amarga, i por ella le hice afectuosas reconvenciones, pero me tranquilizó. Ella siempre me contenta con facilidad – (...) ([enero 18]. Samper 1855a, 34).

La referencia que José María hizo del hecho fue escueta, sin embargo las advertencias, a la actitud y las dudas de ella, venían después de un día de haberle llamado la atención con el poema; para él era la reiteración del mismo proceder de desconfianza en el porvenir, de recelo de la vida en común; de ahí que mencionara haberle hecho «afectuosas reconvenciones», prontamente acalladas por ella.

Mientras que Soledad registró:

> (...) le habia dado antes de ayer el diario de diciembre a Pepe, me lo volvió hoi, hai allí mil desconfianzas en mi porvenir, mil aprehensiones infundadas, que quiere ahora que le explique la causa de ellas. No comprendes mi *trovador* que mi alma es a veces triste i que tiene accesos de profunda melancolia, i que entonces una palabra, una simpleza insignificante me llena de amargas reflexiones i no pudiendo comunicarlas las escribo i despues me hallo mas consolada; esas son las historias secretas de mi corazon, la vida aparte que tiene mi alma, distinta vida de la que aparece, i adonde se pasan mil dramas de amargura i de placer inmenso, el recondito santuario de mis intimos sentimientos, mis arranques de pesar ó mis transportes de placer..... allí nadie habia penetrado antes, hasta ahora *nadie* habia leido en mi corazon, solo tú, Pepe, has llegado a leér, lo que creia que *jamas* habria un ser al que yo permitiese veér; tú has visto hasta el fondo de mi espiritu con sus locos pensamientos i cuan profundas melancolias! – eres ingrato mi Pepe, no agradeces la confianza que yo hago de ti i esto me entristece ¿que mas quieres saber sino que yo te amo i que *ahora* nunca tendré dudas? Dios sabe que tengo tanta confianza tan completa en tí como en mi misma, que mas esplicaciones quieres sino que te prometí ser tuya! – por eso fué que jamas te dije *nada* hasta que no estuve completamente convencida que tu eras digno de todo

mi cariño, si yo hubiera visto que me habia engañado i que tu no me amabas cual yo lo pensaba, entonces te habria desengañado inmediatamente, pero fué al contrario, te di mi corazon para siempre, mi mano será tuya un dia, ahora encuentras satisfactorias mis explicaciones? – ([enero 18]. Acosta 1855, 15).

Para ella, las aclaraciones dadas durante la visita no habían sido suficientes, así como las reconvenciones no habían sido pasajeras, ya que continuaron después de la visita y la llevaron a que se extendiera en la escritura en aspectos que consideraba, debía dejar claros: ella era una persona triste por naturaleza y melancólica (se sobreentendía que volvería a expresar esa misma actitud, ya que era su forma de ser); no obstante, le insistía en que cuando se había convencido de que él era digno de todo su cariño, había aceptado el matrimonio; asentimiento que para ella era suficiente para no tener que seguir justificando su conducta. Ella sentía que no era apta para comunicar oralmente el significado que deseaba emitir; de ahí que recurriera a la extensa explicación escrita para poseer certeza de que expresaba los mensajes deseados. Aspectos que señalan la confianza que Soledad ya poseía sobre la escritura como valioso instrumento efectivo no sólo de comunicación sino de persuasión.

La certeza que tenía José María sobre el temperamento difícil que poseía Soledad, la dejó expuesta en un fragmento de la siguiente entrada:

> Esta noche le compuse un soneto en español i unas cuartetas en francés (bien chabacano sin duda) relativas a algunas flores que le dibujé para *nuestro libro*. Creo que las recibió con placer. Entre tanto, mi amante Soledad dibujaba i trazaba ingeniosamente las iniciales de mi nombre familiar con una delicadeza que agradecí mucho. Pero tuve la torpeza de no comprender pronto la primera letra i por eso se resintió *ella* por un momento causándome tristeza. Me afectó mucho pero pronto se desvaneció nuestro pesar (…) ([enero 27]. Samper 1855a, 40).

Ella era intransigente y los otros eran la causa de las situaciones, como se observa en el anterior fragmento. No era que ella no hubiera podido transmitir lo que deseaba en su dibujo, sino que era José María el que no tenía la capacidad de entender. Esta es otra explicitación del carácter de ella. Era egocéntrica, por tanto inmadura. No aceptaba que ella era el origen de lo que la incomodaba y reaccionaba contra el otro intempestivamente.

(Samper y Acosta 1855, 31)

(Samper y Acosta 1855, 32)

No obstante todo lo que explicitó en la entrada, José María no registró que le hubiera hecho reclamaciones a Soledad por aspectos de su carácter. Mientras que ella estaba resentida y empezaba a pensar en que él pudiera estarse cansando de ella:

> Pepe, esta noche habeis herido profundamente un corazon que te ama tanto! unas palabras que me dijiste me han llenado de pesar, me has dicho que no soi franca, que no te amo como tu creiste una vez! i tus acentos eran de conviccion completa i habia allí, en esas palabras, verdadera *creencia* en que decias verdad! oh! es decir que no lées en mi fisonomia, en mis ojos, mis pensamientos? es decir que mi alma esta sellada para tí, i que no me comprendes? – necesitas palabras cuando una mirada expresa tanto, cuando hai esa simpatia que creo que existe entre mi trovador i yo?... quieres Pepe que piense que fué sueño esa bella ilusion ideal?..... Dios mio! será cierto? *el* pierde cada dia fé en mi amor, *el* dice que yo soi indiferente a sus lindas composiciones, que no amo yo sus improvisaciones, sus versos dedicados a mí i dictados por su amor – mi Pepe, el trovador que hizo vivir mi corazon que no encontraba encanto en la vida i creyo mentira sus sueños de dicha, *el* me dice que cada dia está mas seguro que yo no lo amo como el pensó –... no soi franca? si? no soi como tu, que lo que sientes dices, no soi poeta elocuente, pero en silencio te amo, como la rosa a su dulce ruiseñor que con voz armoniosa le canta como tu, mi tierno trovador! – por que envenenar los momentos de placer con estas ideas de descontento, bien mio, cuando han de durar tan poco antes de que te ausentes otra vez?... oh!, dime que ideas tenias esta noche, dime, que es esta idea que te atormenta? – escucha, mi corazon estaba antes de conocerte muerto casi, con esa reserva, martirio de mi vida muchas veces, mi mente llena de ideas, deseando comunicarlas a ti, voi a hablar i mis labios no aciertan a decir lo que mi espiritu formó! ten paciencia con tu Solita, ella sera la compañera de tu vida i algun dia despertará de su reserva i entonces tu verás si ella te ama como tu deseas, mi Pepe! – Linda brillaba la luna i las nubes oscilaban sobre un cielo de azul, feliz hiba yo, oh!, cuan feliz! en silencio miraba la naturaleza tan grandiosa, tan hermosa en su calma i quietud solemne, en mi corazon esa misma calma que veia en el cielo encontraba yo, sentia completa confianza mirando hacia el porvenir, adonde solo a ti veia triunfante con tu jenio electrizar a tus compatriotas, ya con tu poetico talento, ya con tu saber, ya con tu patriotismo i virtud, llenando de admiracion el mundo entero! locas ideas pero llenas de esperanza atravesaban mi mente..... vi-

> siones de gloria, de esplendor para ti no mas, llenaban mi alma, solo pensaba en mi trovador, para mi no habia una idea en ese torbellino de ambicion, mi alma se ocupaba en ti toda ella i tu me dijiste entonces que no creias en mi afecto, dime Pepe fuiste injusto?... son las onze, tengo que irme a entregar al sueño, no me acuses esta noche, trovador mio, de indiferencia! todavia no me conoces! – ([enero 27]. Acosta 1855, 18-19).

La entrada sigue explicitando que Soledad no modificaba su manera de ser. Ella quería que él entendiera sus cambios de humor únicamente al mirarla; que él comprendiera lo que ella emitía con su expresión y con sus ojos, que leyera sus expresiones faciales, que dedujera lo que ella deseaba cuando cambiaba de humor. Para ella el mundo interior y el exterior no se diferenciaban; su subjetividad era primordial y primaria, no era realista en su proceder. Sin embargo le pedía paciencia a él, porque consideraba que modificaría su comportamiento cuando contrajeran matrimonio. Ella centraba el mundo en sí misma, en sus gustos y contrariedades, en sus opiniones y conceptos aprendidos; por tanto tenía una mente rígida y juzgadora, de ese modo los otros debían comprenderla y tenían que cambiar y adaptarse, porque ella se aferraba a sus ideas y sentimientos como verdades inmodificables.

Como mujer joven, hija única, de familia con ciertos privilegios y cerrada en su mundo familiar imaginaba que su actuación era correcta, la única forma de concebir el mundo y la única verdad. De ahí que aunque decía que entendía, que iba a transformar sus puntos de vista, que iba a comunicar sus problemas y sus emociones, eso no sucedía. Según lo explicitado, ella no comunicaba lo que pensaba y eso al parecer exasperaba al prometido, quien le dirigía una y otra vez mensajes al respecto para hacerla reaccionar. Pero ella lo hacía en el papel, no frente a él y en persona; la reserva y el mutismo, la falta de comunicación continuaba.

Para el mismo día, José María registró en el diario:

> Cada vez me convenzo más de que Soledad i yo hemos de ser mui felices, por la igualdad de nuestros gustos. Amamos los dos con la misma pasion la luna, los campos, la poesía, la pintura, la música, el baile, i todo lo bello – somos igualmente sensibles, i tenemos hasta iguales caprichos. Tengo fé absoluta en el porvenir, por que Dios nos ha creado el uno para el otro ([enero 27]. Samper 1855a, 41).

José María ya no dejaba constancia de los esfuerzos que hacía para que ella fuera más expansiva, mientras que ella se resentía por las reiteradas reconvenciones de él sobre su manera de ser. Ahora era para él más importante dejar constancia de la frustración que le causaba el no poder acercarse a ella para prodigarle una caricia: «voi a dejarte, a decirte adiós, i no tengo el derecho de besar tu castísima frente i abrazarte hasta que sea tu esposo i tu rendido esclavo!» ([enero 29]. Samper 1855a, 44); las costumbres le impedían ser expansivo con ella. No obstante no cedía en la labor que se había propuesto: influir en persona y con su escritura sobre el ánimo de ella para alcanzar la modificación del carácter y por tanto el equilibrio en la vida de ella.

Mientras tanto, Soledad continuaba escribiendo sus indecisiones y recaídas, en el diario: «[P]orqué quiero que sea el siempre el fiel espejo de todos mis defectos, de mis penas i de mis alegrías. Quiero que cuando venga mi errante ruiseñor encuentre todos, todos mis pensamientos, las emociones mas hondas de mi alma *aquí escritas*» ([febrero 11]. Acosta 1855, 35). Él la animaba y le reafirmaba una y otra vez sus sentimientos: «no desconfíes, no dudes jamas, dulce bien mio, puesto que soi tu esclavo i reinas en mi alma con un absolutismo supremo! Yo te perdono esos temores, i esas dudas» ([febrero 19]. Samper 1855a, 46).

Sin embargo existían aspectos específicos de la existencia en que eran muy disímiles. Ella había sido educada entre dos religiones: la católica del padre y la de la iglesia protestante de la madre; adoptando la primera y declarándose católica. José María había crecido dentro del catolicismo pero se había alejado de la religión tanto por influencia del progenitor como por voluntad propia. Él en su afán de garantizarle el amor que sentía por ella y avalar las promesas que le había hecho para el futuro, empleó la Biblia: «te he jurado sobre la *Biblia* que te amo, que te amaré, *siempre*! con toda mi alma, con todo mi ser, con absoluta fidelidad, consagracion i abnegacion! I tú has oido ese juramento, i me juraste lo mismo» ([febrero 24]. Samper 1855[a], 49).

Pero ella, después de pasado ese momento, meditó la situación y registró sus pensamientos en las páginas de su diario:

Pepe, reflecccionaste bien cuan solemne es este acto? habeis

> pensado que despues de haber jurado sobre las Santas Escritura, que tu amor seria *eterno* ni la muerte nos podra dividir? i que si yo me muriera mañana tendrias que consagrarte eternamente a mi memoria?... habéis pensado en esto? sí! (...). Pepe, algunas veces he creido que no eras lo suficientemente respetuoso ácia la Relijión del Cristo, lo que me ha dado algun pesar, yo no soi *fanatica* pero soi profundamente Relijiosa» ([febrero 24]. Acosta 1855, 45).

Apreciación respecto a las ideas religiosas que indicaba la diferencia de pensamiento sobre el papel que la religión debía ejercer en la vida personal. Para ella, debido a su educación y a su ambiente, el catolicismo, única religión de la Nueva Granada, era parte intrínseca de la existencia. Para él, liberal radical, era parte de la vida de la comunidad, pero él no era seguidor; el haber jurado sobre la Biblia fue más una prueba civil de la garantía que aportaba, que la afirmación profunda en una creencia.

Con su educación, su aislamiento y sus propias ideas, Soledad tenía concepciones sobre cómo debía ser la existencia.

> Acabo de recibir una larguisima carta de Pepe i he tenido la pena de no mostrarsela entera a mi madre. ¿por que? no he tenido valor, hai allí revelaciones que no quisiera que ella supiera jamas, yo la conozco mucho i sé que le darian mucha pena..... sabe Dios las lagrimas que me ha costado á mí..... nunca me vuelvas há hablar sobre una materia que me entristece tanto, no quiero *verla* nunca i trataré en olvidar su existencia. Esto es todo lo que te prometo, mi corazon es mui delicado, mui sensible, tal vez será que no conozco lo suficiente el mundo, veo abrirse a mis pies la vida i su vista tan diferente de la que yo habia soñado me asusta, me atormenta; yo me he educado sola siempre con mis fantásticas ideas, idealismos de un corazon soñador alimentado con poesias i con libros que leian antes mis padres... no sé pues cuales deben ser mi sentimientos sobre eso, tal vez no podré olvidarlo por qué tengo que confesartelo que esto me ha llenado de profundo pesar, mi corazon no puede acostumbrarse al mundo – ([abril 8]. Acosta 1855, 55).

El mensaje enviado por José María, la hizo reaccionar rechazando lo emitido, porque iba en contra de la manera en que concebía el mundo y la existencia, producto de las lecturas que había hecho en libros que los padres tenían y que le permitían leer. Las situaciones como la que le había relatado José María, la impulsaron a escribir: «la vida i su vista tan diferente de la que yo habia soñado me asusta, me atormenta»; comenzaba a darse cuenta de que lo que imaginaba que era la existencia, no se relacionaba con la áspera y cotidiana realidad; circunstancias a las que debía acostumbrarse, por que ahora «el trovador» se las había presentado.

José María explicó en su diario la causa de esa reacción:

> [H]e leído las pájinas escritas por *ella*, en su Diario durante mi ausencia, i una de ellas revela mucha amargura. *Ella* no ha sabido estimar toda la nobleza de una dolorosa confesion, que le hice, ni todo el sacrificio de mi amor propio que había en esa confesion de una antigua debilidad mía! Ah! Esta es una nueva i cruel espiacion! Apesar de eso, yo la perdono, por que ella no conoce el mundo i su delicado corazon es mui impresionable ([marzo 10]. Samper 1855a, 68).

Nueva prueba de las diferencias entre los dos. Él había pasado por todas las etapas de la vida del hombre, acostumbrado a vivir alejado de su familia desde niño y a hacerle frente a las circunstancias de la existencia; mientras que ella había estado protegida entre los muros de la casa familiar y los de las instituciones donde se había educado. Para él la vida se vivía en la realidad del mundo; para ella, surgía de las lecturas permitidas y se estructuraba en la imaginación: «yo me he educado sola siempre con mis fantásticas ideas, idealismos de un corazon soñador alimentado con poesias i con libros que leian antes mis padres...». De ahí que a José María no le quedara sino aceptar la situación justificando la reacción: «yo la perdono, por que ella no conoce el mundo i su delicado corazon es mui impresionable».

Por esa misma diferencia de concepción de la existencia, José María dejó constancia en las entradas del diario de las emociones que sentía al irse acercando físicamente más y más a Soledad:

> Lo que ha pasado esta noche era tan bello, tan delicioso... que solo este Diario puede saberlo. Yo estaba a su lado, escribiéndole en su nuevo Album: *ella* dibujaba (...) para embellecer mi canto improvisado anoche a ese gran libro que tiene tan solemnes misterios i que hoy tiene para *ella* i para mí un misterio una confidencia más. Se tocaba en el piano deliciosas armonías que embelesaban mi oído, pero que mi corazón no escuchaba por que estaba so-

> ñando dulcemente, delirando de ventura infinita – Yo escuchaba i besaba con entusiasmo sus lindas manos, acariciaba su hermosa cabellera, la contemplaba con embeleso de alegría, ¡suspirando de felicidad! Yo tenía mi frente cerca de la suya, nuestros labios casi se tocaban; su aliento se confundió con el mío... yo estaba ebrio de placer, me sentía transportado a una región desconocida; estaba en el paraíso con ella, enajenado, oyendo sus palabras de amor, i adorándola, me miró con profunda ternura, con sublime afecto, i yo... tomé entre las manos su divina cabeza, la besé con embriaguez y locura, i me sentí desvanecido... ¡Oh Dios mío! gracias a ti que me has dado tan amante, tan virginal, tan bella... ¡Gracias por esa suprema felicidad! – ([febrero 25]. Samper 1855a, 50-51).

Se esperaba que las mujeres fueran virtuosas y castas; lo que no se demandaba de los hombres; pero de ellos se deseaba que respetaran a las jóvenes. Antes del matrimonio no debía haber ningún contacto físico, excepto el de las manos, e incluso en éste, también había límites. Esto contribuía a demostrar la pureza y castidad de ella y el autocontrol de él. Su racionalidad le imponía contener sus emociones durante esta etapa, pues todavía no estaban casados; él, como el ser fuerte de la pareja, debía reprimirse ahora, para recibir la compensación posteriormente.

Este saber reprimirse a tiempo y conservar una postura respetuosa en el cortejo, era característica del hombre sensible de la época:

> Este amor casto, cuyo objetivo principal no es renunciar al deseo, sino avivarlo e inflamar los corazones de los enamorados, maximiza el apasionamiento para que la victoria sobre la voluntad sea mayor. Esta situación parecerá quijotesca en una cultura que ha perdido el sentido de los muchos usos de lo erótico y el amor como un medio de perfección moral. Hay que recordar que en el siglo XIX en la sociedad (...) se consideraba la batalla contra la naturaleza humana, cómo una parte esencial del entrenamiento moral; así lo que es natural ahora, era vulgar antes. Sucumbir a la naturaleza era común en las clases bajas y en los animales; vencerla era raro; al lograrlo, se veía con admiración y se valoraba esta conducta (Rodríguez-Arenas 2008, xliii).

A pesar de que la cercanía de la fecha para realizar la ceremonia nupcial los llevaba a tener más ratos íntimos (estar solos por momentos, invitaciones a cenar en familia, confianza en las visitas), el trato personal no pasaba de tocar y besar las manos o la cabeza y la frente de la prometida; las costumbres sociales no permitían un acercamiento físico mayor. Situación que ambos señalaron varias en las entradas:

> Hubo un momento en que creí morirme de dolor...... Yo estaba solo con mi Soledad, hablándole de mi amor i mi ternura i acariciándola con embeleso: al cabo, no pudiendo resistir un arrebato supremo de amor, le dí a mi ánjel...... Ah! Dios sabe cuán pura i casta fue esa caricia, que es la mas bella palabra del lenguaje mudo del amor! Entónces ella se mostró irritada, indignada, i su mirada me reveló por un instante...... no sé qué......
> Creó que era desprecio o resentimiento, i por un momento me (he) creído perdido, sin porvenir i sin *ella*...... Oh! qué delirio tan espantoso! Ví delante mil sombras; me pareció oir una maldicion, una eterna repulsa; perdí la esperanza, el dolor me desvaneció, tuve un horrible vértigo, i sintiendo que el corazon se me despedazaba, perdí la vista i sentí que me moría... ([marzo 30]. Samper 1855a, 74-75).

Faltando un poco más de un mes para celebrar el matrimonio, José María le dio un beso en la boca, ante lo cual Soledad reaccionó como picada por un áspid venenoso. Reacción que sorprendió al prometido e incluso le hizo temer las represalias tajantes con que la estricta novia pudiera responder. La impresión de turbación y espanto, que le produjeran las acciones de ella, debió haber sido tan evidente que ella rápidamente cambió al ver el malestar que le había causado a él.

> [E]stoi llena de tristezas, por qué ocultarlo? estoi llena de angustia i pesar, yo ingrata que soi, lo hize sufrir tanto, yo! Dios mio, que tenia esta tarde para hacerlo sufrir así, yo, que soi capaz de darle mi vida, todo, todo por evitarle una pena, yo le hize sentir desesperacion! perdoname amado mio perdoname mi Pepe, mi dulce trovador, si supieras lo que pasó en mi corazon cuando te vi enfermo por mi culpa, si supieras me perdonabas! pero tu eres tan bueno, tan jeneroso, que ya me habeis perdonado, no es cierto? yo te contara mi diario que sucedio esta tarde, pero para qué lo has de saber tu, mejor es que esto quede sepultado en nuestros corazones...... ([marzo 30]. Acosta 1855, 69-70).

La evidente desazón que él expresó y que ocasionó el cambio de Soledad, no fue suficiente para que ella se permitiera registrar que había recibido el primer beso; para ella, esa acción era reprobable porque no había contraído matrimonio, de ahí que no dejara constancia en su diario. Por eso, él con paciencia se fue acercando más a ella. Así ella escribió pocos días después: «Yo tengo tanta, tan completa fé en *el* como en mi misma i yo creo que lo que el dice que es bueno es asi, por eso estoi tranquila esta noche con lo que ha sucedido» ([abril 2]. Acosta 1855, 72).

La situación ocurrida entre ellos (intercambio de besos), hizo que José María escribiera:

> Esta noche... ah! Solita o con qué podré pagarte tanto bien, tanta ventura i tan suprema embriaguez. Tus bondades han sido inmensas: eres tan jenerosa i condescendiente..... Yo sé todo lo que me amas, comprendo tu embarazo, tu silencio, tu ternura, tus ocultos delirios i entusiasmo! Es tan profundamente grata i cariñosa la ajitacion de tu seno perfumado..... Anjel mío! Lo que ha sucedido no puede espresarse por que colma mi ambicion i mi amor..... Me he desvanecido al aspirar tu ámbar i beber tu alma i tu amor en tus..... Ah! cuán dichoso soi! – Despues para recompensarte en algo tu infinita bondad, te hice una improvisacion «Mi amor»..... que recibiste con mucho placer..... ([abril 2]. Samper 1855a, 79).

Como premio, él le expresó por medio de un poema lo que sentía:

MI AMOR

Oye mi canto, Soledad querida,
Canto de amor, entusiasmado canto,
Tú que eres luz i cielo de mi vida,
Paraíso dulcísimo de encanto.
   óyeme, sí, mi inspiración sublime
Viene de ti, de tu fugaz mirada,
Tu aliento solo el entusiasmo imprime
Al corazon o al ánima ajitada.
   Tú eres mi sol, el sol de mis amores,
El jenio creador de mis bonanzas,
Sol que fecunda mis hermosas flores,
I el ánjel de mis dulces esperanzas.
   Mi vida está en tu amor; en tu ternura,
Del porvenir la célica promesa;
I tu santa i purísima hermosura
Borra la sombra del pasado espesa.
   Tu voz es mi deleite i armonía,

> Tu aliento mi magnético tesoro,
> Los ojos son mi májica alegría,
> I a Dios en ti con entusiasmo adoro.
>   Tu sombra – de los cielos es la sombra.
> Tu brillo – del crepúsculo el reflejo,
> Mi voz, su sueño, con placer te nombra,
> I me falta la vida si te dejo.
>   Tu frente de las nubes es la imagen
> Cuando blancas asoman en el cielo,
> Sin que los vientos sus encantos ajen,
> Sin que falten en sus alas el consuelo.
>   El soplo de tu pecho es un aroma
> Del jardín de un arcánjel exhalado;
> Tu voz como el jemir de la paloma
> Siempre encanta mi pecho enamorado.
>   Tú eres mi fe, mi sueño, mi delirio,
> La santa inspiración del harpa mía,
> Amo en tu amor mi plácido martirio,
> I es tu embriaguez dulcísima alegría.
>   Miro el placer en tu gentil sonrisa,
> Mi porvenir en tus amantes ojos,
> I soltando mis cantos a la brisa
> Te ofrezco ardiente adoracion de hinojos.
>   Abril 2 (Samper 1855b, 63).

No obstante, lo escrito en el diario, la felicidad de él no era igual a la que ella sentía; podía más en ella el peso que ejercían las normas morales en la conciencia; por eso al día siguiente ella le señaló los límites:

> ¿Con que me reservabas, dueño mío, un amargo pesar para hoi despues de tanta felizidad de anoche? Ah! qué cruldad, bien mío! Tú eres ingrata i cruel sin quererlo! Me prohibes que vuelva a acariciarte como anoche, por que piensas que haces mal en permitírmelo a pesar de mis protestas, i de la pureza de nuestro amor! Ah! qué injusticia! Con que prefieres sacrificar mi dicha mas bien que tus escrúpulos infundados? Ah! yo te disculpo, conozco que no lo haces por falta de amor ni de ternura, sino por la inocencia cándida de tu alma. Yo me rezigno, i haré cuanto pueda por obedecerte, aunque me cueste un amargo dolor! ([abril 3]. Samper 1855a, 79-80).

José María le indicó que la reacción de ella era causada por «escrúpulos infundados», es decir por la culpa psicológica que restringía, inhibía y guiaba sus acciones. Pero ella sabía que si algo llegaba a suceder y no contraían matrimonio, la única que perdía socialmente era ella, pues su nombre quedaría en entredicho y su futuro posiblemente estaría arruinado.

En esas acciones y reacciones se observa la conciencia de clase, la identidad de género y la puesta en práctica de los correspondientes códigos de conducta social apropiada por parte de Soledad; así como el intento de legitimación de la distribución del poder entre hombres y mujeres. Lo que para él era un placer, para ella era martirio, pero por él podía aceptar la situación: «Lo mismo que ayer..... Qué puedo yo decirte, diario mio?... lo unico que sé es que lo amo mucho, tanto Dios mio, que cualquier sacrificio soi capaz de hacer por *el!*.....» ([abril 3]. Acosta 1855, 72). Cambio de conducta que llevó a José María a escribir más tarde por la noche:

> Qué ha sucedido? Oh! no puedo decirlo, no hai un lenguaje digno de pintar un amor tan puro, tan casto i divino..... Solo puedo decir que soi el hombre mas dichoso del mundo, que mi ambicion está colmada, por que ha sido siempre pura..... Que mi placer inmenso de esta noche, solo puede compararse a nuestro amor infinito! ([abril 3]. Samper 1855a, 80).

No obstante, la costumbre y las enseñanzas pudieron más, así al día siguiente, a un mes de celebrarse el matrimonio, ella expresó con lágrimas su reacción, haciendo que él le pidiera perdón: «No sabes, tú la amargura que he sentido al verte llorar..... perdóname te lo ruego si en algo te ofendí i lastimé: te juro que no tuve voluntad para ello» ([abril 4]. Samper 1855a, 80-81).

Para el día 10 de abril, firmaron civilmente la constancia de contraer matrimonio, era la petición pública de los esponsales. Pero ahora las circunstancias eran más demandantes: «Qué dia el de hoí! antes te veia feliz cuando estabas a mi lado, contento al estar persuadido que yo te amaba, ¿i ahora? ahora, no me basta el ser condescendiente porque ya tu no agradeces nada, yo no comprendo qué mas puedes desear; mi Pepe, tu eres injusto i cruel algunas veces con tu Solita» ([abril 12]. Acosta 1855, 81).

El 13 dio comienzo al ritual que antecedía al matrimonio al celebrarse la «informaciones», cuyas preguntas incomodaron a Soledad:

«Esta mañana estuvo aquí el Cura para hacer las informaciones, los testigos eran Dⁿ Manuel Velez i Manzanares, yo creia que estaria mui en calma, que no tendria el menor susto; pero cuando llego la hora me sobresalté, me avergoncé; es tan molesto el tener que contestar a esas preguntas......» ([abril 13]. Acosta 1855, 82).

Pero después de pasado el rato vergonzoso de tener que responder a preguntas casi personales frente a personas ajenas al círculo familiar, dos días después ya la relación íntima entre ellos se hizo más cercana, situación de la que dejó testimonio José María en su diario: «Nuestra fiesta para celebrar la hermosa fecha de hoi, ha sido mui sentimental: flores, sonrisas, dulces palabras de amor, ternísimas miradas, embriagadores besos, infinitas caricias, todos esto hace nuestra vida mui deliciosa dia por dia» ([abril 15]. Samper 1855a, 80-81).

Al acercarse la fecha del esponsal, José María empezó a tomar control de su puesto como jefe de la futura familia: «Yo le hablé a mi ánjel de todo lo que significaba el matrimonio para la mujer, – de su mision futura como esposa, i de mis íntimos pensamientos de otra época i de la actual» ([abril 22]. Samper 1855a, 95). ante lo cual Soledad reaccionó con orgullo: «que contenta estaba yo con mi amante trovador, que orgullosa hiba yo al escuchar en cada frase que decia una prueba mas de su merito» ([abril 22]. Acosta 1855, 88-89).

Sin embargo, la actitud de ella, a pesar de los hechos sucedidos y de los que iban a celebrarse inminentemente, era distante; lo cual hizo que él escribiera: «sufro unos momentos por tu silencio que me inquieta, i esa actitud que tomas» ([abril 24]. Samper 1855a, 96). Alejamiento que se daba el día en que él le había hecho un presente: «Hoi me trajo mi Pepe un hermosísimo anillo de diamantes i de esmeralda para que le sirva en la ceremonia de nuestro desposorio» ([abril 24]. Acosta 1855, 90); pero causado por los pedidos de él:

> Yo te estimo i te respeto muchísimo; te quiero llevar al altar, pura, casta como eres, sin un solo remordimiento, i no te pediría ninguno de esos favores si no tuviese la íntima seguridad de tu pureza i de que tú no sufres desdoro en tu anjélica virtud, i la santa virjinidad de tu corazon! Perdóname si puedo hacerte sufrir algun embarazo, dulce bien mio, i no me mates con ese silencio equívoco que me llena de dudas i tormento! ([abril 24]. Samper 1855a, 97).

Al ceder Soledad en esos aspectos, José María tuvo que acceder a la demanda que ella le hizo, lo cual mostró lo resuelto que él estaba a unir su vida con la de ella: «No faltan ya sino nueve dias para ser tu esposa amado Pepe! nueve de intervalo i seré tuya para siempre..... no querias cumplir con una ceremonia de la Iglesia, mi Pepe, pero yo te lo he exijido porque quiero ser mas tuya i tu mas mio que aquella que fue tu esposa». ([abril 25]. Acosta 1855, 91).

Esta era la excusa que ella empleaba para llevarlo a celebrar ese rito en el cual él no creía; ya que había sido uno de los más aguerridos promotores del matrimonio civil (véase: Samper 1888, 328), que se había establecido por ley desde 1853. La realidad era que si no contraían matrimonio por lo religioso, ella sería excomulgada y ella no podía imaginarse vivir con el ostracismo social; de ahí que se aferró a marcar la diferencia con el primer matrimonio de José María.

Él aceptó la exigencia de ella, pero no dejó ninguna constancia en su diario de la decisión que había tomado para complacerla. Los días fueron pasando y la víspera del matrimonio, José María en el cierre de su diario expresó entre otras, estas palabras:

> Querido Diario *mio*: voi a hacerte ya mi última confidencia, a dejar escrita tu última pájina, puesto que mañana mi memorandum será ya la historia de una vida doble, – de dos almas juntas, de dos corazones unidos, – el de Soledad, – mi esposa i el mio. – I qué placer tengo al considerar que la primera pájina escrita aquí ha sido grata, i que lo es inmensamente la última que te consagro!
> (...). Yo me siento con valor i fuerzas para cumplir mi deber, i buscar en el camino dela vida esa tranquilidad deliciosa i enviadiable que solo se encuentra en las dulzuras del hogar! Estoi contento i dichoso, sí, mui dichoso! Lo espero todo, i confiando en la proteccion de Dios, en el amor de mi Soledad, i en la rectitud de mi corazon, iré a recibir la santa bendicion de nuestra ternura! – Adios, Diario mio: – guarda estos recuerdos, i que ellos me sirvan para no olvidar nunca, despues de ser *esposo*, las alegrías i las dichas que te canté como *amante* simplemente! ([mayo 4]. Samper 1855a, 107).

Mientras que Soledad, al concluir la escritura que había comenzado con grandes dudas y expectativas explicitó entre diversas ideas, aspectos de la labor que como esposa tendría en el futuro:

> Adios, mi diario, Adios!... llegó por fin el dia en que me despido de tí despues de haberme acompañado diariamente por un año i ocho meses (...). El dia de hoi ha sido fecundo en emociones i sentimientos distintos: temprano fui a la Iglesia de San Francisco allí elevé mi alma á Dios i cumplí con un solemne precepto de mi Relijion: me confesé, i comulgue por la ultima vez antes de ser *su* esposa. Le rogué a Dios que me diera virtud i tacto para cumplir mis nuevos deberes como esposa i compañera de un ser que cifra toda la felizidad en mí, cuyo valor i resignacion en la desgracia debo yo inspirar, llorar con sus pesares, alegrarme con sus alegrias, ser el anjel tutelar de su felizidad doméstica, enfin, cumplir dignamente los deberes de una tierna, previsiva i amante esposa, Oh! Dios no me abandonará en ese camino tan dulce para el alma noble el de ser la constante compañera de un ser tan profundamente amado de mi corazon como lo es mi Pepe! (...) Adios mis veinte i un años al entrar en los 22 ya seré una nueva mujer seré ya esposa!!... ([mayo 4]. Acosta 1855, 106-107).

El 5 de mayo de 1855, la pareja contrajo matrimonio por lo católico, ante la presencia, la autorización y la bendición del Arzobispo de Bogotá, Antonio Herrán: «que desde entonces me llamó su *ahijado* y me estimó con mayor aprecio» (Samper 1881, 328). Semanas después, el 20 de agosto de 1855, efectuaron el matrimonio civil en Guaduas.

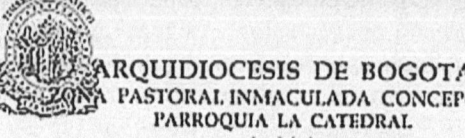

ARQUIDIOCESIS DE BOGOTA
PASTORAL INMACULADA CONCEPCION
PARROQUIA LA CATEDRAL
www.catedraldebogota.org
CARRERA 6 N° 10-61. TELEFONO 3411954 BOGOTA

AA-666676

ACTA DE MATRIMONIO

ACTA DE MATRIMONIO DE JOSÉ MARÍA SAMPER Y SOLEDAD ACOSTA

Fecha: 5 de Mayo de 1855

Archivo Parroquial de la Catedral

En: Libro de Matrimonios, Protocolo 1836 - 1873, folio 195.

En la casa de la señora Carolina Kemble, a cinco de mayo de mil ochocientos cincuenta y cinco, previas las diligencias y dispensadas las tres proclamas y sin obstar impedimento alguno, el señor ilustrísimo señor arzobispo, Don Antonio Herrán, presenció y autorizó el matrimonio de los señores Don JOSÉ MARÍA SAMPER y SOLEDAD ACOSTA, siendo testigos de su información los señores Manuel Vélez Barrientos y Marcos Manzanares, todos vecinos de la Catedral. Como excusador del señor cura rector Don Manuel María Saíz. Conste.

Agustín Rodríguez [Firmado]

Expedida en Bogotá el día 6 de Noviembre de 2013

Monseñor Jorge Alberto Ayala López

Conclusión

Con el conocimiento de que Soledad escribía un diario, del cual ya había leído páginas proporcionadas por ella, algunas a cambio de las poesías que el había compuesto, José María Samper Agudelo movido por la urgencia de saber cuáles eran los obstáculos que le impedían a Soledad aceptar la propuesta de matrimonio, tomó la decisión de escribir a la par que ella un diario para tener un poco más de control en la situación al saber los pensamientos que ella registraba, para poder influirla y guiarla tanto con sus textos, como con sus acciones y reacciones, así como con sus palabras.

Antes de que los dos emprendieran la escritura de estos nuevos diarios, José María se había propuesto cambiar el mutismo, el alejamiento y el aire de melancolía en los que se enclaustraba Soledad apartándose del mundo; deseaba persuadirla para que fuera receptiva a que había alternativas en la existencia. Quería atravesar los ángulos oscuros de la tristeza existencial que ella expresaba, estableciendo un diálogo con ella en diferentes niveles.

A finales de diciembre de 1854, comenzó a exteriorizarle malestar físico al leer las palabras de queja y rechazo negativo que ella monotemáticamente repetía una y otra vez en el diario. Al tiempo que le hizo ver su actitud fría, le señaló que su comportamiento y la reiterada negatividad que registraba por medio de la escritura le causaban tristeza y lo inquietaban. Con esas acciones quería motivarla para que se diera cuenta de los patrones de conducta que había establecido, empezara a cambiarlos y fuera más receptiva a los aspectos agradables de la existencia que la rodeaban.

Iniciada esta parte de la labor que se había propuesto, José María la continuó con diversos obsequios, ese primer día del año, entre los que se encontraba el libro en que ella iría a escribir el diario de 1855:

> [E]sta mañana me mando un ramo de flores tan bellas i perfumadas como son de poeticos sus sentimientos: – Me trajo despues unos preciosos versos en cambio de una pajina de mi diario que

> le dí á léer: —I ultimamente vino esta noche i este diario en blanco me lo regaló — tantas finezas constantes las agradezco mas de lo que puedo explicar i en lo futuro mi diario será, si es posible, aun todavia mas consagrado á el en todas sus pajinas —

Con ese regalo, solidificaba el plan que había ideado y puesto en práctica: convencer a Soledad de aceptar la propuesta de matrimonio, llegar a la ceremonia nupcial, pero a la vez persuadirla de que comprendiera su conducta, apoyándola y aconsejándola para que mejorara su ánimo. De ese modo en las entradas iniciales de su diario de 1855, Soledad lo describió a él prestando atención a la menor reacción de ella, mostrando afinidad con lo que ella sentía y hacía, obsequiándole lo que sabía que le gustaba: flores, poemas, atención, cuidados, cariño; del mismo modo, simpatizaba con mucho de lo que ella expresaba y la apoyaba.

Es decir, José María empleó su conocimiento para persuadirla; como abogado estaba entrenado en diversas técnicas retóricas para convencer, y las puso en práctica para probar su caso y alcanzar el triunfo. En persona y por medio de la escritura desarrolló el *ethos* (forma de convencimiento que explicita tanto la autoridad, la credibilidad, la honestidad y la veracidad del emisor), con el efecto de captar la simpatía de ella e inspirante confianza para poder desarrollar una relación afectiva más firme. Sabiendo que Soledad lo admiraba y respetaba por su labor pública y que también lo quería pero no lo expresaba, empleó el *pathos* (otro modo de persuasión que apela a las emociones del receptor); de ahí que con la atención, los halagos, la constancia, las acciones y las palabras, le manifestó sus propios sentimientos y su valor, para que ella reaccionara en la misma forma.

Pero como se dio cuenta de que no era suficiente, en la escritura del diario empezó a registrar el relato apasionado y emotivo de lo que ella era en contraposición a lo que la pasada esposa nunca había sido en su existencia; le mostró situaciones, le dio pruebas con su comportamiento, luego mediante razones lógicas le expuso los hechos y se los transmitió a través del *logos* (en el caso del diario, de los mensajes escritos, reforzados por la oralidad en sus visitas y conversaciones), expresando tal fuerza de convicción, y empleando lenguaje no verbal para acompañar sus palabras; fue tan efectiva la triada de situaciones que ella aceptó finalmente que lo amaba y que nunca antes había amado a nadie.

No obstante la declaración de Soledad y el fijar la fecha de la boda, el trabajo de convencimiento y la labor de modificación de conducta no quedaron ahí; continuó durante todas las semanas hasta el 5 de mayo, y posiblemente se prolongó después de casados. José María prosiguió con lo planeado, quizá porque le incomodaba la actitud de ella, quizá porque observaba en ella una conducta negativa acendrada por el tiempo y las circunstancias. Haya sido como haya sido, con sus actos y sus palabras orales y escritas centrados en ella y para ella, le demostró que la vida podía ser más positiva.

Cuando ella se quejaba, demostraba suspicacia y recaía en la conducta aprendida, él escribía en su diario que todo había sido positivo y él se sentía animado y con muchas esperanzas. Cuando ella dudaba del futuro, él relataba todo lo provechoso que había realizado durante el día y los logros que había alcanzado, que servirían para mejorar lo venidero. Siempre refería que la visita de ese día había sido muy agradable, representaba lo cotidiano como algo muy especial y siempre se despedía en el diario con palabras amables y muy afectivas.

Cuando José María hablaba de su pasado era para hacer memoria de lo vivido y alcanzado, cuando pensaba en el futuro, siempre explicitaba esperanza y alegría porque lo iba a compartir con ella, puesto que ella sería su alegría constante que lo indemnizaría de los dolores y sería su permanente apoyo en las luchas diarias. Al amar con profundidad, como era el sentimiento que expresaba por ella, y al sentirse amado con ternura tenía total confianza en el porvenir, puesto que ella era el destino que Dios le había preparado. Expresaba esos sentimiento con pocas variaciones una y otra vez, porque era la reafirmación que le hacía a ella a través de la escritura de lo que él le ofrecía; ratificación que haría efecto en ella y se afianzaría en su mente cuando ella leyera las entradas del diario.

A medida que el tiempo transcurría, él se fue identificando con ella, en la escritura, al manifestar sus sentimientos y emociones. Cuando ella sufría intensamente, la inmovilizaba la pena durante sus ausencias, en el escrito expresaba angustia por la separación y aprehensiones por cualquier desgracia que pudiera ocurrir. Eso mismo empezó a hacer José María a medida que se acercaba la fecha del matrimonio; la expresión de sentimientos era más frecuente y el deseo de no estar lejos de ella era cada vez más explícito.

Con la cercanía del enlace matrimonial, él se fue acercando físicamente más a Soledad; pasó de tocarle las manos a besárselas, de darle un beso en la frente o en la cabeza a besarla en la boca, hecho que le costó un rotundo rechazo y una mirada de desprecio o resentimiento que le señaló contundentemente que se había propasado (véase: 30 de marzo); pero conociendo la severidad de la actuación de ella, creyó que había perdido todo lo ganado hasta ese momento. Faltando sólo un mes y cinco días para la boda, pensó que ya podía besarla en la boca, pero la impugnación de ella fue tan categórica que él creyó perdido definitivamente el futuro común.

Por eso, la entrada del diario del día siguiente, muestra a un José María que volvía a representarse como honrado, generoso, con la conciencia tranquila, pero lleno de esperanza por el amor de Soledad, quien le había escrito «una carta amantísima, mui fina i tierna, pidiéndome perdon por mis pesares de anoche», declarándole su amor y haciéndole un regalo especial que había sido de su padre. Con lo cual él reiteraba: «Ah! qué bien me conoces, me comprendes i me estimas, Soledad! qué fina i delicada eres! Cuánto agradezco tu regalo i tu dulce i adorable cartita»; palabras con las que había seguido la triada retórica para fortalecer la persuasión que creyó perdida definitivamente por haberse dejado llevar por la pasión y por la seguridad que ya sentía que había consolidado.

Al suceder la violenta reacción de censura de ella, José María tuvo clara conciencia de lo temperamental y decidida que ella podía ser, especialmente si la moral impuesta por las normas religiosas se ponía en entredicho. Esta situación lo alertó sobre lo extrema que podía ser Soledad, por lo cual cuando el 25 de abril, a 10 días de la celebración nupcial, ella le impuso la realización del matrimonio católico, él aceptó la exigencia de ella como un ultimátum, pero no dejó ninguna constancia escrita para el futuro sobre este hecho. Únicamente escribió genéricamente: «Los dias son tan felices! las noches tan deliciosas! Hai tanto misterio; tantos ensueños, tanta ternura i tanto amor en los purísimos delites que saboreamos: noche i dia en tu santuario perfumado!». Entendía claramente que si se negaba a la ceremonia religiosa, todo lo alcanzado se destruiría, el esfuerzo realizado sería vano y las energías empleadas, completamente ineficaces. Como militar sabía cuando retirarse a tiempo; haberse negado habría sido perder completamente la guerra; de ahí que prefiriera perder la batalla para obtener la victoria que deseaba.

En el momento en que Soledad aceptó el regalo que José María le hizo del libro en que ella escribió el diario de 1855, entraron en juego 5 textos: el diario de 1855 de Soledad, el diario de 1855 de José María, el libro «Pensamientos i recuerdos...», el libro «Improvisaciones» y «El libro de los ensueños de amor...»; textos que auxiliaron a Samper para persuadir a Soledad; escritos que muestran la seguridad y solidez de él, y la personalidad difícil de la joven, marcada por las dudas, las fluctuaciones de carácter, el orgullo de clase y de posición social, y en general por la intransigencia creada por el carácter voluntarioso. No obstante, esos escritos se complementan; son la expresión tanto de profundas decisiones y de amor declarado entre ellos, como de la constante presencia del otro tanto en la memoria como en la existencia. Ellos explicitan la previsión, el proyecto y la determinación de José María, hombre versado en las lides políticas, militares y escriturales; así como la indecisión, la intransigencia, la rigidez de pensamiento y la severidad de actuación de Soledad.

Ella plasmó en su diario frustraciones, reacciones, deseos, prejuicios e impulsos; representó su posición de joven privilegiada e hija única, acostumbrada a ser el centro de atención y el eje de los que entraran en su existencia. Del mismo modo, explicitó toda una gama de sentimientos que pasaron por todos los grados y variaciones entre el amor y el odio, entre la vehemencia y la apatía. No obstante, y tal vez lo más importante para este ensayo, reafirmó una y otra vez, la presencia importante que fue Samper en su vida. Gracias a él, ella comenzó a escribir, para organizar sus pensamientos, pero también para intentar estar a su altura intelectual. Con la práctica casi cotidiana del proceso de escribir lo que sentía y sucedía, Soledad fue afianzando su seguridad en la escritura y en el valor que el texto escrito adquiría en la comunicación.

La labor de persuasión desarrollada por José María tuvo éxito. Las últimas entradas del diario de Soledad, la muestran expresando una manera más positiva de percibir la vida, de reaccionar al mundo; finalmente había llenado el vacío sentido por tanto tiempo en su existencia. Ahora tenía con quien comunicarse, con quien compartir la cotidianidad de los hechos, la manifestación de sus ideas.

Durante los meses en que escribió en el diario de 1855, ella realizó un gran esfuerzo por comprenderse, por encontrase como ser humano, por consolidar ser y espíritu, para alcanzar la armonía como individuo; íntimamente tenía ideales y esperanzas de proyectos futuros; pero también poseía una clara conciencia de ciertas conductas que debía seguir para venerar la memoria del padre muerto, lo que la hizo apática, melancólica y difícil de tratar. No obstante, en ese tiempo efectuó una inversión en capital intelectual con las lecturas que realizó en los libros que eran de sus padres, que aunque fueron dispersas y sin método, la llevaron a reflexionar y a intentar comprender un poco más los mensajes emitidos. Del mismo modo, a causa de la actuación pública del pretendiente, ella empezó a prestarle atención a la realidad histórica circundante.

Es decir en la época en que vivieron, sin José María Samper, Soledad habría sido una joven de familia reconocida y con la mejor educación que podía alcanzar una mujer en ese momento, pero habría sido para la historia lo que fue su cuñada[30], una escritora de ocasión. Samper impulsó a Soledad como escritora, la ayudó a forjarse como intelectual con su constante apoyo y contribuyó a la difusión pública de su nombre, ya desde su primer aporte a *La Biblioteca de Señoritas* y luego en *El Mosaico*; arraigó su nombre en la *Biblioteca Americana* al publicar junto con ella casi completamente todos los números de la publicación. Después como certificación definitiva escribió el prólogo: «Dos palabras», para *Novelas y cuadros de la vida sur-americana* (1869).

En el presente, queremos pensar que ella poseía todo lo que se requería para triunfar como escritora y como intelectual, y que no necesitaba del apoyo privado y público de su esposo. Pero hay que recordar que los tiempos eran diferentes y la época tenía hondas raíces en la tradición. Para que Soledad actuara públicamente en ese inter-

---

30 José María Samper impulsó y difundió la obra de su hermana Agripina Samper (Pía Rigán), cuando en 1860 publicó su poemario como parte de su propio libro: *Ecos de los Andes*, explicitando: «lamento que los deberes de la maternidad hayan impuesto casi el silencio a una arpa que me ofreció mil dulces consolaciones» (Samper 1860, 344).

cambio mercantil que era la participación en la vida pública como escritora, necesitaba legalmente la «licencia marital[31]». Legalmente[32], esa «licencia» tenía cuatro aspectos: 1. el esposo debía aprobar que ella obrara públicamente; para esto: 2. debía representarla; 3. debía otorgarle legalmente el poder para obrar y luego, 4. debía ratificar o confirmar los actos de su esposa.

Aún así, como las otras escritoras que irrumpieron en la escena pública durante el siglo XIX, ella sufrió los ataques y rechazos de la sociedad no acostumbrada a la actuación pública de las mujeres. Situación que era insufrible a finales del siglo[33], pero que era casi imposible en una sociedad como la de la Nueva Granada a mediados de la centuria, cuando ella hizo presencia en la esfera pública; puesto que las mujeres eran motejadas de «sabiondas», «marisabidillas», «bachilleras», etc., por abandonar el «puesto» social que les correspondía según el imaginario social que se poseía.

---

[31] Licencia marital: «aquella que la mujer casada, mayor de edad, necesitaba obtener de su marido para poder celebrar válidamente determinados actos jurídicos. Esta licencia era también conocida con los nombres de autorización marital y venia marital» (Ochoa Restrepo, 223).

[32] En el código civil colombiano, título 9: Derechos y deberes de los cónyuges, se decretaba en el artículo 176, la obediencia de la mujer al hombre; en el art. 177, los derechos otorgados al esposo sobre la mujer y sus bienes; en el art. 1805, se declaraba al hombre como jefe de la sociedad conyugal y en el art. 1809, el hombre era el que disponía de los bienes de la mujer, antes y después del matrimonio, y de lo que produjeran [llamados bienes parafernales]. Mientras que la mujer no podía sin autorización del esposo celebrar ningún contrato, aceptar a rechazar donaciones, herencias o legados, enajenar, hipotecar, empeñar, etc. (véase: Colombia, 1895. 39-41, 279-280). Además, por el art 13 del Código del Comercio, tampoco podía ejercer el comercio sin su autorización y si no era mayor de 20 años (véase: Ochoa Restrepo, 229). Por todas estas leyes, la mujer estaba completamente subordinada al hombre, quien absorbía todo el patrimonio de la esposa y controlaba su capacidad personal en el ámbito económico. Lo legal, se llevó al plano social, de ahí que la mujer necesitara autorización legal y posterior ratificación del hombre de los actos sociales de ella.

[33] Véanse los ataques en el Perú de Pedro Paz Soldán y Unanue contra Mercedes Cabello de Carbonera. Lo mismo que la ácida reacción de los literatos españoles contra las mujeres que fueron nominadas para pertenecer a las Reales Academias: Gertrudis Gómez de Avellanes (1853) y Emilia Pardo Bazán (1889-1890) (véase: Fernández y Ortega, 2008).

Bibliografía

Acosta /de Samper/, Soledad. [*Diario de Soledad Acosta /de Samper/: primera parte*], cuadernillo 4 (14 de setiembre a 26 de octubre de 1853). Biblioteca Caro y Cuervo 74. Mss.

_____. [*Diario de Soledad Acosta /de Samper/: primera parte*], cuadernillo 5 (6 de diciembre a 31 de diciembre de 1854). Biblioteca Caro y Cuervo 74. Mss.

_____. [*Diario de Soledad Acosta /de Samper/: primera parte*], cuadernillo 6 (23 de marzo al 7 de abril de 1854). Biblioteca Caro y Cuervo 74. Mss.

_____. [*Diario de Soledad Acosta /de Samper/: primera parte*], cuadernillo 7 (16 de abril – 25 de junio de 1854). Biblioteca Caro y Cuervo 74. Mss.

_____. [*Diario de Soledad Acosta /de Samper/: primera parte*], cuadernillo 8 (25 de junio- 14 de septiembre de 1854). Biblioteca Caro y Cuervo 74. Mss.

_____. [*Diario de Soledad Acosta /de Samper/: primera parte*], cuadernillo 11 (1º de febrero a 23 de marzo de 1854). Biblioteca Caro y Cuervo 74. Mss.

_____. [*Diario de Soledad Acosta /de Samper/: primera parte*], cuadernillo 12 (Desde octubre 1853 hasta 30 de enero 1854). Biblioteca Caro y Cuervo 74. Mss.

_____. [*Diario de Soledad Acosta /de Samper/: primera parte*], cuadernillo 13 (Memorias íntimas / s. f./). Biblioteca Caro y Cuervo 74. Mss.

_____. [*Diario de Soledad Acosta /de Samper/: primera parte*], «Reflecciones», cuadernillo 14 (22 de agosto de 1853). Biblioteca Caro y Cuervo 74. Mss.

_____. *Diario de Soledad Acosta /de Samper/: segunda parte. Comenzado el día 1º de enero de 1855.* Biblioteca Caro y Cuervo 75. Mss.

Acosta de Samper, Soledad. *Biografía del general Joaquín Acosta, prócer de la Independencia, historiador, geógrafo, hombre científico y filántropo.* Bogotá: Librería Colombiana Camacho Roldán y Tamayo, 1901.

_____. *Diario íntimo y otros escritos de Soledad Acosta de Samper*. Carolina Alzate (edición y notas). Bogotá: Alcaldía Mayor de Bogotá D.C., Instituto Distrital de Cultura y Turismo, 2004.

Alzate, Carolina. «El diario epistolar de dos amantes del siglo XIX. Soledad Acosta y José María Samper». *Revista de Estudios Sociales* (Bogotá) 24 (ag., 2006): 33-37.

Anónimo. *Melancholy, as it proceeds from the disposition and habit; the passion of love; and the influence of religion. Drawn chiefly from the celebrated work entitle Burtons's anatomy of melancholy, an in which the kind, causes, consequences and cures of this English malady are traced...* London: Vernon and Hood, 1801.

Anónimo. *The lady's book*. Vol. 1. Philadelphia: L.A. Godey & Company, 1830.

Attig, Thomas. *How we grieve. Relearning the world*. New York – Oxford: Oxford University Press, 1996.

Barthes, Roland. *Fragmentos de un discurso amoroso*. (1977). Trad. Eduardo Molina. México: Siglo XXI Editores, 1993.

Batts, John Stuart. *British manuscripts diaries of the nineteenth century*. Totowa, New Jersey: Rowman and Littlefield, 1976.

Brewster, David. *The Edinburgh Encyclopædia conducted by David Brewster, with the assistance of gentlemen eminent in science and literature*. Vol. 8. The fist American edition, Philadelphia: Edited by Joseph and Edward Parker, 1832.

Castilla del Pino, Carlos. Ed. *De la intimidad*. Barcelona: Editorial Crítica, 1989.

Colombia. *Código civil colombiano expedido por el Congreso de 1873 y adoptado por la Ley 57 de 1887: Con un suplemento de las leyes que lo adicionan y reforman, desde 1887 hasta 1892, inclusive*. Bogotá: Imprenta Nacional, 1895.

Cuervo Rojas, Gonzalo. «José María Samper Agudelo». *Biografía de los constituyentes 1886. Debate constitucional. J. M. Samper Agudelo. F. Fermín. Paul C. Calderón Reyes. Centenario de la constitución*. Banco de la República (Colombia). Vol. 5. Bogotá: Banco de la República, 1986. 5-124.

Dehler, Kathleen. «Diaries: where women reveal themselves». *The English Journal* 78.7 (nov., 1989): 53-54.

Fernández, Pura y Marie-Linda Ortega (Eds.). *La mujer de letras o la letraherida: discurso y representaciones sobre la mujer escritora en el siglo XIX*. Madrid: Consejo Superior de Investigaciones Científicas, 2008.

Freixas, Laura. «Auge del diario ¿íntimo? en España». El diario íntimo. Fragmentos de diarios españoles (1995-1996). *Revista de Occidente* 182-183 (jul.-ag., 1996): 5-14.

Girard, Alain. «El diario como género literario». El diario íntimo. Fragmentos de diarios españoles (1995-1996). *Revista de Occidente* 182-183 (jul.-ag., 1996): 31-38.

Gisborne, Thomas, M.A. *Inquiries into the duties of the female sex*. London: Printed for T. Cadell jun. and W. Davies. (Successors to Mr. Cadell) in the Strand, 1797.

Havlice, Patricia Pate. *And so to bed: A bibliography of diaries published in English*. Metuchen, New Jersey: Scarecrow Press, 1987.

Hinds, Harold Earl, Jr. *Jose Maria Samper: the thought of a nineteenth-century New Granadan during his radical-liberal years (1845-1865)*. Nashville: School of Vanderbilt University, 1976. 474h.

Huff, Cynthia. *British women's diaries: A descriptive bibliography of selected nineteenth-century women 's manuscript diaries*. New York: AMS Press, 1985.

Laverde Amaya, Isidoro. «José María Samper». *Colombia Ilustrada* (Bogotá) 9-10 (feb. 15, 1890): 142-148; 11 (mzo. 15, 1890): 167-172; 12 (abr. 2, 1890): 181-186.

Lejeune, Philippe. *On Diary*. Eds. Jeremy D. Popkin & Julie Rak. Trans. Katherine Durnin. Manoa, Honolulu: University of Hawaii - Biographical Research Center, 2009.

_____. «Un jurnal à soi: historia de una práctica». *Revista Intramuros* (Francia) XI.22 (2005): 12-13.

Loaiza Cano, Gilberto. *Manuel Ancízar y su época (1811-1882). Biografía de un político hispanoamericano del siglo XIX*. Medellín: Universidad de Antioquia, Universidad Nacional de Colombia Sede Medellín, Universidad EAFIT, 2004.

Matthews, William. *British Diaries: An annotated bibliography of British diaries written between 1442 and 1942*. Berkeley and Los Angeles: University of California Press, 1950.

Ochoa Restrepo, Guillermo. «Licencia marital». *Estudios de Derecho* (Bogotá) XXII.64 (sept., 1963): 223-231.

Ortiz, José Joaquín. *La Guirnalda: colección de poesías i cuadros de costumbres*. Bogotá: Imprenta de Ortiz i Compañía, 1855.

Picard, Hans Rudolf. «El diario como género entre lo íntimo y lo privado». *Anuario de la Sociedad Española de Literatura General y Comparada* IV (1981): 115-122.

Rodríguez-Arenas, Flor María. «La representación de Efraín entre la sensibilidad y la masculinidad en *María* de Jorge Isaacs». *María*. Jorge Isaacs. Flor María Rodríguez-Arenas (Edición crítica). Doral, Florida, USA: Stockcero, 2008. ix-lviii.

Rogers, Rebecca G. *From the salon to the schoolroom: Educating bourgeois girls in nineteenth-century France*. University Park, Pennsylvania: Penn State University, 2005.

Samper, José María. *Diario de José María Samper A. comenzado el 1º de enero de 1855*. Mss. [109 pgs.]. Fondo Soledad Acosta de Samper – 006. Biblioteca de Yerbabuena, Instituto Caro y Cuervo. (1855a).

_____. *Ecos de los Andes. Poesías líricas de José María Samper. Segunda colección de 1840 a 1860*. París: Impreso por E. Thunot i Cª, 1860.

_____. *Historia de una alma: Memorias íntimas y de historia contemporánea*. Bogotá: Imprenta de Zalamea hermanos, 1881.

_____. *Improvisaciones*. Bogotá, 1855. mss. [96 pgs.]. Fondo Soledad Acosta de Samper 061 – V2. Biblioteca de Yerbabuena, Instituto Caro y Cuervo. (1855b).

_____. *Memorias de un joven por José María Samper*. mss. [s.f], [253 pgs.]. Fondo Soledad Acosta de Samper – 062. Biblioteca de Yerbabuena, Instituto Caro y Cuervo. Mss. [Escrito hacia 1865].

———————. *Pensamientos i recuerdos consagrados a la señorita-ánjel Soledad Acosta, en testimonio de profunda estimación, de fiel afecto i de perpetua adoración; por su rendido amante et son fiancé José María Samper A. Samper A. 1854 i 1855.* mss. [54 pgs.]. Fondo Soledad Acosta de Samper – 004. Biblioteca de Yerbabuena, Instituto Caro y Cuervo.

Samper, José M. y Soledad Acosta. *El libro de los ensueños de amor: Historia poética del bello ideal de la ventura por Soledad Acosta i José M. Samper*. Mss. [109 pgs.]. Fondo Soledad Acosta de Samper 003 – V2. Biblioteca de Yerbabuena, Instituto Caro y Cuervo. (1855).

Scotland, Nigel. «The social work of the Clapham Sect: an assessment». *Themelios* 18.1 (Oct., 1992): 16-20.

Los Diarios

CRITERIO DE ESTA EDICIÓN

La presente edición es la edición príncipe de los manuscritos inéditos del siglo XIX de los diarios íntimos de Soledad Acosta Kemble y José María Samper Agudelo, escritos entre el 1º de enero y el 4 de mayo de 1851, cuyos originales se hallan en el fondo de la Biblioteca de Yerbabuena del Instituto Caro y Cuervo en Bogotá y en forma digitalizada en el fondo *fsacosta* de la Biblioteca Nacional de Colombia; textos que poseen una serie de características peculiares perteneciente tanto a sus autores como a la época de escritura.

La edición comprende una revisión de la sección del texto de Soledad Acosta que se publicó en 2004, cuya edición modernizó la escritura y la ortografía, cambió la puntuación de todos los cuadernillos e incluso modificó aspectos de la redacción. Al cotejar el manuscrito de Acosta con esa publicación, se encuentran variaciones de contenido semántico y sintáctico significativas que modifican algunos de los mensajes emitidos por sus autores.

La edición aquí realizada respeta los textos en su integridad ortográfica, gramatical y sintáctica, para conservar los mensajes semánticos que los autores desearon transmitir. Además, ofrece los textos enfrentados para permitir ver la coincidencia de temas y las inmediatas reacciones de sus autores a las circunstancias cotidianas que vivían. Al hacer esto, se obtiene una visión más cercana a la realidad de lo que fueron en su juventud esos dos intelectuales, especialmente Soledad Acosta, quien todavía no había entrado en la esfera pública, apoyando de esta manera la investigación sobre la vida de estos dos importantes intelectuales hispanoamericanos del siglo XIX.

En la transcripción se señalan las erratas y las omisiones mediante ( ).

Se mantienen en su forma original las contracciones de palabras.

Se respetan las vacilaciones de escritura y ortografía.

Al reproducir sin modificaciones los textos, se observan los esfuerzos que la novel escritora que era Soledad, hacía para controlar la morfología de las palabras, especialmente en la conjugación de los verbos, aspectos que dejan ver la estructuración de destrezas que tuvo que desarrollar para solidificar este dominio lingüístico.

Características físicas de los manuscritos:

Son libros de tamaño carta, forma rectangular (apaisada), de pasta dura de color carmesí, con lomos de cuero y planos en papel. Las entradas están manuscritas con tinta negra y sepia. El texto de José María Samper presenta cambios visibles de coloración de la tinta debido a exposición a la luz.

Se hallan actualmente catalogados digitalmente:

Acosta de Samper, Soledad, 1833-1913[Diario de Soledad Acosta de Samper: segunda parte] Bogotá: 1855 Manuscrito. Fol.: 106 [Fondo *fsacosta* de la Biblioteca Nacional de Colombia].

> Descrito en el fondo de la Biblioteca de Yerbabuena del Instituto Caro y Cuervo como: [48 folios numerados. Cubierta roja de 28cm x 21. Buen estado], y numerado como FSAS_002.

Samper, José María, 1828-1888 Diario de José María Samper A. s. l. 1855 Manuscrito. Fol.: 114 [Fondo *fsacosta* de la Biblioteca Nacional de Colombia].

> Descrito en el fondo de la Biblioteca de Yerbabuena del Instituto Caro y Cuervo como: [52 folios con flores secas en su interior. (28cm x 21cm). Se conserva en buen estado], y numerado como FSAS_006.

Diario
de
Soledad Acosta.

Comenzado el día 1º de Enero de 1855.

— ¡Honni soit qui mal y pense! —

[ENERO]

– 1º de enero de 1855 –

El corazon tiene sus preocupaciones que es necesario conservar, porque son las predicciones misteriosas de esa bella pitonisa que se llama *Esperanza*. Quizá el alma tiene el poder de adivinar el porvenir, i es bueno escuchar sus augurios. El dia de hoi ha sido espléndido: el cielo constantemente azul i despejado, el aire diáfano i tranquilo i el sol con una brillantez que en los dias anteriores no ha tenido, anuncian algo bueno talvez. El dia ha empezado por flores i alegrias inocentes: ¿por qué no ha de ser todo el año una historia seguida de encantos i venturas? El corazon rara vez se engaña i sus palpitaciones i esperanzas de *hoi* predicen que no será melancólica la aurora de *mañana*. Esperamos con fé, perseverando en la virtud, i Dios nos protejerá en la peregrinación del tiempo, ¡en la cual un año es apénas un paso en busca del destino! —

Si, creo que es cierto, las emociones, los presentimientos de nuestros corazones son el lenguaje oculto del espíritu inmortal que nos muestra un porvenir dichoso no solamente en esta vida pasajera que atravesamos ahora, sino en aquel *porvenir* sin termino i que llaman eternidad! El primero del año es un dia solemne i debia ser todavia mas solemne de lo que jeneralmente piensan se debia en este dia resumir i refleccionar todas las acciones, los comprometimientos, las ideas nuevas que ha hecho ó esperimentado en el año que pasó[1]. Si cada *ser* tuviera un diario ó recopilacion de sentimientos, al poder leer el resumen de la vida interior de cada persona el primer dia del año se comprenderia mucho mas el corazon humano i tal vez se podria reformar i cumplir mejor aquella *mision* misteriosa que cada alma vino á cumplir sobre la tierra i que llamamos *destino*.

El dia de hoi há sido para mi profundamente feliz.... Mi corazon reconoce mientras se pasa mas tiempo cuan verdadero es el afecto de aquel á quien le pertenecen todos mis mas intimos pensamientos i todo mi amor, tan inmortal como mi alma –: esta mañana me mando

---

1   Esta es una idea común que explictan los dos diarios el primer día del año.

ENERO

1° de enero de 1855

Este libro, destinado a ser el santuario de mis íntimos pensamientos a contener todos los misterios de mi alma soñadora i todas las impresiones ocultas de mi ajitado corazon[1]; este libro, que va a ser el espejo de mi vida en todos sus instantes debe tener por único brillo la verdad, por único perfume el de las flores de mi jardín de esperanzas, sea que el tiempo las vaya marchitando, sea que las brisas del placer las conserve frescas i lozanas.

Historia misteriosa de mis adoraciones i de todos mis arranques, de mis deleites i de mis amarguras, cada una de sus pájinas debe tener por testigo a su propia conciencia i por juez a Dios que me oye, que me escucha i que siente momento por momento las palpitaciones de mi corazon. Yo sé que soi honrado, sensible i jeneroso, i tengo la conciencia de que jamás mi corazon ha sido pervertido. Pero soi hombre i debo tener noblezas i debilidades, i es preciso que me recuerde a mí mismo, día por día, mis actos de virtud i mis defectos, para sentir un lejítimo orgullo por aquellos i reprocharme los últimos con severidad[2].

El día de hoi me ha dejado satisfecho i me da la esperanza de un buen año. Hoi me he convencido más de que poseo la *estimacion* de Solita[3] i de su noble i distinguida madre, i recojiéndome dentro de mi propia conciencia encuentro que soi digno de esa estimacion. Mi corazon goza en extremo con eso. ¿Por qué? Es porque me encuentro a la altura de dos criaturas de un mérito distinguido. Si Soledad no me amase, yo tendría que llorar mi desventura i le daría un adiós eterno a la esperanza de la felizidad doméstica; pero si *ella* i su digna madre me negasen su *estimacion*, me moriría de vergüenza que es peor que morir de amargura.

¿Me ama Soledad?[4] A pesar de su dulzura i sus bondades lo dudo

---

1   Al parecer Soledad escribió este comienzo (ver la explicitación del diarista al respecto un poco más abajo). Hecho que indica la conciencia que ella poseía sobre la existencia de este diario.

2   Uno de los objetivos del diario, según José María, era reflexionar sobre el pasado para mejorar los problemas y los defectos personales. Parte de idea (conservar para rememorar) se observa en el diario de Soledad para el primer día del año. Esas acciones manifiestan la puesta en práctica de un plan del diarista para alcanzar metas específicas.

3   Nombre familiar que empleaban los progenitores para denominar a Soledad.

4   Otro propósito que se evidencia en el diarista era hacer leer el texto a Soledad; razón por la cual no podía manifestar en la escritura ninguna seguridad al respecto.

un ramo de flores tan bellas i perfumadas como son de poeticos sus sentimientos: – Me trajo despues unos preciosos versos en cambio de una pajina de mi diario que le dí á léer[2]: – I ultimamente vino esta noche i *este diario* en blanco me lo regaló[3] tantas finezas constantes las agradezco mas de lo que puedo explicar i en lo futuro mi *diario* será, si es posible, aun todavia mas consagrado á *el* en todas sus pajinas –

---

[2] José María ya había valorado la escritura de Soledad; pero para animarla a ser más receptiva hacia él y a confiar más en sus propias habilidades, sabiendo que a ella le gustaban los poemas, comenzó a hacer un intercambio de textos con ella: poemas a cambio de páginas del diario. Además, era otra manera de tener más seguridad de las causas de la actuación de Soledad.

[3] Esta entrada evidencia que la idea de que los dos escribieran un diario durante 1855 fue de José María, para lo cual consiguió dos libros similares, regalándole uno a Soledad.

un poco aún. Es porque ella vale a mis ojos tanto, que juzgo mui superior a mi fortuna la dicha de ser amado por ese ánjel. ¿Llegará ella a ser algún día la compañera de mi vida i el objeto de mis ternuras i respeto amoroso? Tal vez, sí llega a amarme como yo a ella; pero si no fuere así, yo devoraré en silencio mi dolor i ella no se arrepentirá jamás de haberme llamado siquiera *su amigo*.

Hoi he gozado mucho a su lado i el día ha sido dulce i tranquilo como las sonrisas de Soledad. Ha recibido con placer i bondad mis versos, mis flores i todo cuanto ha visto mio. El año será sin duda dichoso, sus lindos ojos revelaban hoi tanta bondad; su belleza estaba tan radiante, tan espiritual, tan poética; su voz ha vibrado tan dulcemente en mis oídos... I además el día, la noche, todo ha sido hermoso. *Ella* ha tenido hasta la bondad de escribir la primera línea de este libro. ¡La esperanza debe, pues, animar mi corazon más que nunca!

Hoi me ha mortificado el encuentro con una Sra. que me desagrada por sus sarcasmos, su aturdimiento i su falta de respeto de sí misma. Pero el contraste entre sus defectos i las bellísimas cualidades de la madre de mi amada, me ha hecho algún bien, por que me ha hecho meditar en lo que valen la virtud, la educacion sólida i la dignidad. La una, hermosa, joven con talento i algun brillo de imajinacion, es insoportable por su falta de recato, por su insolencia i su vanidad. La otra siendo madre i sin los encantos pasajeros de la juventud, ejerce el imperio del mérito, encanta con su noble leguaje i se hace amar. ¿Por qué estas diferencias? Es que la mujer está toda en el recato, en la modestia i en la dignidad; i toda la que sale de ese camino se hace ridícula o vulgar –

Hoy he comenzado la publicacion de un periódico[5], i Dios sabe que solo me animan dos estímulos: el amor de la patria, i una noble ambicion de gloria[6]. – La alcanzaré? Tal vez no; pero de seguro que nadie me hará extraviar del camino del honor, dela[7] justicia i de la moderacion – Adelante, pues, i no me abandones, Esperanza![8] –

---

5   Se refería a *El Tiempo*; fue editor del periódico desde enero 1° hasta mayo 15 de 1855.
6   Este era uno de los aspectos que Soledad buscaba en el hombre con el que contrajera matrimonio.
7   El diarista une la preposición «de» y los artículos definidos en su escritura.
8   José María comenzó la estructuración de su propia representación a través de la escritura, para que Soledad se hiciera una idea más concreta de quién era, lo que hacía y por qué; deseaba persuadirla a aceptar su propuesta de matrimonio hecha un año atrás.

– 2 –

Corren las horas entre el contento i la alegria, vuelan los dias siempre felizes, i me faltan palabras para esplicar el placer que me inunda sin cesar......

– 3 –

Con esta misma pluma escribio mi ∫ [4] trovador, mi amado, unos lindos versos...... Vino esta noche *el* i le mostré una pajina de mi diario que ayer le habia ofrecido, i entonces me dijo que delante de mi compondria unas poesias i en menos de veinte minutos me mostro dos dulces poesias, una titulada "Recuerdos de Fucha" i otra "A Solita"[5]–; cuanto placer encuentro en tener tus bellas improvisaciones en mi poder, bien mio! – Tu me amas, lo comprendo, lo sé. Enfin, allí *tu* me lo dices i todo lo que mi diga es sagrado para mí.... I yo te pago con mi profundo, mi inagotable, mi eterno cariño ese amor que por mí tienes,! –

---

4   ∫ : Ésta era una de las formas en que Soledad se refería a José María Samper en varios de los cuadernillos de su diario. Aquí se representará como: ∫ .
5   Los textos de los poemas que José María le escribió a Soledad durante los meses iniciales de 1855 se hallan en el libro: *Improvisaciones* (véase: Samper 1855b).

Dia 2

Estoi satisfecho de mi conducta de hoi: he escrito un documento justo i jeneroso que puede hacer el bien de una familia desgraciada. Nada ha ocurrido de nuevo – Solita ha seguido amable.

Dia 3

He trabajado mucho intelectualmente i con provecho. Por la noche he tenido ocasion de dar a mi amada Soledad una nueva prueba de afecto. Despues de leer dos lindas pájinas de su Diario, la una llena de ternura i nobleza respecto de un nido de pajarillos, la otra llena de sencillez i naturalidad, relativa a uno de sus paseos campestres – le pedí papel i pluma i asunto para improvisarle algunos versos. Me dio los asuntos de sus dos bellas pájinas i rápidamente le hice dos impresiones que *Ella* i su digna Madre recibieron con mucho agrado. No podía ser menos, Soledad me inspiraba con su dulce mirada i su anjélico semblante: mi corazon estaba conmovido i el harpa que vibra dentro de él me dió algunas armonias. Esta noche he creido mas que nunca que Soledad me ama. Se ha mostrado tan agradecida, tan sensible a los conceptos de mis impresiones….. su sonrisa era tan dulce… su casto rubor por mis elojios era tan hechicero….. Ah! yo creo que nos comprendemos perfectamente: yo he penetrado su bella alma, i ella sabe leer en mi corazon….. Empiezo a sentirme en posesion de alguna dicha –

Dia 4

Son las dos de la mañana, pero no quiero buscar el descanso hasta después de haber dejado algunos recuerdos de este día. Ayer cuando yo le llevaba a Soledad un lindo ramo de pensamientos, ella sonreía cariñosamente. Las mujeres delicadas: de espíritu agradecen siempre una flor, que envuelve un recuerdo, como una fineza i son más sensibles a esos obsequios que revelan consagracion delicada i estimacion,

que a los mas suntuosos regalos. Hoi, cuando Soledad vió mi retrato, me dejó comprender un sentimiento tan fino, que me alegré de mi inspiracion[9]. Yo quería que ella tuviera no solo mi alma en mi amor i mi pensamiento en mis escritos, sino mi mirada, mi ser i mi recuerdo en una imagen fiel[10]. Soledad i su excelente madre han aceptado con aprecio ese obsequio, i esto me llena de confianza. Despues comprendí que deseaba algunas flores para su adorno: son tan bellas las flores en la cabeza i el pecho de Soledad... parece que ella les aumenta el perfume con ese ámbar de castidad i de inocencia elevada que la rodea. Me gusta mucho verla mui linda i sobre todo, gozo infinito en complacerla i adivinar sus deseos. Fuí corriendo a traerle rosas blancas i clavellinas i ella agradeció en estremo mi prontitud en agradarla. Despues hemos estado juntos en el teatro i confieso que aparte del inmenso placer que sentía al estar a su lado, aspirando su perfume, adorándola i recreándome en el estudio de su anjélica i poética fisonomía i en su dulce conversacion, halagaba mucho mi amor propio el notar que todos *la* miraban con cuidado i la encontraban mui espiritual i mui bella. Yo sé que Soledad no crée en su belleza, i eso es quizá mejor, porque así comprenderá que amo mas su alma que su ser material. La funcion ha sido mala: buenos versos i nada mas; pero yo he gozado mucho en ella. He quedado como siempre que veo algunas mujeres bellas, satisfecho de mí mismo. Antes no podía dejar de sentir alguna impresion a la vista de una mujer bella: ahora todas me son absolutamente indiferentes. Esto me prueba que le pertenezco enteramente a Soledad. – Me he gozado mucho en ver ridiculizar a las coquetas, porque nada me parece mas odioso que la degradacion del corazon. El amor es una relijion i la coquetería es un indigno paganismo – ¡Es tan miserable la pérdida que se hace del tiempo en las farsas de la coquetería! así son casi todos los amores de ventana –

---

9   Uno de los propósitos del diarista era hacer que Soledad aceptara la propuesta de matrimonio que le había hecho un año atrás. De ahí que se dedicara a cortejarla, a prestar atención a sus gustos, a dedicarle poesías y darle obsequios que le alegraran la existencia, como fue el hecho de que ella tuviera un retrato suyo.

10 Aspectos del plan ideado por José María para llegar al matrimonio.

– 5 –

Ayer no escribi porqué no tuve tiempo. Por la noche estuvimos en el Coliseo i pasé horas mui agradables, como habia de ser de otro modo no estaba pues mi ∫ allí?..... Las piezas que representaron no sirvieron para nada, los actores pesimos... Pero no tenia yo detras de mi asiento sentado á mi trovador i asi que mas podia desear?.... Ahora ya no estoi sola al tiempo de escribir mi diario, porque *el* me regaló su retrato, pero como puedes dudar de mi cariño[6] cuando yo lo acepte es suficiente prueba de mi amor? – i dudas todavia? á mi me faltan las palabras en tu presencia, tal vez por eso creis frio mi corazon pero oh! entonces no conoces el fuego, el entusiasmo que abriga mi alma, no has pues adivinado que si me faltan espresiones con que hacerte conocer que te amo es por que para mi es demasiado profundo demasiado intenso mi cariño por ti i no pueden mis labios nunca decir, lo que siente mi corazon. –

Tiernos i pateticos son los versos que compusiste esta noche[7] mi trovador! dulces como todo lo tuyo, armoniosos como un suspiro del poeta de los bosques.

---

6   Este es una de las protestas que él le hace a ella, debido a su mutismo y falta de comunicación.

7   Esa noche José María escribió el poema: «Todavía pesares» (véase Samper y Acosta 1855, 47).

Dia 5

Hoi he trabajado mucho escribiendo: yo mismo me admiro de esa incansable constancia para escribir que me ha procurado la admirable facilidad de contraer mi pensamiento a todo simultáneamente: política, poesía, trabajos financieros, históricos, filosóficos i de mi vida íntima. Todo eso sale de mi pluma cada dia. ¿Será que Dios me tiene destinado para alguna gran tarea? Yo llevo once años de esta laboriosidad que aturde a mis amigos, i jamás me fastidia ni me cansa. Yo no seré mui rico, porque en mi ambicion i mis preocupaciones predomina lo moral; pero eso no me importa: yo no quiero dinero sino ciencia – felizidad i goces profundos pero morales todos. Me contentaré siempre con una fortuna que me permita estudiar, escribir i dar vuelo a mi espíritu i mi corazon[11]. Esta noche Soledad me ha mostrado bondadosamente otra página de su Diario: se refiere a las tristes impresiones que un dia (el 23 de Dbre) le ofreció el espectáculo desolador de su antigua casa (la que abrigó su infancia), que fué a visitar con su madre – Habia tanta elevacion i ternura en los sentimientos consignados en esa bella pájina… que me sentí inspirado i le escribí una improvisacion en verso mucho mejor que las anteriores. Ella se entristeció, lo mismo que su madre, por aquella traduccion en verso que yo trazaba de la pájina escrita por Soledad… Siento en estremo haberlas aflijido, pero yo mismo estaba afectado sentía dolor, – ¡i acaso ella me agradecerá ese recuerdo! Me es mui grato recordarle el mérito de su distinguido padre[12], porque siento orgullo i placer en tributar homenaje a los sabios i bienhechores de la sociedad; – ese es un culto a la ciencia i la nobleza. Ojalá que cada dia pueda yo dejarle a Soledad un recuerdo semejante; pues si por desgracia ella no fuere mi esposa, siempre me estimará con cariño: si me negara su dulce amor, al ménos diría siempre al ver mis recuerdos: «Este jóven tiene alma elevada i corazon sensible: – él es honrado, i debo estimarlo cualquiera que sean sus defectos: yo seré su *amiga*, ya que no su esposa!». Esto será un consuelo si es que me espera la desgracia –

---

11   José María continuaba con la estructuración de su propia representación para que ella lo aceptara como el ser con el cual compartiría su vida.

12   Soledad se identificaba más con el progenitor que con la madre. Así que ésta era una estrategia persuasiva para convencerla de la importancia que él le daba al general Joaquín Acosta.

– 7 –

Ayer no escribí porque eran mas de las 4 ½ de la mañana cuando llegamos del baile – Quiero hacer una descripcion detallada de esta funsion porque, aunque quedará mientras viva la impresion mas profunda grabada sobre mi corazon como el dia mas feliz de mi vida recordaré el 6 de enero; deseo tener tambien escrito de mi mi mano como memoria eterna de tanta alegria, las horas de completa satisfaccion i placer que pasé alli! –

Aunque llovió por la noche hasta las ocho á las nueve habia escampado enteramente i salimos de aqui pª ir adonde las Briceños[8]. Justo vino con nosotros i con P[9], nos dirijimos adonde las B. i de allí al baile – Cuando llegamos a las galerias de los Salones del Congreso se nos presento un hermosisimo espectáculo. La Cámara de Representantes brillantemente iluminada con lamparas i espermas dejaba veér las cortinas de damascos los mullidos sofaes, los festones i coronas de flores i laurel que adornaban con poetica elegancia las paredes á todo el rededor del salon del baile, los espejos reproducian mil veces esta escena de alegria con sus lindas muchachas vestidas de gasas i de sedas, las flores perfumaban el aire i los acordes resonaban harmoniosamente de un vals que tocaba la orquesta..... Como esplicar la profunda felizidad que sentia mi alma mientras bailaba con *el,* como comprender aquella dulce alegria que inundaba mi corazon al oirlo *hablar* sus sentimientos acia mi, mis oídos jamas habian escuchado palabras tan suaves! solo tu, mi P., solo tu puedes inspirarme ese sentimiento de completa felizidad con que yo sentia latir mi corazon! – La primera pieza que bailamos fué una contradanza del pais, que me recordaba á Guaduas; la vez primera que conocí a mi P.! – bailé 3 piezas mas con *el.....* estos momentos recompensan completamente los meses de amargura de nuestra ausencia!

Las 10 de la noche – Las alegrias no pueden jamas ir mescladas

---

[8] Se refería a la familia del general Emigdio Briceño (1801-1874), nacido en Venezuela, quien desde la adolescencia sirvió en los ejércitos patriotas. Contrajo matrimonio con Dolores Fernández Armero en Bogotá, ciudad donde se estableció.

[9] Es la primera vez que ella emplea una inicial del sobrenombre (Pepe) para referirse a José María. A partir de este punto el símbolo que había utilizado por meses desaparece de su escritura.

Dia 7

Anoche experimenté fuertes emociones en el gran baile que con otros amigos hemos dado en obsequio de las Sras. – Cuando llevaba del brazo a Soledad creía llevar conmigo una parte del cielo; i creo que si antes no hubiera estado tan profundamente apasionado de ella, anoche habría rendido mi corazon a sus encantos. Estaba tan linda, tan magnífica que solo tenía ojos para verla i adorarla. Anoche he sido mas franco que nunca: tuve valor para decirle muchas de las cosas que solo le había espresado por escrito. Pero ella, demasiado severa en sus actos, si me dejaba comprender su afecto, cuidaba mucho de no confesármelo; sus medias palabras i reticencias me asesinaban cruelmente, porque me hacían dudar; pero algunas veces su silencio era mui espresivo i elocuente. Acaso he sido presuntuoso en interpretarlo favorablemente. Sin embargo es bien seguro de que si mi lenguaje lleno de pasion, le hubiera disgustado, me habría manifestado francamente su enojo, porque así es su caracter. Ella es mui reservada i quizá desconfía un poco de la firmeza de mi amor. Es preciso disculpar su desconfianza por que mi pasado puede hacerle pensar, que quien ha amado antes no puede amar despues[13]. Yo le tributo un culto respetuoso a la noble i pura joven que tuve por esposa; pero ella que me oye desde el cielo sabe que mi nuevo [amor] es inocente, casto i desinteresado, lo aprueba, lo comprende i lo bendice. Elvira[14] le pertenece a Dios, yo le pertenezco al mundo i me siento con el corazon bien puro para consagrarlo a Soledad......

En el baile habia anoche muchas jóvenes hermosas pero ninguna ha tenido poder para alterar un instante mi corazon ni hacerle olvidar a Soledad. Ella tiene el imperio absoluto i solo ella puede producirme impresiones: solo ella me hacia gozar con el baile i por eso danzamos juntos cuatro veces. *Lucrecia* me gusto mucho ahora seis años o cinco, i queriendo experimentar mi corazon me propuse bailar con ella. Yo rodeaba su cintura, sentia su respiracion en mis mejillas i estaba bella. Apesar de todo no la miré una sola vez no sentí la mas lijera impresion. Estas pruebas son mui peligrosas, pero necesarias para un corazon leal. Si yo hubiera sentido que mi corazon era capaz de impresionarse por *otra*, esta triste verdad me habría convencido de que mi

---

13   Fue el comienzo de la manera como José María empezó a hablar de su pasado diferenciándolo de su presente.
14   Elvira Levi, primera esposa de José María Samper.

sino con alguna pena–, esto cuan cierto es! – siento ahora en el alma un remordimiento, temo haberle dado a *el* un momento de pena, como me he propuesto en este diario escribir todas las impresiones que haya tenido sean agradables ó desagradables, tristes ó alegres, ahora voi a poner la causa de la pena que siento por *el*; – anoche tuve un momento de impaciencia injustamente i le dije a P. unas palabras que el no ha olvidado i ahora que estuvo aquí me recordó el mis palabras con algun pesar – cuanto, cuanto lo siento; pero no adivinas mi P. que es por lo mismo que te amo tanto que te dije eso? crees tu que si me fueras indiferente me hubiera tomado la péna de hablarte así?... escucha mi voz, mi trovador! escuchala i por la simpatia que tenemos, sabed que te pido perdon! sí, yo que jamas he pedido perdon[10] te lo pido encarecidamente a *tí*! –

– 8 –

Estoi triste esta noche, mi P. vino esta noche con pesadumbre pues acababa de morir entre sus brazos una sobrinita que el queria mucho, hija de Manuel, hermano que lo ha protejido mucho desde su infancia i por el cual tiene grande reconocimiento, cuanto siento tu tristeza, mi amado! ella, la inocente niña, te amaba, i para mi es suficiente esto para tener pesar ¿pero quien, mi *trovador*, al conocerte no te ama? todos, todos te tienen tanto aprecio i te estiman tanto, i yo mas que

---

10   Soledad aceptó no haber pedido perdón nunca antes durante su existencia; admisión que señalaba aspectos de su manera de ser.

amor hacia Soledad no era verdadero i profundo, entónces habría desistido de pensar en unir mi suerte a la suya: delo contrario yo cometería una infamia. Hoi estoi seguro de mí mismo por que he salido victorioso en la prueba hecha. – otra señorita, me provocó visiblemente a galantearla: como sé que es mui coqueta, pensé un instante en burlarme de ella con el ridículo. Pero le tuve lástima, me pareció que era indigna esa burla con una pobre joven sin talento, i le dije claro: «amo profundamente a Soledad, aunque no sé si ella me ama». Eso terminó la provocacion i le dio una leccion.

Anoche, despues de mi rendimiento esmerado acia Soledad, ella me dijo una palabra que me hirió profundamente, – mas de lo que ella puede pensar. – Creyóme *embelesado* en mirar a otras, i estoi seguro de que por un instante sospechó de mí. Tal vez no conoce bastante mi corazon[15]. Hoi le he hecho comprender, riendo, mi pesar por aquello, i costará trabajo olvidarlo. El amor es mui susceptible i la duda lo lastima en estremo.

Despues del placer de anoche, ha venido hoi el pesar. Despues de una ausencia de mas de 7 meses, he visto a mi buen hermano Manuel[16] i su familia en una triste situacion, por la enfermedad mortal de Eloisa, su hijita mayor. He estado mui triste esta tarde, i aumenta mi tristeza la enfermedad de mi hermano Miguel[17]. Dios mio! tengo ya serios temores respecto de mi familia, i el corazon me anuncia algunas desgracias de esta clase en el presente año. Talvez tendré que llorar a mi padre!! Dios quiera conservar sus días…… para bien de mi buena i exelente madre a quien tanto amo, i de toda mi familia!

Dia 8

Hoi me levanté profundamente triste, i el corazon con su abatimiento me anunciaba la desgracia doméstica. Mi hermano Miguel en

---

15 Ya había escrito el 1° de enero que el diario debía ser completamente veraz, así como también la escritura tenía que servir para corregir defectos. Cuando Soledad lo acusó de prestar atención a otra jóvenes, él se sintió agraviado, porque ella aceptaba algunas de sus acciones, pero le reprochaba otras, como el ser social y gentil con otras jóvenes; lo cual significaba que ella desconfiaba de él. De ahí que al día siguiente, le hiciera la crítica y se quejara de su comportamiento hacia él. Aquí se señala otro punto de la relación entre ambos; José María entró en una nueva etapa al hacerle ver a ella aspectos controladores e injustos de su conducta.
16 Manuel Samper (1823-1900), el mayor de los hermanos Samper Agudelo.
17 Miguel Samper (1825-1899), el segundo de los hermanos Samper Agudelo.

nadie en este mundo, la muerte, ese espectaculo para ti, mi P. es mas doloroso que p{a} otras personas, eres tan sensible i has sufrido tanto!

Antenoche a esta hora estaba llena de felizidad, i esta noche me siento mas triste de lo que por mucho tiempo habia experimentado – todavia piensa *el* en las palabras que le dije la noche del baile, todavia las recuerda i esto me causa pena[11]. Oh! P. por qué no me perdonáis?.....

— 9 —

He estado triste todo el dia de hoi, como puede ser de otro modo cuando hai tantas personas en la afliccion. Ursula Restrepo murio a las once de hoi despues de doce dias de fiebre. Yo no la puedo olvidar ni un momento al considerar la triste situacion en que se encuentra esta familia i sobre todo la infeliz Leonor, su hermana, que hará sin su compañia? siempre juntas por tantos años sin separarse, cuanto, cuanto la compadezco! – Mas allá una tierna madre llora a su hija tan amada, muriendo a una edad cuando el espiritu comienza á despertarse es mas sensible su perdida, desgraciada Eloïsa! –

---

11   José María estaba dispuesto a hacerle entender a Soledad algunos aspectos de la forma en que ella actuaba.

su lecho, sufre el tormento dela fiebre i yo me he acercado a él mui afectado; entre tanto la mas dolorosa consternacion reinaba en el hogar de mi buen hermano Manuel. El, Eloisa su esposa i toda su familia lloraban al derredor del lecho en que su hija mayor, Eloisita, sufria las agonías de una muerte lenta que se aproximaba poco a poco para dejarlos a todos en la desolacion. La linda criatura, llena de intelijencia, empezaba a despedirse de la vida de un instante que había logrado, i en su agonía nos llamaba a todos sus tios con el mayor cariño. Yo me separé de ese cuadro aflictivo sin esperanza alguna. Esta noche cuando volví, mi pobre sobrinita suspiraba aun; le tomé sus manecitas con ternura, acaricié su frente, la llamé paternalmente, i ella me miró, dio un jemido suavísimo, inclinó la cabecita i expiró entre mis brazos...... Pobre hermano mio! pobre hermana Eloisa! Los compadezco, por que sé lo que es llorar un cadáver que se ama con ternura, i cambiar un tesoro por una tumba[18]! he llorado mucho esta noche i acaso he dado algun consuelo a mis aflijidos hermanos! Apesar del dolor, he visto la mano de Dios al traves de las lágrimas, i no he perdido mi fe. Abatido, dejé a mis hermanos para refujiar mi pena en el santuario de Soledad: a su lado he hallado un poco de consuelo, por que veía en ese bello ánjel el símbolo de la virtud i de la esperanza! Dios permitirá que la última vuelva al corazon de mis hermanos, ya que tienen la primera......

Dia 9 – Diez de la noche –

Ven mi amado Diario, que quiero comunicarte mis pesares de hoi. Te quiero tanto ya… Tú vales mucho porque te pueblan el dulce nombre de mi dulce Soledad, – de mi *amado martirio*[19], i los pensamientos de mi alma soñadora. – Hoi he sufrido mucho, he tenido muchas impresiones fuertes, i [es] necesario que esta pájina sea mui estensa, para tanto que tengo que decirte, mi querido Diario. – Escúchame i guarda con fidelidad lo que a decirte voi[20].

A las 6 de la mañana monté a caballo para irme a la hacienda de

---

18   Aludía a la muerte de su primera esposa y de su hija.
19   Obsérvese la forma de referirse a Soledad.
20   Con el objetivo de que Soledad leyera las páginas del texto, José María empleó un estilo similar al de ella en el diario,

Las 10 ½ Esta noche he hecho una cosa que me admira á mí misma, una cosa que yo no creia que seria capaz de hacer jamas, he dado mi diario *entero* de la Revolución[12] a P. i mostrandole solo dos ó tres pájinas se lo he dejado llevar entero a su casa para que lo tenga en su poder i no lo lea!... habré sido imprudente, sera esto pedir demasiado al poder sobre si mismo que el tener entre sus manos en un cuarto i solo i lejos del mundo entero un cuaderno de mis pensamientos, de mis sentimientos mas íntimos i no tener curiosidad pᵃ leerlo!... yo tengo completa confianza en su palabra de honor! no seria digno P. de la menor estimacion si pudiera hacer un acto como este! – me voi a acostar tranquila i perfectamente confiada.

---

12   Esta parte del diario ocupa los cuadernillos 7, 8, 9 y parte del 10.

Terreros, donde un sujeto a quien le deposité una suma, durante la batalla de Bosa: no lo encontré i me molestó mucho que faltase a la cita, no por el dinero sino por la falta de puntualidad. Estos negociantes de aquí respetan mui poco los deberes del honor en punto a intereses, por que aman mas el dinero que la delicadeza. A mí poco me importa el dinero, i nunca le consagraré mucha atencion: mi alma es mui elevada para preferir las atenciones de *Caja* dejando las bellas rejiones de la ciencia i de la meditacion. – Me había levantado mui triste i al atravesar el campo de batalla de Bosa, sentí mi corazon oprimido. Qué espantosa es la guerra[21]. ¡Dios mio! Ella lo aniquila todo i cubre los campos de escombros i desolacion... ¿Por qué habrá hombres tan inhumanos que amen la guerra? No comprenderán todos los bellos encantos de la paz? Es necesario ser mui poco noble, mui poco cristiano, i no tener fe en Dios, ni respeto por las santas nociones del honor, para querer destruir a los demas con la matanza i la guerra! Al pasar por Bosa, Cuatro Esquinas i los arrabales de Las Cruces, he recordado todos mis sufrimientos i sustos, i las escenas de muertes i espantos de las recientes batallas. Cuánto orgullo secreto tengo por mi conducta en la campaña, pues aunque esto sea vanidad, mis sacrificios eran mayores que los de casi todos. Cuando yo avanzaba sobre el enemigo con mi espada de Capitán de Guardia nacional[22], llevaba dos sentimientos contrarios: miedo terrible en el corazon i heroismo supremo en la cabeza. Sí, yo soi miedoso ante el peligro por naturaleza, i solo tengo *el valor del honor*. Creyendo peor el oprobio que la muerte, puedo ser *un héroe muerto de miedo,* es decir cumplir resueltamente mi deber, aunque tiemble por mi vida. Léjos del enemigo yo tenía *miedo* en la campaña; pero cuando ya el peligro era inminente, el honor me daba resignacion i me sentía con brios. El 2 de octubre cuando en Ejido avanzé con mi compañía de frente en batalla sobre el enemigo, i lo hicimos correr sin dar un tiro, la *carne* me temblaba i el *espíritu* se me ajitaba con ardor. Así es mi organizacion. ¿Por qué tenía miedo a la muerte? ¡Dios mio! Tú sabes que sólo tres pensamientos me hacían amar la vida i temer la muerte: mi amada Soledad cuyo amor perdía; mi madre adorable a quien haría llorar, i mi patria a quien sentía no poderle consagrar mis pocos talentos, mis meditaciones i mi laboriosidad.

---

21   Se refería a uno de los encuentros efectuados a finales de 1854 entre las tropas constitucionalistas contra las del dictador Melo por la recuperación del control del gobierno.
22   El grado militar que el diarista tuvo durante la guerra de 1854.

Yo hacia mayor sacrificio que muchos, por que raros tienen un porvenir como el mio, contenido en estas dos palabras – Soledad i Gloria. Soledad! tú eres mi esperanza, mi cielo, el alma de mi corazon! – Gloria! tú eres la única ambicion *social* que me ajita….. Yo quiero *amor* para ser dichoso, i amo a mi dulcísima Soledad, por (que) quiero consagrarle mi vida para hacerla feliz; i quiero Gloria tambien, por que esto es lo que mas puede hacerme digno de Dios i la inmortalidad! –

Volví a la ciudad i traía una linda rosa para mi amor, para mi bella Solita adorada, que cojí en el puente de Bosa; pero el caballo dio un salto i me la hizo despedazar con la brida – pude cojer otra, pero yo quería que fuera de Bosa – donde hubo combate, por que tenía un mérito especial.

Despues trabajé un rato en mi oficina i fui a ver a mis hermanos queridos. Miguel estaba bien mejor, pero Manuel mui triste por la pérdida de su hijita. Algun consuelo le di. Esta tarde acompañé al cementerio el pequeño cadáver, lloré bastante al tocar las manecitas i ponerle madreselvas en su atahud….. ¿No es mejor morir en la inocencia? Qué bello es el cadáver de un niño!….. reflejo mudo de un pedazo del cielo. – He recorrido todo el panteon con ese recojimiento profundo i relijioso que siempre me inspira la muerte. El mejor libro de filosofía es el panteon….. Allí cada tumba es una leccion, – cada inscripcion una vanidad humana, i cada flor una ilusion fujitiva. ¿Qué es lo que queda de tanto delirio mundanal? Queda la inmortalidad para el espíritu, – la gloria i la honra para la virtud, – i la ignominia para el vicio, – el polvo i la podredumbre para la materia – Es por eso que yo amo tanto a Soledad, i recuerdo su faz aun entre los sepulcros, i la amaré siempre – Ella no es *carne* vil, no es materia; no es una mujer-belleza; es una mujer alma, espíritu, virtud, i eso no perece, ni se hace polvo, ni se olvida jamas!

He encontrado la bóveda de *Herrera* i de *Guarin* i me han arrancado suspiros. Herrera[23]! el símbolo del heroismo i de la patria! Guarin[24]! la idea del jenio, de las divinas artes, del cielo, de las armonías!….. Descansad en paz mis amigos i hermanos!…..

---

23 Tomás Herrera, presidente encargado del gobierno durante la dictadura de Melo, que murió a causa de una bala perdida el 4 de diciembre de 1854, cuando los constitucionalistas recuperaban el poder.

24 José Joaquín Guarín (1825-1854) compositor y músico reconocido, muerto el 4 de diciembre, día en que las tropas constitucionalistas retomaron el poder.

Despues he hallado el sepulcro de Luisa! Ah! pobre hermana mía! Era tan hermosa i tan buena con migo! su amistad fue tan pura….. no mereciste tu suerte, noble amiga… – Dios mio! Al ver esa tumba he recordado otra sagrada… Elvira! Yo sé que estás con Dios i me has perdonado que ame despues de tu muerte a Soledad, i que la ame con mas adoracion que a ti? Tú fuiste un ánjel, me amaste mucho, i yo respeto en estremo tu nombre i tu memoria. Tú que fuiste tan buena, perdóname si no te doi sino recuerdos i honra a tu virtud, mientras le consagro a Soledad mi alma, mi corazon i mi vida con la mas pura adoracion. Acepta desde el cielo este sacrificio, i ya que quisiste mi ventura, déjame recibirla de mi Soledad! así estará tranquilo mi pobre corazon. Yo conservaré tu altar, pero sus inciensos no serán de *amor* sino de *respeto*!

He salido del panteon con el corazon angustiado, despues de hacer esas plegarias, i he cojido algunas flores para mi Soledad Amada: estuve con ella i se las presenté: las recibió con agrado, pero luego fue ingrata por que (me) lastimó espantosamente. Le pedí unas pájinas de su Diario i me manifestó que no confiaba en mi palabra de no leer mas que la pájinas que ella me permitiera[25]….. ¿Por qué me lastimaste así, amada mia? En qué te he ofendido, mi Solita, para (que) así me trates? No sabes que soi tan delicado? Por qué desconfías de la palabra de tu amante? Tienes motivos para ello, mi bien? Dímelos, i no me lastimes así: tal vez desconfías igualmente de mi amor! Oh! qué espantosa verdad es esta! *ella* desconfía de mí, no tiene fe; me *admira*, lo conozco, pero no me estima o no me ama….. Soledad! es así como pagas mi amor, mi ternura, mi adoracion? Yo me he entregado todo a ti, soi tu esclavo, tu segundo ser, i tú me das la desconfianza como prenda de tu amor? Donde cabe la desconfianza no cabe el amor; así, ya puedo creer que no me amas! Oh desesperacion! qué será de mi? Si llego a convencerme de eso, no me mataré por que eso es infame; pero me espatriaré para siempre, i no volverás a saber de mí jamas….. Seré tu proscrito sin haberte ofendido, sin haber sido tu rebelde ni tu traidor! Ingrata!!...... – Pero no, yo estoi delirando talvez. ¿No es *ella* tan amable i fina, apesar de su espantosa reserva? Entonces es que no me ama? Oh! cuántas dudas! qué tormento es la incertidumbre! Si no me ama, por qué no me desengaña para ma-

---

25   Nueva expresión de desconfianza de Soledad hacia él.

tarme de un solo golpe? Por qué me asesina lentamente? Pero *ella* es mui noble, es incapaz de tal atrocidad. Luego me ama? Si yo no le agradara me desengañaría francamente i no me martirizaría: ella es incapaz de engañar a nadie. Entonces, qué debo pensar? Voi a meditar un poco – son ya las once, pero quiero no acostarme sin resolver este problema de algún modo, por que las dudas son un martirio espantoso......

12 ½ de la noche – Después de una hora de profunda meditacion vuelvo a escribir. Soledad, para calmar mi pena, me entregó esta noche tres cuadernos de su Diario, para que viera tres pájinas no más, i le prometí no leer una sola línea después de esas. Sus tres pájinas son bellas como todo lo que ella escribe. Al concluirlas, pasó por mi mente como un relámpago, la idea de leer, de devorar íntegros los tres cuadernos...... Dios mio! qué profanacion! no, no he leido, i cumpliré mi promesa aunque me cueste la tortura mas espantosa! Yo sé que esas pájinas sagradas pueden aclarar todas mis dudas, i hacerme dichoso o desgraciado desde ahora: tengo en mis manos mi destino, mi porvenir, con esos bellos cuadernos. He llegado hasta abrir uno, pero me he detenido, – no he leido una palabra delas pájinas vedadas. I tú corazon estúpido, tú que sueles adivinar los sentimientos ocultos i los sucesos, no adivinas lo que esas pájinas contienen? No lees sin ausilio de mis ojos? No sientes algo que te revele el secreto? Ah! te siento palpitar como nunca, me saltas, te quieres salir corazon mio! qué es? adivinas? me ama mi Soledad? crée en mi amor? Ah!...... no lo dudo, es cierto, me ama, i me ama con delirio, puesto que delante de ese Diario misterioso, no suspiro, no siento dolor, no se me oprime el corazon, ni me viene un lágrima a los ojos! Corazon mio, tú eres mui leal, jamas me has engañado: yo te creo i me abandono al delirio de la esperanza i la ventura!......

I bien, Soledad me ama según creo. Pero entonces, ¿por qué esa frialdad i desconfianza? En la meditacion que he hecho durante una hora, he pensado en estas explicaciones que pueden tener las dudas de mi amada. O ella tiene temores o recuerdos desagradables respecto de mi anterior esposa; o tiene una opinion dudosa respecto de mi proceder i mis intenciones; o sus dudas provienen de que desconfía de sí

misma i tiene un carácter tímido i un alma melancólica. Estos tres pensamientos distintos debo meditarlos para aclarar mis dudas. — Desde que *ella* me impresionó en Guaduas en 1853, tuve temores de que Soledad me creyera incapaz de amarla por haber *amado* yo *antes*, i temí que otro nombre — el de Elvira, asomara siempre en sus recuerdos. ¿Habrá sucedido esto? No lo sé, pero yo podría desvanecer sus temores con solo una revelacion; voi a hacértela a ti, mi caro Diario, i acaso algun dia se la haré a Soledad. — Yo tenía estrecha amistad con *Elvira* desde 1843 i la estimaba mucho por sus bellas cualidades; la había tratado como amiga durante seis años i medio, i jamas había sentido amor por ella. En julio de 1849 un dia le oí ciertas espresiones que me revelaban una bella alma i un corazon noble i eso me hizo mirarla con interes — Yo era ciego amigo del matrimonio desde mui niño, no quería vivir en esa soltura peligrosa que da a los hombres el celibato; quería alcanzar la dulce tranquilidad del hogar doméstico; *estimaba* a Elvira i le tenía cierto afecto: le pedí pues su mano, por que resolví casarme. El trato con ella aumentó mi afecto i al ser su esposo le consagré con la *más absoluta* fidelidad, rara en un joven de 23 años, mi vida i mis ternuras. Elvira era mui casta, linda virtuosa i tenía buenos i nobles sentimientos i modales. Pero su espíritu no estaba a la altura del mio, si bien que mi virtud era mui inferior a la suya. Ella valía mucho mas que yo ante el cielo; yo valía mucho mas que ella ante la naturaleza. Así, yo fui bastante feliz por el amor profundo i la ternura de Elvira; pero ella, si halagó mi corazon, no pudo nutrir mi espíritu, a pesar de que tenía clara intelijencia. En Elvira yo estimaba las virtudes i amaba la belleza i la ternura.

Mi historia respecto de Soledad es mui distinta. Cuando fui a Guaduas no la conocía ni tenía la menor idea, la menor noticia de ella. La vi el 15 de agosto i la amé instantáneamente. Mi amor fue súbito, misterioso. ¿Qué amaba yo en ella? No su fortuna porque yo la ignoraba, i soi mui noble en eso de intereses; no sus virtudes, porque no las conocía; no su hermosura, porque ella si tiene una belleza fantástica, poética i espiritual, — belleza estraña, tipo sin semejanza que revela melancolías profundas, ensueños i jenio, — no tiene sin embargo la *hermosura* femenil, en el sentido que el vulgo le da a esta palabra.

¿Entonces de qué me apasioné? He aquí el misterio era que el dedo de Dios me la señalaba. Soledad tenía algo en si que me estaba predestinado; i la prueba de mi amor acia *ella* es eterno, profundo, invariable i de un carácter elevado. – Jamás he sentido cerca de Soledad la menor impresion profana; todo lo que siento es ternura, adoracion relijiosa i admiracion i estimacion supremas. Con Elvira, yo sentía muchas veces una ajitacion ardiente, que creo sentiría Adán cuando se halló solo con Eva….. Si despues de gozar alguna dicha, de sufrir i llorar mucho cerca de la tumba de Elvira, he podido apasionarme instantáneamente de otra mujer, i amarla sin conocerla, qué prueba esto? Que Soledad es el ser destinado para mí, – que el corazon, guiado por Dios, ha adivinado al fin cuál es el ser que le conviene i se le parece, su «media naranja», como dicen los orientales.

I bien, ¿tendrá temores acerca de esto mi Solita? Si los tienes, por qué no me los cuentas, vida mía? Ah! si yo supiera algo te esplicaría todo francamente, i tal vez se acabarían tus dudas, dulce bien mio! – Por qué, pues, eres tan reservada? Por qué desconfías, dueño mio? – Será que no tienes una opinion bastante buena de tu esclavo trovador? Será que me han calumniado? Pero escúchame, no hagas caso de sujestiones. Las mujeres tienen por lo comun envidia de que las demas se casen, i emplean indignas mentiras para dañar a quienes envidian. Los hombres, unos me tienen envidia, porque por mis solos esfuerzos he subido mas alto que otros muchos, i varios obran por pasiones mezquinas. Júzgame por mí mismo i no por lo que te digan, mi amada Solita. – Yo tengo defectos, es verdad: ¿Quieres saberlos? Mira, yo soi muchas veces lijero, imprudente i demasiado jovial quizá. Mi franqueza raya de cualidad en defecto. – Tengo bastante amor propio, soi poco paciente; me irrito con facilidad, aunque me calmo inmediatamente, i ademas soi mui confiado en los demas. Conozco que no soi hermoso ni elegante; pero creo que tú, mi Solita, no te fijas (en) eso. Mi voz es desagradable i mi risa estrepitosa. Ademas, en mi primera juventud era mui exaltado, aunque siempre de buena fe i por patriotismo. Pero escúchame, mi dulce Solita: no soi vengativo; soi desinteresado, fiel, sincero, jeneroso i capaz de todo hecho noble. Siempre sensible me impresiona todo sufrimiento i gozo en hace(r) bien. Cuando hago mal es por aturdimiento, pero jamas por in-

tencion. Mira Solita mia; este jóven amante tuyo a quien crees talvez superficial, tiene bajo las apariencias de un jenio inquieto o poco reflexivo, una alma profundamente contemplativa i un corazon tierno i bueno. Mi espíritu no es superficial como puede parecerte, ánjel mio – Entonces, ¿por qué la desconfianza i la duda?

La otra noche, en algun baile, tuviste por un momento – estoi seguro – alguna sospecha zelosa. Fuiste mui ingrata, mui injusta; pero te arrepentiste. Podría rivalizarte mujer alguna? Nunca! tú vales mas que todas, i yo soi incapaz de serte infiel ni con el pensamiento! – Algunas vezes temo que no me amas, por que la imajen de otro hombre vive quizas en tu memoria. En Febrero me dijeron que tú habías permitido a Medardo que te galantease en unos bailes en Dbre de 1853, i que te mostraste afectuosa con él. Te habias olvidado, pues de mí? del 15 de agosto, de Guaduas, del pobre jóven viudo que te pedia tu dulce i purísimo amor? Ah! si yo supiera que por un instante siquiera has amado a otro o pensado en otro... Dios mio! Pero no, te perdono si ha sido así; pero dímelo si fuere cierto, ingrata!

– Será que Soledad desconfía de su suerte i por eso duda de mi amor i mi ternura? Pero por qué desconfiar si tiene tanto mérito? He notado yo en dos bailes, que mi Solita estaba triste. Sería quizas por que no la rodeaban los jóvenes i eso la hacia aparecer poco brillante? Talvez ella ha tenido esa ideas, pero es injusta. Todos la admiran, pero ninguno se lo dice a ella sino a mí, i pocos la rodean, por que saben que, si no es *mía*, por lo ménos, yo no soportaré que otros le consagren el corazon. – yo soi tan egoista respecto de mi amada, como jeneroso respecto de mí mismo para servir a los demas. Soledad es un ánjel al cual temen acercarse, por que al pié de ella estoi yo, su esclavo, para impedir que otros la miren – – *Ella* es reservada i desconfiada, por que su juventud ha pasado en el aislamiento i no ha tenido una hermana a quien comunicarle sus pensamientos. No dudo que me ama mucho; pero tengo dudas sobre el concepto que tiene de mí. ¿Cómo sabré de ellas? – Es preciso que yo lea su Diario, es indispensable, i voi a suplicárselo con toda mi alma... Estoi ya mas tranquilo – Son las 2 ½ de la mañana i voi a buscar en mi lecho algun sueño de amor en que Soledad sea la heroina.

– 10 –

Las 11 – noche – Ya le ofrecí ser suya[13]!..... si, yo siento que seré feliz, veo mi horizonte tan bello, tan grandioso, tan divino! si, mi corazon me dice que seré feliz, *el* me ama tanto, me comprende tan a fondo! ¡oh!, mi alma esta llena de gozo pues ella lo ama tanto..... siento, lo sé, que seré feliz sobre la tierra i con *el,* con mi tierno trovador, pasaran los dias cual sueños de poesia, mi porvenir será dichoso, sin una nube, *sin un pesar en la memoria,* sin un recuerdo que pueda ofuscar el brillo de nuestra vida. –

Señor, Dios omnipotente! postrada ante tus plantas te doi las gracias por el bien que me has dado, por la felizidad que llenará el resto de mis dias!..... pero te ruego, Gran Dios! que me deis dulzura i sublime virtud para poder llenar completamente, con acierto, la gran mision que me has confiado, Señor! Su porvenir, su felizidad esta en mis manos i yo le debo dar valor, darle fuerza á su jenio para que siga esa senda de gloria que le ha trazado la suerte.

Concededme, Dios mio! talento para alentar el suyo i que brille aun todavia mas su espiritu, dandole honor a nuestra adorada Patria con sus escritos i elocuencia..... Apenas quiere creer mi corazon que hai en el mundo tanta felizidad! oh!, *el* me ama, *el* me adora! me mostro su diario i allí encontré que mis mas locos sueños se habian realizado, pues ya no me queda *duda* ninguna de que su alma es hermana de la mia, *Ella no era* su *anteotipo*.....

Perdon! anjel de *su* vida! perdon Elvira! tu lo amabas, tu lo adorabas i *yo lo comprendo!*..... si, yo lo conozco intimamente, profundamente, comprendo sus pensamientos aun antes de expresarlos. oh! yo lo amo i lo conozco tanto! yo tambien le mostré este diario[14].....

---

13   Soledad aceptó contraer matrimonio.
14   A partir de esta fecha, los dos intercambiaban los textos de los diarios para leerlos.

Día 10 – 2 de la tarde –

Me levanté mui tarde i estenuado – Acaban de convidarme torpemente a un baile entre jentes inaceptables. Esos *amigos* de calle i de campaña, no me interesan nada, ni me comprenden. Yo no iré a ningun baile donde no vaya mi Solita, ni donde el honor se vea humillado. ¡Qué menguados son los hombres que degradan su dignidad en reuniones de mujeres sin reputacion ni pudor! Eso es bailar entre la inmundicia, i alcanzar en vez dela ilusion la infamia! Aunque pudiera no iría al baile al que me invitan. Dios me libre de amigos que beben *brandy* i gozan en los deleites de una galantería de baja lei!

Las 5 de la tarde

Voi a ver a mi Solita a las 6 i pienso hacerle alguna improvisacion. Al ir le llevaré su Diario para no tener la tentacion de leerlo i violarlo – pero quiero castigar su desconfianza mostrándoles estas pájinas que estaba resuelto a no dejarle ver a *ella*. Esta leccion será provechosa i acaso entonces será mas franca i espansiva conmigo. —

Solita no ha querido leer mi Diario… Será que está segura de haber leido ya bastante en mi corazon? Talvez está fastidiada. —

11 de la noche – las dos líneas anteriores me las arrancó el despecho en casa de mi Soledad. Despues ella leyó mis pájinas.
Lo que ha sucedido no se puede pintar… Yo sé pintar el dolor pero no he aprendido a describir la dicha suprema! He vuelto a casa más tarde que otras noches de la suya, – ebrio de ventura, ciego, casi demente… Yo no tengo valor para el placer: he llorado mucho de felizidad delante de *ella*. Necesito recojerme i soñar mucho esta noche. Debo orar primero i dar gracias Dios, para poder escribir lo que sucedió esta noche entre mi amada i yo. El placer me ha abrumado: no tengo fuerzas, i me voi a acostar para *pensar* un poco despues de tanto que he *sentido*. Mañana describiré la historia de esta noche solemne para mi destino, de este *corpus* de amor! He empezado un canto; pero

– 11 –

Mi tierno, mi amado trovador! oh!, cuan dulce fué tu despedida esta noche! tu, siempre fino i romantico, en lindos versos me dijiste Adios!...... i yo siempre me encuentro confusa cerca de ti, pero ya sabes mi Pepe, cuanto, cuanto te amo, cuan profundo es mi afecto por ti, ya lo sabes. I si no digo lo que siento tu lo comprendes...... en un libro escribe sus poesias improvisadas en mi presencia i yo al dia siguiente dibujo arriba de ellas un paisajito o lo que el quiera expresar en ellas; esta noche escribio *el* cuatro, una titulada "Tus flores" otra *"Ella i El"* en que hace la descripcion de nuestra conversacion de anoche, otra, "Tu imajen" ayer le regale mi retrato! i en la ultima se despide; Adios mi trovador, hasta mañana! me preguntas si me soñaré contigo, oh!, si no fuera así que triste pasaria la noche! sin ti, Pepe, todo es melancolico i sin brillo!

es tanto lo que siento i se atropellan de tal modo mis ideas que tengo que suspenderlo hasta mañana. – Adios, mi Solita, amor mio. mi ánjel, mi esperanza! Soñemos el uno con el otro, puesto que soi tu esclavo i tú eres mia. Voi a besar tu linda imájen i me acostaré con la dulce paz de un niño. Hasta mañana, bien mio! dulce dueño…

Dia 11

Las impresiones de anoche han dejado en mi corazon una honda huella, – han hecho de mí otro hombre, dándome una segunda vida. Yo, a pesar de mi aparente alegría, he vivido mui triste: mientras el mundo veía risueño mi semblante, mi corazon devoraba crueles amarguras. Desde anoche me siento inmensamente dichoso, amo más profundamente a Dios, i tengo fe absoluta en el porvenir. Todo eso te lo debo a ti, mi dulce, mi adorable Soledad; a ti que eres el cielo de mi espíritu, el ámbar de mi corazon i la inspiracion i la armonía de mi arpa! ¿Qué ha sucedido anoche? Voi a contártelo, mi querido Diario, aunque tú fuiste uno de los testigos de mi suprema dicha, i han sido tus revelaciones, las que han abierto el camino a mi ventura.

Soledad leyó mis pájinas del día 9, con atencion profunda, abierta, silenciosa, pero ajitada visiblemente, mientras que yo le escribía versos en un lindo diario de improvisaciones, que tuvo la delicada fineza de preparar para que yo le consagrase allí mis composiciones nocturnas, inspiradas por ella. A veces yo la observaba con susto, con angustia, i leia en su linda i sonrosada frente la profunda sensacion que mis pájinas le causaban. De repente, al concluir la lectura me dijo: «Voi a darle a Ud. ahora mismo la contestacion a estas pájinas». Se fué como un serafin, entró a su cuarto i me dejó solo escribiendo. Algunos momentos despues vino su buena madre i me entregó en nombre de *ella* el álbum que yo le había obsequiado como un triste i amantísimo recuerdo el 26 de abril, al alejarme prófugo de Bogotá… En el primer momento abrí el álbum aturdido sin saber qué significaba; pero al instante recordé que la última pájina estaba en blanco, i que estaba destinada por mí, para que Soledad escribiera mi sentencia de amor… Busqué… i ¡Dios mio! qué vi? Soledad había escrito estas palabras:

«No más dudas, ¡*yo te amo*! ¡Jamas he amado ántes»...................
....

La pluma es impotente para describir lo que sentí al leer esas inmortales palabras. Estaba aturdido, deslumbrado, estático, cual si un rayo hubiera estallado sobre mí. La ventura que hallaba en aquellas líneas era tan inmensa, tan inmerecida; el deleite de mi alma era tan profundo, que mi organismo estaba como paralizado. Después de algunos instantes el corazon hizo explosion, i una porcion de dulcísimas lágrimas saltó a mis ojos e inundó mis mejillas... Lloraba de felicidad, de placer, de deleite supremo i de gratitud!... Al abrir los ojos, con el corazon palpitando violentamente, tomé la pluma, i escribí al pie de la dulce confesion de mi amada un himno a Dios, dándole gracias por su infinita bondad para con migo! Después llamé a mi amada diciéndole simplemente «Solita»... Ella volvió, se sentó junto a mí i leyó lo que yo acababa de escribir, i vio mis lágrimas, i la espresion de honda felicidad que mi ajitado semblante revelaba. Estaba tan sonrosada, tan ajitada, tan linda, tan avergonzada de la dulce confesion que me había hecho... Parecía un lirio que el aliento de la aurora perfumaba, – ¡un ánjel, una vision oriental! Había tanta castidad en su anjélica fisonomía, tanto amor en sus ojos, tanto candor en su sonrisa... Su madre nos dejó solos (¡que fina atencion!) i yo le leí las demas pájinas de mi diario; le hablé de mi amor, de mis tristezas, de mis esperanzas, de mis sueños, de mi ternura, de mis temores, de mis recuerdo, de todo; nos esplicamos con dulce franqueza, i *ella*, llena de amor i de bondad, al ver que yo depositaba una de mis lágrimas de dicha en su lindo retrato me lo regaló para llenarme aún de mas embriaguez i gratitud... Yo le hablaba de nuestro porvenir, de nuestro amor i tomando su linda i blanca mano, delgada i sonrosada, la estreché entre las mias con supremo deleite, i le di a sus preciosos dedos muchos besos, con una emocion, con un delirio que yo mismo no podía esplicar!..... Entonces vi el cielo, vi a Dios, los ánjeles; tuve un vértigo de infinita ventura, soñé en mil paraísos, i al mirar arrebatado a Soledad, su semblante anjélico resplandecía de amor, de ternura i de felicidad!.....

– 12 –

Las 11 – noche Todo esta pues arreglado i sere suya el dia 5 de mayo, dia de mi cumpleaños. Al oirlo leer la poesia divina de «Supremo deleite»[15], mi corazon al palpitar decia, puede, Señor, en el mundo haber tanta, tanta alegria, tan inmensa, tan profunda felizidad? – Dios mio! mi alma te bendice! – mis ojos se nublan i mis pensamientos tan ajitados no pueden recojerse. Hasta mañana mi fiel diario, mi dulce *trovador,* Adios!

---

15   Este poema se publicó como «El deleite supremo», con la dedicatoria «A mi esposa», en: (Ortiz 1855, 35-37).

Oh! cuán dichosos somos, dueño mio! Cuánto te debo, cuán inferior soi a ti, i cuán pequeño para merecer tu santo: purísimo amor, tu casta ternura i tu noble consagracion…

Al fin tuve que separarme! Era ya tarde i preciso hacer el sacrificio de dejarla. Vine a casa desvanecido, demente, i al llegar, abrí el retrato, me arrodillé con recojimiento relijioso para orar a Dios, besar la imajen de mi bien i enviarle al cielo mis juramentos solemnes de consagrarle a mi Solita mi amor, mi adoracion, mi vida, mi honor i mis pensamientos con invaluable i eterna fidelidad! Dios me ha oido i el cielo ha recibido mis promesas. – Anoche, al acostarme, tomé la imajen de mi amada, la besé mucho i me quedé despues dormido con una mejilla descansada sobre el amado retrato! Cuando desperté a las 6 de la mañana, tenía el retrato en la mano… lo besé mucho i *ella* fue el primer nombre que mi labio pronunció – Había soñado mucho i mui dulcemente. Era tan feliz soñando como lo soi en la realidad!…

Dia 12

Llegó al fin el solemne momento! Conociendo el amor de mi Soledad, yo he tenido hace dos dias, la profunda esperanza de la felizidad – pero me faltaba la seguridad – una promesa solemne, – i ya la tengo. Anoche escribí los esponsales de mi alma con la de Soledad… era un poesía vehemente, llena de pasion, de arrebato i de inmenso deleite, que consagraba al santo recuerdo de la noche del dia 10, noche inolvidable, memoria inmortal, de nuestras amantes confesiones. Yo quise que ese himno fuese la prenda escrita de nuestro futuro i del santo evanjelio de nuestra santa relijion de amor..... Por eso lo escribí en un blanco pergamino, i al pié de mi nombre coloqué mi sello. – Soledad, mi amada i amante Soledad, escuchó mi canto con efusion i deleite, i despues su noble madre oyo las promesas i las esperanzas que el nuevo hijo que Dios le consagra para su vejez..... Despues de largas i francas explicaciones llenas de bondad i de favor, ella me ha concedido la mano, el porvenir i la consagracion de mi adorable Soledad, llena de confianza en mi probidad, en la elevacion de mis sentimientos i en la firmeza de mis ardientes juramentos de amor

– 13 –

Hoi he tenido una impresion melancolica, a las siete de la mañana murio Celestino Paris! pobre joven, despues de haber pasado tantos peligros en la campaña, despues de haberse escapado de tantos, vuelve al seno de su familia para morir de tifo!

Las 10 ½   Me estuvo copiando mi Pepe algunas de sus poesias para mandarlas yo a Soledad[16], oh!, mi amado, cuanta simpatia hai entre nosotros, cuanto placer hallamos al estar juntos! me trajo unas lindas flores que fué a traer a un hermoso jardin que hai por Sⁿ Victorino i hasta allá fué para traermelas, entre los dos las compusimos en un jarro de cristal, i *el* me compuso un ramo mas pequeño pª mi cuarto. – Buenas noches, bien mio, piensa en mi! –
No hai nada que me dé mas pena, mas tristeza, que el veér que hai entre los hermanos poca sensibilidad, el veér que las lágrimas son mentiras, hipocresia es todo dolor i que véen morir a sus parientes sin tener verdadera pesadumbre, que el luto es una burla i que si lloran no es por el que expiró sino por el trabajo que les da finjir un pesar que en su corazon no sienten! – estos desengaños me oprimen el alma,

---

16   Soledad era hija de Ana María Acosta de Gutiérrez; por tanto, prima de la diarista.

i de lealtad… Oh! ella no se equivoca: yo sabré guardar el sagrado depósito de la honra i la felizidad de ámbas… Dios mio! te pongo por testigo i te pido que me tengas cuenta del proceder con que yo corresponderé a tanta jenerosidad……

Soledad, dulce i amada Soledad: el cielo sostendrá mi corazon, me inspirará virtud para merecerte, i perseverancia en mi adoracion i mi ternura! Confiemos en Dios i el porvenir! Dios me dará con su santa proteccion, derecho para responderte de la felizidad que te prometo… Desde hoi yo soi tu esposo ante el cielo, ante tu madre, ante ti misma i ante mi amor i mi honor! El 5 de mayo lo seré ante la relijion i los hombres… Que la virtud sea nuestro amparo, que la constancia i el amor sean nuestras estrellas, i que la ventura sea la flor inmortal de nuestro paraíso…

Dia 13

3 ½ tarde. Estoi fatigado un poco del trabajo material, aunque mi mente está siempre fresca i briosa. – Esta tarde me voi a buscar flores para mi Solita, conozco que le gustan mucho i me complazco infinito en adelantarme a sus deseos.

Noche – 10 ½ – He gozado mucho al lado de mi Solita i su amabilísima madre – Mi linda Solita ha recibido mis flores con alegria – he estado copiándole improvisaciones i vengo mui dichoso – Dueño mio: cuánta felizidad te debo ya! —

el egoísmo es tan horrible bajo todos aspectos, pero esto de no sentir a un hijo, a un hermano, es peor, es mas triste! yo queria conocer el mundo, queria conocer a fondo el caracter de los hombres bajo todas sus faces, mucho he pensado sobre esto, al fin vine a comprenderlo algo i ahora me espanta la poca sensibilidad, el grandisimo egoismo que encuentro en la sociedad i quisiera no conocer la naturaleza humana.

– 14 –

Esta noche le lei á Pepe una proclama que yo escribi para ver si asi le llegaban á sus oidos mis sentimientos, del mes de julio, cuando me dijeron que el no se habia sentido en nada con los defensores de la Patria. Yo conoci que en su fisonomia habia algun disgusto por lo que en ella decia. ¿Pero por qué es esto, mi Pepe? que seria lo que allí le disgusto; cree el que no hai grandisimo interes cuando yo sentia tanto lo que me habian dicho? no era cierto. – tu obrabas noblemente, pero como podia yo creer que tomabas parte cuando la ultima carta que recibimos de ti decia que no estabas seguro si te mezclarias ó no – oh!, qué ingrato eres Pepe, cuando puedes abrigar en tu pecho aun por un momento algun disgusto contra mí! me has dado tambien una pena esta noche hablando de *M*. yo no dije nada, pero como quieres ni por chanza que cuando dices que yo pensé en *el* i a mi no me dé alguna pena; – yo pensar en el hombre que á todas quiere florear i que á todas finje amar? yo, que ya te conocia, podia pensar en otro! – que injusticia, que injusticia es el mortificarme el alma con esa conversacion, Pepe!

Dia 14

Esta fecha es mui grave, por que envuelve memorias que respeto mucho. Hoi hace tres años que murió Elvira. ¿Cuándo creería yo al perderla – que al fin habría de encontrar esa felizidad tras dela cual he corrido siempre? Ella vive en el cielo, con los ánjeles que la adoran; yo estimo i honro su memoria, i no creo ofenderla con ofrendarle un recuerdo en el momento en que me siento amado, dichoso i ajitado por un amor inmenso que jamas llegué a sentír ántes. *Elvira* yo te estimé profundamente, te amé i te di con mi mano mi porvenir i mi consagracion: bendigo ese recuerdo por que te debí mucha ternura, i nunca me arrepiento de lo que hice por tí! Si Dios te arrancó de la tierra él sabría para qué lo hacia. Tu virtud fue tan pura que has merecido que hoi, en medio de mi dicha te recuerde con respeto i sublime estimacion. Tu memoria ha obtenido su mejor premio con estos recuerdos que te consagro hoi. Reposa en tu sepulcro honrada i bendecida i pídele en el cielo que proteja i haga feliz al que te consagró su vida, que cumplió contigo sus deberes i que en medio de su inmensa felizidad te hace la justicia de no olvidarte! –

– Once de la noche – He estado mui agradablemente con mi… Pero no por mas puro que sea mi amor, no debo mezclar los pensamientos en este mismo dia! Talvez sería esto a la vez una profanacion del *pasado* i del *presente*. Mañana escribiré.

Esta noche he escrito mucho para mi periódico «El Tiempo», con

– 15 –

Las 10 ½ – Reverberen, brillen siempre encantadoras, oh! lindas estrellas, sobre mi dicha, sobre mi felizidad inmensa! sigan eternamente jirando sobre sus ejes, misteriosos planetas, soles, luceros tan lejanos! todas esas insondables maravillas que pueblan ese azul i estrellado cielo, seguid vuestro curso, pero no es menos eterna mi alma i en ella se halla gravada la imajen de mi tierno trovador! mi existencia esta junto con su amor, nuestro destino es el mismo, nuestras almas, esencia divina emanada del *Creador*, fueron creadas la una para la otra!..... como pues no ser completamente feliz? esas mismas estrellas vieron mis pesares, esos mismos luceros oyeron mis suspiros, mis plegarias, ahora ven mi placer, ahora escuchan las oraciones de agradecimiento que levanta mi corazon ácia el Señor! –

– 16 –

Las 10 ½ noche   Habré hecho mal? He estado leyendo el diario de Pepe que me dejo aquí? pero por que no ha de ser bien si solo lo que *el* me ha mostrado he leido –

Tengo una duda, una aprehension que me atormenta….. yo le he mostrado este diario integro i allí ha conocido que yo lo amo, pero le debo ya mostrar *todo* mi corazon, debo decir todo mi cariño?... mi Madre decia en dias pasados que jamas debiamos confiar completamente nuestro afecto, no sé por que diria esto, oh!, yo no podria dar mi corazon sino *completamente*, por que pues no decirlo? – Adios dudas, no molesteis mas mi alma, dejadla en paz! *El* verá estas lineas i sabe cuanto, cuan profundamente lo amo, ¿tu lo sabes, no Pepe? jamas has dudado que te amo! – hasta ahora he sido perfectamente

el fin de honrar la memoria de los que han muerto: José Antonio Plaza, Joaquin Guarin, Ursula Restrepo, Rosa Franco, Pedro Herrera Espada, Celestino Paris, i el mayor N. Sánchez, merecen honrosos recuerdos, i mi pluma sensible se complace en consagrárselos.

Dia 15

He vuelto mui contento de mi Solita i su madre. Cada dia me siento mas amante i amado, – cada dia mas dichoso. Nuestras dulces ocupaciones, por la noche son siempre tan interesantes i agradables como instructivas. La vida se pasa así mui dulcemente i llena de interes i esperanza. Adios, ánjel mio, mi dulce amor, mi adorable solita. Hasta mañana.

Dia 16

Dichoso como ayer! Mi Solita, linda, amante i adorable como ayer tambien! Voi a buscar descanso para el cuerpo i sueños para el alma. Adios, mi dulce Soledad: te dejo, pero llevo (tu) ser esparcido en mi pensamiento..... Adios, mi dulce bien, amor mio, mi blanco cielo, hasta mañana!

franca i por esto estoi satisfecha conmigo misma i seguiré siempre lo mismo; con *mi trovador* no debo tener esa reserva que ha sido el martirio de mi vida, que ha amargado mis pasados años. Si no estuviera yo tan profundamente persuadida que *el* me ama como jamas amó antes, *jamas* le hubiera dado mi corazon, mi mano no podria ser suya *nunca* si tuviera yo la menor duda…… dudar, jamas! –

– 17 –

Sofia estuvo aqui todo el dia, encuentro siempre placer al estar con ella, yo que la he conocido desde que nací, que siempre mi amiga i compañera de mis juegos cuando niña, yo siempre la he querido como tal vez mi unica amiga, ella toma verdadero interes en mi suerte, amigas cuantas dicen que lo son, pero si yo pereciera mañana ni un suspiro, ni una lagrima derramarian por mi, así es el mundo! no hai sentimiento mas difícil de adivinar que el de la verdadera amistad, se necesita tener una alma noble, desinteresada i no ser egoista para comprender la amistad con toda su jenerosidad i consagracion i para experimentar este dulce sentimiento; yo creo que solo Sofia i Soledad han sido mis verdaderas amigas – es decir lo que entiende el mundo por una amiga, como *yo lo entiendo,* no he encontrado nunca.

– 18 –

Mi diario! mi fiel compañero de mis lágrimas i alegrias, cuanto consuelo encuentro en confiar todos mis pensamientos en tus calladas hojas! le habia dado antes de ayer el diario de diciembre á Pepe, me lo volvió hoi, hai allí mil desconfianzas en mi porvenir, mil aprehensiones infundadas, que quiere ahora que le explique la causa de ellas. No comprendes mi *trovador* que mi alma es a veces triste i que tiene accesos de profunda melancolia, i que entonces una palabra, una simpleza insignificante me llena de amargas reflexiones i no pudiendo comunicarlas las escribo i despues me hallo mas consolada; esas son las historias secretas de mi corazon, la vida aparte que tiene mi alma,

18 – 10 i ½ noche –

Los dos últimos dias han sido felices, aunque ayer estuve mui disgustado algunos momentos por las intenciones infames de mi cruel enemigo a quien desprecio – – Soledad me dio su Diario de Dbre, que me hizo gozar mucho: solo una pájina fué amarga, i por ella le hice afectuosas reconvenciones, pero me tranquilizó. Ella siempre me contenta con facilidad – Ayer i hoi he estado mas de 5 horas con mi amada, que han sido mui dulces. Les lei mi drama «La conspiracion de Setbre» i les gustó mucho – Hoi renunció mi empleo de subdirector jral de Rentas, i mañana estaré libre de eso. – Soi mui dichoso con el amor de mi Soledad querida –

distinta vida de la que aparece, i adonde se pasan mil dramas de amargura i de placer inmenso, el recondito santuario de mis intimos sentimientos, mis arranques de pesar ó mis transportes de placer….. allí nadie habia penetrado antes, hasta ahora *nadie* habia leido en mi corazon, solo tu, Pepe, has llegado a leér, lo que creia que *jamas* habria un ser al que yo permitiese veér; tu has visto hasta el fondo de mi espiritu con sus locos pensamientos i cuan profundas melancolias! – eres ingrato mi Pepe, no agradeces la confianza que yo hago de ti i esto me entristece ¿que mas quieres saber sino que yo te amo i que *ahora* nunca tendré dudas? Dios sabe que tengo tanta confianza tan completa en ti como en mi misma, que mas esplicaciones quieres sino que te prometi ser tuya! – por eso fue que jamas te dije *nada* hasta que no estuve completamente convencida (de) que tu eras digno de todo mi cariño, si yo hubiera visto que me habia engañado i que tu no me amabas cual yo lo pensaba, entonces te habria desengañado inmediatamente, pero fue al contrario, te di mi corazon para siempre, mi mano será tuya un dia, ahora encuentras satisfactorias mis explicaciones? –

– 19 –

Las 10 ½   Cae el agua con estruendo sobre el mojado suelo, se ven relampagos a lo lejos iluminando la calle con su lugubre luz, el aire esta frio, destemplado i la noche esta oscura i tenebrosa, asi se fue mi Pepe, mi trovador amado!..... me compuso esta noche unos hermosos versos al 4 de diciembre i allí dice que corrian mis lagrimas solo por mi Patria cuando yo solo pensaba en *el,* era mi unica esperanza el volverlo a veér! – Adios mi Pepe! Piensa en mi esta noche! –

19

Esta tarde hice un sacrificio bien penoso que casi me ha pesado después. Le había ofrecido a mi soledad leerle mis antiguas poesías, Las flores marchitas, para que formara juicio sobre lo que yo escribía de 16 a 19 años, i también por el deseo de agradarla en algo. Pero aunque sólo quise leerle composiciones filosóficas i patrióticas, sentía cierta amargura en hacerle oír mis cantos de otro tiempo, en que *ella* no era todavía mi ánjel inspirador. Creo que ella se apercibió de mi embarazo. ¡Oh, mi Soledad! ¡Si yo pudiera borrar de tu memoria mi pasado! Ojalá que nunca pienses sino en que te amo i soi tu bardo inspirado por ti, i ¡tú la sultana de mis pensamientos i mi vida!

– 20 –

Como vuelan los dias, i pasan las horas como relampagos cuando las puebla el placer i el contento de sus ilusiones encantadoras – mi trovador tan amado me trajo esta tarde unas ramas de Aliso del rio Fucha, para que yo las copiara en el libro de sus improvisaciones al pie de sus versos sobre el paseo allí que hice yo ahora cuatro meses, esta noche las dibujé mientras *el* sacaba en limpio una vista del rio Fucha cuyo diseño habia hecho hoi allá mismo – Hasta mañana mi fiel, mi tierno i amado trovador!, mi siempre pensado Pepe! –

– 21 –

Esta mañana estuvo Pepe aquí con un hermano suyo, Manuel, me és siempre mui grato el tratar a sus hermanos, siento por ellos interes i afecto, porque todo lo que *el* ama amo yo, lo que *el* estima es para mi estimable, deseo mucho cultivar amistad con Agripina[17], mi trovador la quiere tanto; hemos seguido esta noche dibujando, pero una cosa me quita el placer de estas diversiones tan dulces para nosotros, mi Pepe se va el primero del mes entrante para Honda a veér a su madre – es mui justo que vaya a visitarla, pero cuan triste quedaré yo aquí! Todo está sin brillo cuando *el* no esta junto, oh! mi amado, no os tardeis por allá lejos de tu Soledad! –

– 22 –

Las 10 ½ Oh! que vida tan feliz la que paso ahora, amada como yo soñaba serlo en mi mundo ideal, i amando tan profundamente como puede amar mi corazon, i eso es tanto, tanto como no puede figurarse nadie i que solo yo sé! –

---

17 Agripina Samper Agudelo, futura cuñada.

20

10 ½ noche – Hoi he tenido gozes tan profundos como sentimentales i puros. A las 12 monté a caballo i me fui a bañar a Fucha, al mismo sitio donde mi Soledad estuvo hace algunos meses retozando como una lijera cervatilla, por entre los románticos bosques de alisos, como una blanca mariposa, en medio de los morales, las flores, i los arbustos del pintoresco río. Estuve al pié del puente rústico de vigas escondido entre el bosque, i pensé muchísimo en mi ánjel amado. ¡Cuántos recuerdos diferentes evocaba mi memoria al ruido de las aguas saltadoras del Fucha i al blando murmullo del temblador follaje delos árboles! épocas mui distintas de mi vida tenian relacion con ese río, con ese ruido, con ese murmullo, con ese bosque i sus perfumes i praderas! Desde mis 10 hasta mis 16 años ¡cuántas veces inquieto i retozon, salté por los collados casi todas las semanas i me bañé con alegria en las aguas bulliciosas de Fucha! ¿Entonces era feliz? Ah! La felizidad de la primera juventud es tan superficial, tan efímera que no deja rastro alguno. Era la dicha del aturdimiento, de la insuficiencia del mundo tumultuoso del muchacho, en que todas las impresiones halagan ajitan i pasan como el viento.

Esa felizidad que consiste en la ausencia del dolor que todavia no se conoce, no es felicidad; es una simple transicion de los llantos i las risas de la infancia a las tempestades de la juventud!

Desde 1844 no habia vuelto a Fucha, i el 23 de noviembre, a los 10 años, vine como militar cívico, en medio de un glorioso ejército libertador, a visitar esas campiñas pintorescas, al estallido del cañon i dominado por las tremendas impresiones de una batalla. Volvia a ver Bogotá despues de mas de 7 meses de ausencia mui amarga, i venia con el corazon lleno de esperanzas de suprema dicha, de entusiasmo patriótico i de orgullo cívico. Venia desafiando la muerte cuando la vida me era tan querida, i al ver los altos campanarios de Bogotá, pensaba con amarga alegria que aquí estaba el ánjel de mi amor, entre los enemigos dela libertad: eran la vida i la muerte juntas! Hoi al recorrer esos sitios tan hermosos, i tornar la vista del romántico puente, todos mis recuerdos se han aglomerado en mi memoria; pero el tuyo, mi dulce i amante Soledad los ha dominado a todos, por que todavía

– 23 –

Yo tal vez soi demasiado sensible en algunas cosas..... pero mi Pepe se equivoca aunque me conoce íntimamente, á lo menos ayer me hizo conocer que si penetra mis pensamientos los lée al reves algunas vezes; estaba *el* leyendo unos versos i en ellos habia el nombre de *Elvira*..... Pepe, tu que me conoces tanto como puedes creer que me disguste ese nombre? ¿no sabes pues trovador mio, que es para mi sagrado ese nombre i querido? sí, querido, porque *ella* te amó profundamente i tu tambien la amaste, aunque en mi corazon no hai por eso sentimiento alguno, tu la amaste, lo sé, pero es de otro modo que me amas á mí, esto lo creo porque me lo has dicho i porque lo comprendo! – si se me llenan los ojos de lagrimas al pensar en *ella* es solo porque no tengo sino respeto i lastima acía esa anjelical mujer, ese anjel que esta en el cielo i vela sobre *nosotros*. No puede haber pues disgusto al oir un nombre que vibra en mi corazon como un doloroso acento de un recuerdo pasado i triste. Yo no dudo, yo no temo, tengo completa confianza en lo que me has dicho de tu vida, de tus sueños, de tus pesares i creo que *jamas* puede haber rivalidad en tu corazon porque ó yo estoi sola allí ó no estoi en ese santuario oculto de los sentimientos verdaderos. Yo lo comprendo, lo sé que mio i solo mio es tu corazon. No vuelvas pues a creer mi Pepe esas cosas, nunca leas mal mis pensamientos, esto me entristece, me da pena, pues temo que no comprendas a fondo mi alma. – Oh!, nunca me vuelvas a reprochar con un sentimiento que esta tan lejos de mi espiritu, creedme mas noble

vaga en las alas dela brisa, entre esos bosques pintorescos, el perfume de tu anjélica figura, i tu sombra como la blanca sombra del cielo, se refleja en las aguas cristalinas del sonante río. – Por la noche me he entretenido deliciosamente en dibujar con mi Soledad, recordando algo de lo que aprendí en el colejio hasta 1842. Cuán bello es ese culto a las bellas artes que se tributa en el perfumado altar del amor! Le he traido a mi Solita, como un recuerdo grato, una rama de aliso tronchada en las márjenes del río, donde ella ha dejado su nombre a los suspiros del viento!

23

Mi Diario no ha sentido en tus dias la presion de mi inquieta pluma por que ha estado consagrado a la pintura. Los tres dias que han transcurrido, han sido mui dichosos, i he gozado con mi Solita, al lado de su excelente madre, del profundo i noble placer que procura el cultivo delas bellas artes. Los dias los paso en honrosas ocupaciones, i las tardes i las noches, al lado de *mi amor*, en dulces pláticas i en improvisaciones poéticas, trabajos de dibujo, gratas lecturas i jocosos comentarios. –

Con cuánto placer tomo el te con Soledad i su madre! Casi me figuro que ya pertenezco a la familia, i me siento dichoso, por que la verdadera felicidad no se encuentra sino en los gozes inocentes i pazíficos del hogar doméstico – Hoi me aceptaron (en) el gobierno, de un modo mui honroso, la renuncia de mi importante empleo, i otra vez estoi del todo independiente. He venido a vivir con mi hermano Manuel i su familia, i estoi mui contento. Hoi he abrazado a mi hermano Miguel que llegó con su familia de Guaduas: cada vez que me veo entre los de mi sangre, que me recuerdan mi primer hogar, me siento dichoso: pronto me iré a ver a mi adorable madre, mi buen padre i mi cara Agripina[26]! Mi único sentimiento es tener que dejar

---

26 Agripina Samper (1831- 1892), hermana de José María, y única mujer de 9 hijos del matrimonio Samper Agudelo.
Una descripción que se ha hecho de ella informa: «Agripina, única mujer en una familia de influyentes hacendados y comerciantes del Alto Magdalena, agricultores, negociantes prominentes y avezados hombres de la política colombiana del siglo XIX. Tal vez no deslumbraba por sus atributos físicos, pero tenía la rara virtud para la época de ser mujer más o menos instruida, educada para expresar en la poesía sus sentimientos y para escribir en francés las cartas de amor a su prometido. (…). Agripina Samper Agudelo nació

en mis ideas, no Pepe, esto me hiere el alma; yo desde que me creiste tan superficial, tan poco profundos mis sentimientos, me encuentro menos contenta conmigo misma, menos contenta cuando tu has llegado a tener esa idea de mí – ayer deseaba decirte todo esto, pero es tan grande mi timidez que no tuve valor para lanzarme en tales explicaciones.

Las 10 ½ –

Mi Pepe me trajo unos bellos *pensamientos* que inundan mi mesa con suavisimo aroma, yo amaba siempre muchisimo esta linda flor, pero desde que sé que de mi dulce trovador tambien es la flor favorita, cuanto mas os quiero, hermosa flor! –

– 24 –

Las 10 ½ Estoi triste esta noche….. me quiero ir a meditar entre mi cama a solas con mis ideas tan llenas de melancolia, quiero dejarme llevar por mi imajinacion….. Adios mi trovador! ya pasó otro dia i cada hora acerca mas ese dia que yo temo tanto. Te vas mi Pepe dentro de ocho dias i dejas en la soledad a tu amada Soledad! –

a mi Solita por unos 15 dias! Esta noche le hice una nueva improvisacion poética a mi Solita i quedó mui contenta. Ella recibe siempre con placer mis versos, mis flores, mis dibujos, mis humildes obsequios, mis visitas i mis ternuras! – Adios, bien mio, mi amada Soledad! hasta mañana: soñemos. –

24

N – 10 ½ – ¡Siempre el pesar enturbiando las aguas del deleite! Hoi he gozado mucho con mi Soledad; la visité por la mañana i llevé un lindísimo ramo de pensamientos que le regalé – despues les hice mi visita ordinaria con los dulces gozes que cada noche tenemos; pero vengo de su casa triste porque pienso en que tendré mui pronto que dejarla por algunos dias… Mi Soledad querida, ¿me amas como yo te amo? Ah! no lo dudo – Tu amor es mi deleite, mi suprema gloria! – Cuánto te quiero, dulce bien mio! –

---

en Honda el 4 de marzo de 1833, así que era veintidós años menor que su esposo. Debió disfrutar, a pesar de algunas restricciones paternas, de las ventajas de una educación a la que no tuvo acceso la generación precedente de damas de alto rango social» (Loaiza Cano, 297). Este autor señaló 1833 como el año del nacimiento de Agripina, lo cual es equivocado. En la entrada del 4 de marzo en este diario, José María afirmó que ella cumplía ese día 24 años, lo cual testifica que el año de nacimiento de ella fue en 1831. Además, un poco más adelante señaló que los hermanos, actuando de improvisados profesores, le habían enseñado tanto la poesía como el francés (véase: Loaiza Cano, 298). Esto también es equivocado, Agripina estudió en el Colegio de la Merced, donde cursó aritmética, religión, gramática y prosodia castellana, gramática y fonética francesa, historia de la conquista del Nuevo Reino de Granada, geografía, música, dibujo, costura. Obsérvese el programa de la convocatoria que efectuó el establecimiento, en el cual ella fue una de las alumnas examinadas (véase: «Las educandas del Colejio de la Merced…». fpineda_887_pza57. pdf).

– 25 –

Por que no tratar de olvidar mi pesar i gozar de las horas de alegria que tan pronto terminaran, mientras duran? – pero nó, mi corazon esta triste i no puede sentir el placer que va a pasar en pocos dias para tener un intermedio de algunos de ausencia amarga; mi trovador, hasta mañana! oh!, no olvides un momento a la que te ama tanto. –

– 26 –

Nada de particular hoi, fuimos esta mañana (despues de haber pasado un agradable rato con mi Pepe) adonde mi Sra. Isabel para darle parte (como ha sido siempre amiga de mi Mamá) i decirle que estaba comprometida yo i me casaba con mi ¡amado trovador! yo por supuesto no dije nada de esto sino mi Mamá. Esta noche estuvo *el* aqui i me hizo una bonita composicion, solo tres dias nos quedan, Pepe, para estar juntos estos ratos, placer de nuestra vida! Adios, no me olvides en las calladas horas de la silenciosa noche! –

25

10 ½ Noche – Dulces e instructivas lecturas; deliciosas impresiones; esperanzas de inmensa dicha, sentidas pláticas de amor; tranquilos entretenimientos en el santuario puro de una noble i estimadísima señora i de una anjélica criatura; ocios encantadores en que la música, la poesía, la pintura, las flores, i todo lo que hai de bello alternan i divierten; – esto es lo que constituye mi vida. Ella corre hoi risueña, feliz, sin ajitaciones ni contratiempos…... I todo esto te lo debo a ti, mi purísima Soledad, a ti, dulce bien mio, que con tu casto amor has desplegado un cielo de supremo encanto sobre mi frente ántes velada por la sombra del pesar!

26

10 ½ Noche – Hoi he tenido mi espíritu ajitado por mui opuestas impresiones. De una parte la amargura que deja en el corazon toda injusticia, toda iniquidad, i la infame crueldad de los que nos envenenan la vida con el odio que la envidia les inspira…... Por fortuna, yo que me siento noble i siempre puro por mis actos, tengo orgullo para despresiar i perdonar toda ofensa. — Por otra parte, he tenido que sufrir con el pesar de tener que separarme de mi ánjel – de mi Soledad, que me consuela de todo, que me estimula, que me ama, que me inspira, que me hace dichoso…... El dia de ntra separacion se acerca i no tengo valor para sufrir ese doloroso momento. Solo mi madre, mi padre, mi Agripina, i el deseo de consagrarme todo a hacer tu felizidad, han podido resolverme a esa separacion que tanto me cuesta! – Esta noche he improvisado a mi Soledad una nueva canta, i aunque no estoi satisfecho de mi composicion, escrita con dificultades materiales, creo que *ella* ha quedado contenta con esos recuerdos consagrados a ntro ardiente amor…...

– 27 –

Las 10 de la noche – Pepe, esta noche habeis herido profundamente un corazon que te ama tanto! unas palabras que me dijiste me han llenado de pesar, me has dicho que no soi franca[18], que no te amo como tu creiste una vez! i tus acentos eran de conviccion completa i habia alli, en esas palabras, verdadera *creencia* en que decias verdad! oh! es decir que no lées en mi fisonomia, en mis ojos, mis pensamientos? es decir que mi alma esta sellada para tí, i que no me comprendes? – necesitas palabras cuando una mirada expresa tanto, cuando hai esa simpatia que creo que existe entre mi trovador i yo?... quieres Pepe que piense que fué sueño esa bella ilusión ideal?..... Dios mio! será cierto? *el* pierde cada dia fé en mi amor, *el* dice que yo soi indiferente a sus lindas composiciones, que no amo yo sus improvisaciones, sus versos dedicados a mí i dictados por su amor – mi Pepe, el trovador que hizo vivir mi corazon que no encontraba encanto en la vida i creyo mentira sus sueños de dicha, *el* me dice que cada dia está mas seguro que yo no lo amo como el pensó –... no soi franca? si? no soi como tu, que lo que sientes dices, no soi poeta elocuente, pero en silencio te amo, como la rosa a su dulce ruiseñor que con voz armoniosa le canta como tu, mi tierno trovador! – por que envenenar los momentos de placer con estas ideas de descontento, bien mio, cuando han de durar tan poco antes de que te ausentes otra vez?... oh!, dime que ideas tenias esta noche, dime, que es esta idea que te atormenta? – escucha, mi corazon estaba antes de conocerte muerto casi, con esa reserva, martirio de mi vida muchas veces, mi mente llena de ideas, deseando comunicarlas a ti, voi a hablar i mis labios no aciertan a decir lo que mi espiritu formó! ten paciencia con tu Solita, ella sera la compañera de tu vida i algun dia despertará de su reserva i entonces tu verás si ella te ama como tu deseas, mi Pepe! – Linda brillaba la luna i las nubes oscilaban sobre un cielo de azul, feliz hiba yo, oh!, cuan feliz! en silencio miraba la naturaleza tan grandiosa, tan hermosa en su calma i quietud solemne, en mi corazon esa misma calma que veia en el cielo encontraba yo, sentia completa confianza mirando hacia el porvenir, adonde solo a ti veia triunfante con tu jenio electrizar a tus compatriotas, ya con tu poetico talento, ya con

---

18 Nuevo reclamo a Soledad por el mutismo y la falta de comunicación.

27

10 ½ N – Esta noche he estado triste, como es natural, despues de haber tenido horas de dulce contento. A la una estuve con mi Solita que estaba mui amable i tocó en el piano lindas armonías. – Es tan jentil cuando toca i sus preciosas i blancas manos recorren con tanta gracia el marfil del teclado, que me parece ver en ella una fada tan bella como la *esperanza,* esa maga que describe con tánta magnificencia i armonía la encantadora pluma de Zorrilla. Mi Soledad habia ido a hacerse retratar al daguerrotipo, i me obsequió su lindísimo retrato, que llevaré como una prenda adorable, para mi eterno consuelo, i encanto de mis ojos. Oh amada mia! cuánto te agradezco ese regalo magnífico, – esa preciosa imájen que me has dado para que sea mi talisman! Yo la cubriré de besos i la conservaré con el santo respeto i el amor que merece......

Despues he estado triste escribiendo en el «Libro de nuestros amores», – en ese álbum que contiene dia por dia, en poesías i bellos dibujos, la historia de nuestra ventura. ¿No he de escribir allí con tristeza, si voi a dejar de verla en breve?..... Esta noche leia yo algunos delos bellos cantos de Zorrilla, ese ruiseñor de la España que ha dado al mundo tan bellas armonías, i nos deleitábamos con la pompa de la versificacion, con el lujo suntuoso de las imájenes, i el encanto sorprendente de los pensamientos. ¿I qué placer podrá tener mi Soledad de leer mis composiciones despues de oir los hermosos cantos de Zorrilla i Espronceda? Talvez yo soi mui presuntuoso en pulsar mi pobre arpa en el mismo hogar donde resuenan esas armonías. Pero si mi ánjel las mira con aprecio ¿por qué no he de consagrárselas? Mis versos no tienen mas mérito que el de ser inspirados por *ella,* consagrados a ntro amor como un precioso culto, e improvisados para *ella*[27]. –

Esta noche le compuse un soneto en español i unas cuartetas en francés (bien chabacano sin duda) relativas a algunas flores que le dibujé para *nuestro libro*. Creo que las recibió con placer. Entre tanto, mi amante Soledad dibujaba i trazaba injeniosamente las iniciales de mi nombre familiar con una delicadeza que agradecí mucho. Pero tuve la torpeza de no comprender pronto la primera letra i por eso se resintió *ella*[28] por un momento causándome tristeza. Me afectó mucho

---

27 Explicación que tiene un poco más de sentido, cuando se lee la entrada de Soledad sobre este mismo día.
28 Otro aspecto de la personalidad de Soledad.

tu saber, ya con tu patriotismo i virtud, llenando de admiracion el mundo entero! locas ideas pero llenas de esperanza atravesaban mi mente…... visiones de gloria, de esplendor para ti no mas, llenaban mi alma, solo pensaba en mi trovador, para mi no habia una idea en ese torbellino de ambicion, mi alma se ocupaba en ti toda ella i tu me dijiste entonces que no creias en mi afecto, dime Pepe fuiste injusto?... son las onze, tengo que irme a entregar al sueño, no me acuses esta noche, trovador mio, de indiferencia! todavia no me conoces! –

pero pronto se desvaneció nuestro pesar i salimos contentos a la calle, encantados con la belleza del cielo, i el esplendor de la luna[29]. ¡Cuánto se goza en la contemplacion de ese astro melancólico, lleno de misterio sublime i de poética belleza! El desgraciado como el venturoso encuentran siempre mucho encanto en ese blanco luminar – lámpara de las meditaciones de la noche.

Cada vez me convenzo más de que Soledad i yo hemos de ser mui felices, por la igualdad de nuestros gustos. Amamos los dos con la misma pasion la luna, los campos, la poesía, la pintura, la música, el baile, i todo lo bello – somos igualmente sensibles, i tenemos hasta iguales caprichos. Tengo fé absoluta en el porvenir, por que Dios nos ha creado el uno para el otro. Esta noche, al ver la luna llevando del brazo a mi Soledad, he gozado profundamente, aunque triste, i he recordado un dulce sueño que a menudo he tenido. ¡Cuán dichoso seré yo el dia que, unido mi suerte a la de Solita, pueda en el silencio i en la oscuridad dela noche (a la luz de la luna que entre por los vidrios i las cortinas del blanco gabinete, i rodeado de libros, de flores, de pinturas i de bellezas) reclinarme dulcemente al lado de mi amada esposa, acariciar sus lindos cabellos, besar su casta frente, tomar entre mis manos su hermosa cabeza, mirarla embriagado, su poética figura iluminada por la luna, adorarla con supremo deleite, i al final, rendido de hinojos a sus pies, decirle con inmenso delirio i enamorado acento.....

---

29 La contemplación de la luna era uno de los placeres de Soledad. Sabiendo esto, José María comenzará a hablar de los efectos que causaba mirarla en las noches.

– 28 –

Las 4 ½ Inundada por el delicioso perfume de unas flores bellisimas que me mandó mi *trovador,* quiero consagrarle algunos recuerdos a este dia, aniversario de la *segunda parte* de nuestra *historia*[19] – hoi *lo* vi por la primera vez cuando vino de Ambalema a Bogotá. Talvez solo yo recordaré este dia, que fué para mi de amargura i de alegria, pues cuantas dudas tenia yo entonces, Dios mio! i ahora estoi feliz, contenta con mi suerte, con mi porvenir, cuan diferente veo el mundo, todo, todo ha cambiado ante mis ojos ya. –

---

19   Mención de un día muy especial para la pareja, que también José María recordó.

"Cuánto te amo dulce esposa mia,
Mi castísima paloma,
Mi adorable sultana,
Delicioso bien mio.
Amantísima Solita mía.
Ánjel de mis sueños
Cielo de mi espíritu,
Esperanza de mi vida,
Flor de mi paraíso,
Gloria de mi fantasía.
Inspiracion de mi harpa,
Altar de mis adoraciones,
Santuario de mi esperanza,
Orgullo de mi ambicion,
Tesoro de mis glorias,
Fuente de mis deleites,
Encanto de mis sentidos,
Delicia de mis Soledad,
Alma de mis delirios,
Porvenir de mis dias,
Fuego de mi corazon,
Soledad de mi Soledad…

28

Las 11 – Acabo de enviarle a mi Solita dos ramos de lindas flores que yo mismo he cojido i atado: el uno es el culto ordinario que me he impuesto ordinariamente para acariciarla i complacerla; el otro lleva un recuerdo delicioso, i solemniza un bello aniversario….. Sí, hoi hace un año[30] que vi a mi Soledad despues de una separacion de 5 meses. Cuando me separé de ella en Guaduas el 22 de agosto de 1853, iba mui triste, pero llevaba una esperanza vaga i cierto presentimiento de que encontraria mas tarde la felizidad en el amor de Soledad. El 28 de enero de 54, cuando venia a buscarla, a declararle mi amor, a pedirle *su* mano i ofrecerle mi porvenir i mi adoracion, llegaba

---

30   Rememoración de una fecha importante para la pareja.

Las 10 ½   Adios, diario mio... pero antes de entregarme al sueño te contaré mi contento, mi alegria mezclada de pena, hoi he estado mui feliz, pero mañana será un dia de tristisimo dolor, *el,* mi *trovador,* se vá!... escribio esta noche una bellisima i sentida composicion a la luna que quedará como recuerdo eterno del paseo de anoche, oh!, cuantos quedarán para lo futuro de esta parte tan dichosa de nuestra vida! pero mañana?... Dios mio! que tristeza sentiré. –

– 29 –

Las 2 de la tarde. Estoi profundamente triste, he estado leyendo su diario, que me dejo aqui esta mañana, i no sé por que esta lectura me ha llenado de pesar.... mis ojos se anublan al pensar en su ausencia. ¿por que tanto dolor si no es por mas de veinte dias? no aguante pues siete meses i diecisiete dias? i yo sé que *el* me escribirá con frecuencia, que no me olvidará un momento, por que pues, corazon mio, tanta, tan grande aflicción? – yo temo que se haya ido disgustado esta mañana, habre leido bien en su fisonomia? me cuesta tanto sonreirme i parecer alegre cuando estoi triste, que tal vez mi *trovador* creyo que estaba brava, perdona a tu Solita si te di motivo para estar triste, pero ella te ama, aunque a veces se muestra insufrible i aun tonta, i quisiera que tu vida fuera solo de dichas i que jamas una lijera pena enturbiara tu horizonte siempre azul. –

donde *ella* tímido i lleno de pasion. Pero leí en su mirada i en su frente ruborizada los augurios de mi futura dicha!

Durante un año, cuántas cosas han pasado, i cuán diversas impresiones han ajitado mi corazon! Mi alma es ya dichosa, me veo amado, rodeado de bellas i nobles esperanzas, i mi Soledad me ha prometido su mano... Oh! bendito seas hermoso i feliz aniversario!

Las 10 ½ – Vengo de ver a mi Solita i su madre: he gozado mucho al lado de ellas. Ninguna *nube* empaña esta noche el cielo de nuestro amor. Hemos conversado tan dulcemente... Yo le digo cuanto siento, i ella, *tímida* i vergonzosa sabe decir tan dulces cosas con su silencio encantador! Estuvimos mui contentos, a pesar de estar próxima nuestra separacion. Me miró con mucha ternura, me permitió besar su linda mano, agradecido profundamente a sus bondades. Me prometió dulcísimos recuerdos; me dio un lindo ramito de flores *suyas*, con una de *nuestras solitas* i lo guardaré con mucho afecto. Yo le improvisé un canto "a la luna" que le gustó mucho i me vine dichoso i ebrio de placer..... Adios, amada mía, adiós, hasta mañana.

29

9 ½ Noche – Estas líneas que escribo en tu propio santuario[31], mi amada Soledad serán las últimas que te consagro en Bogotá, mientras vuelva de la peregrinacion que me impone el deber, el afecto de mi familia i la necesidad misma de preparar nuestra union. – El momento se acerca..... voi a dejarte, a decirte adiós, i no tengo el derecho de besar tu castísima frente i abrazarte hasta que sea tu esposo i tu rendido esclavo! Soledad, mi adorable martirio desde (que) vamos a separarnos: yo sé que no olvidarás, que tu corazon será un altar donde todos los dias habrá culto para tu amante Trovador! Confía en mí: no dudes un instante de mi constancia, de mi ternura i de mi fé. Yo te pertenezco ya para siempre, i mi corazon está a tus piés, como mi porvenir en tus manos. Adios!..... Sueña en tu esposo prometido, como yo soñaré en ti, que eres mi ánjel, mi esperanza, mi cielo..... Adios! yo volveré para ponerme a tus plantas de rodillas, darte mi mano i

---

31 En el diario de Soledad se sabe que él le dejó el libro para que ella lo leyera durante su ausencia.

Las 10 ½   Adios, bien mio! adios, mi amado, mi tierno trovador! Adios!..... Oh!, Señor, solo yo sé el grandisimo esfuerzo que hize mientras *el* estaba aquí para no prorrumpir en llanto i darle todavia mas motivo de aflicción..... no creia yo que tenia tanto poder sobre mi misma, tanto valor, el corazon oprimido por tanto dolor, yo quise mostrarme con fuerzas para no llorar, temblaba de sentimiento, de angustia al veér que me bañaba la mano en sus lágrimas, sentia la agonia mas terrible..... oh!, momento de desconsuelo..... corred llanto corred, *el* no esta presente, ya se fue...yo me precipite al gabinete cuando salio de la casa para verlo por la ultima vez... volvio a mirarme i entonces deje el libre curso a mi dolor, los sollozos me ahogaban, daba vueltas la calle a mis angustiados ojos... por veinte dias sin verlo, sin oirlo, oh! Dios mio como podré vivir! sí! *el,* mi Pepe, mi vida, mi amado trovador me ama tanto! oh lágrimas... el bien tan amado se desaparecio ya de mis tristes ojos i no lo vi mas! — *El* me dejó su diario que será el orijen de mi martirio i mi consuelo en su ausencia, el diario de tus pensamientos lo tengo yo i tu imajen grabada sobre mi corazon, i ese retrato ahora mas precioso aun, que tu mi amado me regalaste, tengo estos recuerdos i *nuestro* libro adonde escribiste unos divinos versos i que no tengo valor para volver a leer! es tambien un pensamiento doloroso el tener tantos recuerdos sin cesar a mi rededor i no verlo a *el* todos los dias..... no puedo escribir mas. Adios, mi amado, esta es la ultima noche que estaremos ambos en Bogotá! — Adios bien mio!

Que todas las bendiciones del Cielo te acompañen en tu viaje es mi ferviente oracion al Señor!.....

—30—

Las 10 de la mañana — Ya se aleja mi Pepe! que noche de angustia he pasado, solo los momentos que me quedaba dormida i lo veia a el, i lo veia en mis sueños, tuve de algun sosiego..... Que Dios te vuelva a protejer en tus peregrinaciones como siempre te ha protejido, mi tierno *trovador*, no puedo coordinar mis pensamientos, estoi tan triste!
—

consagrarte mi vida….. Adios, piénsame mucho, Soledad mia! No tengo valor….. el dolor me ahoga; las lágrimas se agolpan a mis ojos….. Adios! —

Ya empieza á oscurecer, la noche extiende ya su negro manto sobre la naturaleza entera….. pero la luna se eleva luminosa i bella i sus plateados rayos me iluminan aquí en mi gabinete; rodeada de todos los recuerdos de mi trovador ausente, *su* diario, *sus* flores i *nuestro* libro me acompañan en mi soledad….. las nubes de color de rosa atraviesan el cielo impelidas por el viento., tal cual estrella aparece brillando con opaca luz, ya la veo i se ofusca por momentos, tanta es la májica claridad de la reina de la noche! sobre el suelo i recostada contra los vidrios del gabinete contemplo la solemne hermosura de los cielos, pensando solo en *ti,* mi amado! los ojos llenos de lagrimas los levanto acia ese astro de los tristes que *tu* tambien contemplas como yo en este momento, mi Pepe! tu retrato entre mis manos, trato de descubrir tus facciones a esta incierta claridad, pero tu imajen esta gravada indeleblemente en el santuario oculto de mi corazon i adonde quiera que vuelva la mirada alli te veo no te apartas de mi espiritu un momento, hoi todo el dia te lo he consagrado solo a *ti,* no he leido otra cosa sino tus *improvisaciones,* tu *diario* i los articulos del «Tiempo» que yo sé que tu escribiste, bien mio!

Las 10 ½ – Anoche a esta hora, Gran Dios, que pesar tenia! pero aunque triste i acongojada mis ojos todavia lo podian veér! – I sigue su curso la luna rutilante i su curso el tiempo tambien….. I pasan las horas sin consuelo ya ninguno, pues he pasado el dia entero sin escuchar *su* voz! Tu voz para mí tan dulce siempre, mi tierno ruiseñor, errante trovador, oh! adonde estas, bien mio, esta noche tan triste para mi? piensas en mi, Pepe? dadle a las auras mi nombre para que me lo traigan armonioso hasta aquí, melancolicas suenan las campanas de los relojes que tu no podras oir, melancolicas estan tus flores, melancolicos los recuerdos i tu amada i amante Solita llorosa i melancolica piensa solo en ti! Adios mi trovador, hasta mañana que a hablarte volveré, voi ahora a soñar contigo! – Pepe, Adios! –

– 31 –

Pasó la noche i volvio el dia i cada instante mas lejos estais de tu Solita, mi bien! el sol brilla pero tristemente para mi, Adonde dime te hallas yá, que miran tus ojos en este momento? me recuerdas ó me olvidas?... no, *tu* no me puedes olvidar, me dice el corazon, *tu jamas me olvidaras!* –

Las 7 – noche – Acabo de recibir carta de Soledad adonde me hace la confesion que ella tambien ama a un joven pariente de la mujer de Manuel, hermano de mi bien, me pide consejos sobre el modo que se debe manejar i yo sé que para mi prima cuanto yo digo es oraculo. Tengo que escribirle esta noche mui largo, es siempre dulce el encontrarse una apreciada. Vinieron esta tarde la mujer[20] del Jeneral Barriga[21] (Pacho) i su hija Lilia, yo sentia tanto pesar en el corazon, tanta tristeza en el alma, que apenas podia atender a la visita, la llevé al gabinete. Dios mio, cuan diferente es todo ya ante mi vista, mi cuarto esta sin interes para mi i solo encuentro algun alivio al leer *nuestro libro,* mi Pepe, i derramar en silencio i solitaria amargas lagrimas que tengo pronto que enjugar para seguir la siempre pesada rutina de la cansada vida. ¿Sin mi sol que puedo hacer yo? todo esta oscuro i triste, todo esta sin interes para mis ojos cuando cerca de mi no se halla mi tierno trovador! – La persona que trajo las cartas de Guaduas dijo que vio a Pepe en Facatativá ayer. Hoi sin duda habrá llegado a Guaduas i mañana se estará allá tambien..... La luna brillaba esta noche tambien callada i siempre con tanta majestad i hermosura, yo sé que *nuestros* ojos, trovador mio, miran ambos ese mismo planeta i que al menos hai en el mundo algo que ambos, aunque ausente estés, podemos contemplar, cuanto consuelo en esta idea encuentra tu Solita, mi amado, no sientes cierta calma que mitiga tu pena al pensar que *ella* tambien mira como tu ese cielo que nos cubre? no encuentras dulce la idea de que al oscurecer mi mano riega con candoroso afan las lindas plantas que tenemos? Ellas se muestran lozanas i brillantes están sus flores. Tengo la loca idea de que mi *Solita,* mi consuelo en

---

20 Se refería a Diana Villa de Barriga.
21 Valerio Francisco Barriga (1800-1869) ocupó altos puestos militares durante la independencia, alcanzando el grado de general.

tiempo de la revolucion, tiene sus hojas mas verdes i su tallo mas erguido cuando *solo* mi mano la riega a mañana i tarde, talvez es fantasia, esta idea es contraria a la razon natural, pero siempre lo he creido, por que no ha de haber una cierta simpatia entre mi plantita i yo si yo la quiero tanto?

Las 10 – noche – Nunca habia yo visto noches tan hermosas, tan claras, una atmosfera tan pura i mas diafano el aire que desde que se fué mi amante trovador, por que tanta belleza en la naturaleza, por que es tan brillante la luna encantadora?..... suena a lo lejos armoniosa una melodia, mi Pepe, mi bien, hasta mañana! oh! no me olvides un instante, adonde quiera que esteis en este momento acuerdate de tu amante Solita! – voi a leer un momento tu diario.

[FEBRERO]

1º de febrero

Las 5 ½ La retreta se fue tocando una pieza que he oido cuantas veces con placer i alegria, pues estaba aquí aquel que es todo en mi vida – Todo es triste para tu Soledad cuando *tu* no estáis presente, Pepe!
He tratado de distraerme hoi dibujando en *nuestro* libro las flores que yo sé tu amas, he seguido traduciendo una obrita filosofica que me consuela con sus consejos i me instruye al mismo tiempo – Desde que te fuisteis, mi *trovador,* no he tenido *valor* para tocar el piano, tu me perdonaras que no haya hecho lo que a tí te gusta tanto, porque cuando estais ausente me suenan destempladas las armonias mas dulces –

Las 10 ½ – noche – Pesarosa, triste i descontenta con cuanto me rodea, paso mi melancolica vida sin oir tu voz, mi trovador amante! Ya tres dias desde que te fuiste i ni una linea he tenido de tí, ni un re-

cuerdo, yo sé que no es que me olvides un momento Pepe, pero acostumbrada a verte, a saber de ti cada hora, extraña mi corazon tan largo silencio; pero cada dia que se pasa es uno menos en la escala del pesar, pues se acerca mas el momento cuando contenta te vuelva a veér, bien mio; Adios, mi dulce i tierno trovador! mañana volverá mi pluma a consagrarte algunas lineas, aunque tu siempre estas en mi alma sin cesar! –

– 2 –

Acabo de venir de la Iglesia i de orar por ti, Pepe…… hoi es dia de fiesta, como se pasaran las pesadas horas sin que á mi lado se halle mi trovador? Tus flores estan ya marchitas i tristes –

Las 10 ½ He pasado el dia dibujando una corona de flores en *nuestro* libro i escribiendo – lo he pasado sumamente ocupada – me he puesto *tarea* para estar distraida i asi no puedo estar tan triste, no he estado un momento sino haciendo alguna cosa, quiero que cuando tu vengas, mi trovador, encuentres que no te he podido olvidar un instante puesto que sin cesar me he ocupado en hacer lo que á tí te agrada – Todos los dias cojo una flor para ponerla en las pajinas de tu diario, así llevaré la cuenta de tu ausencia contando las flores secas que se encuentren allí – Nada he sabido de mi Pepe hoi[22], por que tanto silencio, mi amado, la que te ama tanto sufre mucho al no saber de tí continuamente, mi corazon me dice que mañana tendre de ti noticia ¿Te engañas, corazon mio? oh! no, no que si duro mas tiempo sin ver las letras de mi trovador, me comenzaré a alarmar –

Hoi sin duda habra llegado *el* a Honda, i a esta hora estara escuchando el estruendo del Magdalena jimiendo sobre la arenosa playa i el murmullo del Gualí….. sentado entre su madre i su hermana, en dulces platicas con ellas, correrá el tiempo sin sentirlo, pero no me olvides mi bien, no me olvides aunque estes contento, mira la luna esta ahí en el cielo blancas nubes la rodean recuerda que no ha muchas noches juntos la contemplamos, pero esto es inutil ruego pues tu te acuerdas de mi sin cesar i talvez ahora mismo hablas de mi con tu

---

22 Mientra ella se lamentaba por no saber nada de su amado, él se hallaba en Guaduas visitando la tumba del general Acosta (véase: Samper 1854-1855, 37-38).

«EL SEPULCRO DE SU PADRE»*

I

Aquí está su sepulcro! Silencioso
Me acerco a visitarlo con tristeza:
Escondido entre rústica maleza
En la mortuoria soledad está!
Todo es aquí desolacion i muerte;
I abandonado el panteon sombrío,
Sólo se escucha en su recinto frío
La voz del viento que jimiendo va.....

II

No hai un sauce que tensa su follaje
Para cubrir la tumba retirada,
I en la desierta lúgubre morada
Nadie en ofrenda deja ni una flor!
Pero en cambio *su* nombre enaltecido
Llena la soledad con *su* memoria;
Que él encierra una pájina de gloria
I es de la patria perdurable honor.

III

Llore la ciencia i *tu* recuerdo estime,
Pues fuiste de ella el ornamento un día,
Mientras vibrando con el arpa mía
Suena tu nombre en mi fugaz cancion.
Sabio, te rindo mi alabanza i culto;
Patriota noble, tu lealtad admiro;
Padre de un ánjel, con pesar suspiro
I a tu memoria ofrendo mi oracion!

IV

Lleno de fé, veneracion sintiendo,
Amo tu humilde tumba solitaria,

---

* Poema que José María escribe durante su viaje en el libro: «Pensamientos y recuerdos».

dulce hermana...... pero ya es tarde, Adios mi trovador, Adios mi amado, me voi a entregar al sueño, voi a soñar con tigo! –

– 3 –

Las seis i media de la tarde – acabo de venir de la calle, i despues de regar tus matitas, mi Pepe, me siento á escribirte, he estado en las visitas triste, meditabunda, i es con dificultad que me esforzaba á parecer alegre, i contenta, i tomar interes en lo que hablaban – fuimos adonde mi S^{ra}. Mariquita[23] – esta Señora era persona a quien yo antes queria i apreciaba mucho, pero que desde que de tu mi trovador, no habla bien i sé que no tiene afecto alguno por ti, no la puedo mirar sino con disgusto i me desagrada el ir allá – despues fuimos adonde las Velez, que se quejaron mucho de lo que *ellas* habian sufrido en la Revolucion, me regalaron una flor i la puse en tu Diario, mi Pepe – Esta noche estan en sesion permanente en el Congreso – mañana sabremos quien nos gobernará – Estan los Gólgotas[24] i Conservadores esperando cada uno que salga su Candidato, Murillo[25] i Mallarino[26] estan en pugna, si este ultimo es el Vice-Presidente vuelven los conservadores a gobernar – i si es Murillo los Radicales vendran por primera vez al poder, se conoceran sus principios practicamente i talvez el pais hallará por fin que este es el gobierno que les conviene[27]; se puede decir que la futura muerte de la Nueva Granada se decide esta noche – Cuanta responsabilidad en el voto de cada uno de los Representantes, i sin embargo cuan pocos conocen i hacen su deber!

Las 10 i ½ La noche esta bellisima, el cielo azul i estrellado i brilla la luna con todo su esplendor...... sin embargo se humedecen mis tristes ojos al contemplarla, no quisiera veér la naturaleza tan hermosa cuando aquí no esta mi trovador para poderla contemplar los dós. Anoche creia

---

23 La señora Mariquita era María Perdomo de Escallón, esposa de Liborio Escallón y Trespalacios.
24 Era el nombre que recibía el partido liberal radical.
25 Manuelo Murillo Toro (1816-1874) fue líder del partido liberal radical. Fundó con José María Samper el periódico *El Tiempo*.
26 Manuel María Mallarino (1808-1872) era el representante del partido conservador en la elecciones, salió elegido Presidente de la República.
27 Al parecer, por influencia de José María, Soledad sentía inclinación en ese momento por el partido Radical.

I levanto una fúnebre plegaria
Que desde el cielo aceptarás, por tí.
Poeta, canto con placer tu nombre,
I honrar tu jenio y tu memoria quiero;
Pero póstumo hijo, mi sincero
I relijioso amor traigo hasta aquí.

V

Tú me darás tu bendicion preciosa,
Protejeras mi amor i mi ventura,
Mientras le brindo mi leal ternura
A tu jentil i amante Soledad.
Pídele a Dios que nuestra fé bendiga,
Que haga feliz nuestro fugaz destino.
I que siembre de flores el camino
Donde entraré, confiado en su bondad!

VI

Sombra del padre que en la tumba yace,
Oye mi puro y relijioso acento,
I recoje el amante juramento
Que hago por *ella* en tu eternal mansión!
Yo le daré mi admiracion constante,
Mi fé, mi vida, porvenir i gloria,
I llevaré sagrada tu memoria
I tu culto en mi ardiente corazon!
(Guaduas, febrero 2 de 1855)»
(Samper 1854-1855, 37-38).

«DESPEDIDA»

(A Guaduas)
Un tiempo sin esperanza,
Llena el alma de pesares,
Con mis perdidos cantares

que hoi tendria alguna noticia de *el* – pero se engaño mi corazon i nada, nada he sabido[28] – Piensas en mi, bien mio ahora? Adios, me voi a entregar al sueño alli estas tambien presente sin cesar como lo estas en mi pensamiento, mi amado mi tierno trovador – que todas las bendiciones del Cielo te acompañen adonde quiera que dirijas tus pasos, en la felizidad como en la desgracia que te proteja el Señor! Adios mi Pepe!–

4 –

Las 3 de la tarde – Acabo de recibir un lindisimo ramillete de flores que me mando Elvira á nombre de mi tierno i amante trovador! cuanta fineza hai en esta prueba de cariño, el acordarse antes de partir que al irse *el* no tendria yo flores, que tanto me deleitan, te agradezco mi Pepe, te agradezco esto muchisimo, sin embargo de que ellas no sé por que me han llenado de tristeza al verlas – me acuerdo que tu no estas aquí i que allá con tu madre i tu hermana me recordaras hoi sin cesar – todavia tengo sobre mi mesa algunas de las flores que me mandaste ahora hace ocho dias estan marchitas i sin brillo, pero no quiero quitarlas de mi cuarto, fueron las ultimas que tu me regalaste, trovador mio! –

Esta mañana estuvimos en casa de Maria C. Su hijita ha estado gravemente enferma, creian que se moriria pero ya paso el peligro –

Las 10 ½ – Clara, apacible, serena aparece la virjen luna sobre el quieto i azulado cielo..... la buscan mis miradas i lagrimas se desprenden lentamente de mis tristes ojos, callada i linda sigue ella su rutilante curso, siempre tranquila i bella, ¡mientras que yo pesarosa lloro la ausencia de mi trovador amado! – arjentados rayos bañan mi gabinete con dulzura, esquisitas flores inundan mi cuarto con su perfume, cubren mi mesa los libros que mas quiero, recuerdos tiernos i placenteros me rodean, pero yo nada veo, nada de esto ocupa mi mente..... mi espiritu se recrea en lo que le presenta la imajinacion; la luna se refleja en las aguas cristalinas del Gualí, el rumor del Magdalena se deja oir siempre sonoro e igual, el *jazmin* da aroma al caluroso aire..... i una figura, para mi tan amada, esta allí silenciosa, i al contemplar la luna, al oir el ruido del anchuroso rio i aspirar el

---

28   José María salió ese día de Guaduas, rumbo a Honda (véase: Samper 1854-1855, 39-40).

Tus praderas visité;
I al llegar a tus jardines,
Ya sin mis sueños dorados
Por tus huertos perfumados
Indiferente pasé.

Eran hermosos tus campos,
Era blanda tu ambrosía,
I en tu lindo valle había
Un dulcísimo rumor.
Tu cielo estaba sereno,
La brisa inquieta jemía,
I era una arpa de alegría
Cada arroyo saltador

Pero yo, viajero triste,
Olvidado peregrino,
Al pasar por tu camino,
Flor perfumada encontré.
Era lánguida azucena
De dulce admirable encanto;
La amé, le ofrecí mi canto,
Le rendí mi ardiente fé.

Pasó la ilusión primera
Por mi mente enajenada.
I una esperanza dorada
Mi corazon ajitó.
I el tiempo corriendoen breve
De la duda el triste velo,
En el casto amor el cielo,
Del porvenir me mostró…..

Tú, Soledad deliciosa,
Inspiracion de mi mente,
Sonreiste dulcemente

perfume de *nuestra* favorita flor piensa en mi!..... Sí, mi trovador, mi Pepe, *no me olvides* un instante mientras estes *en Honda*[29] – Adios! Hasta mañana Pepe!

– 5 –

Las 7 – noche – Estoi triste, siento apretado el corazon por una pesada melancolia...... no tengo valor casi para escribir; esta mañana fuimos a veér a Eloisa que estaba tan amable como lo es siempre. De allí venimos á casa de Maria i allí nos dijïeron que habia llegado el Paquete volvimos aquí i mandé inmediatamente al correo para que trajieran las cartas que hubiese, yo creia que mi Pepe hubiera escrito, que, estaba segura, pero vino Domingo con unos impresos, cartas no habia pª nosotros – lagrimas me saltaron de los ojos que humedecieron el papel que dibujaba..... desde entonces estoi llena de tristeza; cruel porque no escribir ¿no sabes trovador *mio* cuanto pesar me ocasiona tu silencio? esta noche hace ocho dias desde que te despediste, me parece que hace siglos, tanta es la falta que me has hecho.

Las 10 i ½ Será cierto que jamas pueden los poetas encontrar en el mundo su bello ideal? que pierden la ilusion porque no aman sino la sombra del ser que imajinaron?..... sera cierto, Dios mio, mi poeta creerá algun dia que no soi cual el soño en un tiempo?... que melancolia se ha apoderado de mi alma esta noche oh! ven pronto mi trovador, ven, antes de que mi espiritu otra vez, lleno ahora de alegres sueños, vuelva a cubrirse por aquella profunda melancolia que ha sido el martirio de mi pasada vida i cuyo velo solo tu mano ha sabido levantar! Oh! si tu supieras cuan terriblemente tristes i cuan amargos son mis pensamientos cuando tu no me consuelas con tu voz, oh! si tu supieras del letargo del que despertaste mi corazon... siempre sola con mis ideas, no teniendo á quien contar mis locas fantasias, se quedaban en mi corazon i me dominaban completamente, yo soñaba en la simpatia pero no creia en ella..... sombria en el interior de mi álma con alegres chanzas engañaba a los que me rodeaban, hablando de diversiones i en apariencia contenta, pero nadie comprendia que solo

---

29   Mientra Soledad escribía esas ideas, José María plasmaba en francés unos pensamientos sobre ella, estando en Honda (véase: Samper 1854-1855, 41-42).

Pagando al cabo mi amor.
I en tus ojos i tu risa,
I en tu suspiro i tu acento,
Mi ajitado pensamiento
Adivinó tu favor.

Por eso risueña villa,
Con tus jardines ufana,
Rindo culto a mi sultana
Rindiéndolo a tu beldad;
Pues que en tu brisa i tu cielo,
Tus perfumes i tus flores,
Hai algo de mis amores
Memoria de Soledad…..

Yo no olvido tus praderas
Tu verde alfombra i tus huertos,
Ni los rumores inciertos,
Que en tus colinas hallé…..
I al darte mi despedida
Desde la cercana altura,
Suspiro por tu llanura
Primer altar de mi fé…..
   (Honda, febrero 3 de 1855)»
    (Samper 1854-1855, 39-40).

«RUMORES I ENCANTOS»
(A Honda)
Es ya la tarde; en la d[es]ierta playa
Todo es quietud, las aves ya no cantan;
Pero mi vista vagarosa encantan
Los crepúsculos leves que se van.
Blancas nubes, volando por el éter,
Vagan errantes en incierto jiro,

por la tristeza, la oscuridad, tenia yo simpatias; por eso las personas que habian *sentido* grandes pesares me interesaban profundamente; los que habian *sentido,* por qué cuantos han sufrido pero no han *sentido.* Oh! cuanta diferencia hai en estas dos palabras, pocas son las que *sienten,* aunque muchos *son los que sufren –*

– 6 –

Las 10 i ½ – Hoi nada he sabido de mi Pepe como lo creia mi corazon, oh! siempre cree el corazon lo que el alma desea – vino Justo esta noche i hablamos mucho de mi amado trovador. Justo siempre lo ha querido, siempre lo ha *conocido,* aun en sus *años* de exaltacion i locura – Ha llovido desde que anochecio i está la noche tenebrosa i triste, pero aun hai mas tristeza en mi corazon, nada me gusta, en nada puedo tomar interes desde que se fue mi Pepe – Siento la cabeza pesada, no tengo valor para escribir mas…… voi á verte, á oirte en mis sueños ya que de dia no es posible; Adios mi trovador! sueña en tu Solita que te ama tanto, que sea *ella* tu *unico* pensamiento, el saber esto es mi *unico* consuelo en esta ausencia, para mi mas amarga cada hora que se pasa–; Hasta mañana trovador mio!

– 7 –

Las 2 de la tarde – Vino Eusebio de Guaduas i me trajo una carta de Soledad en la que me dice que ha estado allá Pepe i que cada dia le parece mas apreciable i que yo seré completamente feliz con mi amante trovador. Me dice que *el* me ha escrito pero adonde esta la carta? pues desde que se fue no he tenido noticia alguna de *el,* hasta ahora sé que llego a Guaduas. Estoi llena de aprehension i de pesadumbre porque no he recibido su carta; vino Don Manuel Velez esta mañana i yo le rogué que le preguntara otra vez al administrador de Correos si habia carta para nosotros –

Las 7 i ½   Estoi cansada, aburrida de todo, no puedo estudiar, no

I al contemplarlas, con pesar suspiro,
Pues tristes ellas como mi alma están

Viene la sombra de la noche, lenta,
I acaba el blanco resplandor del día.
I torna a su tenaz melancolía
Cuanto puebla la quieta soledad.
Leve cortina de vapor lijero
Se cierne ya sobre el vecino monte,
I en la cambiante luz del horizonte,
Todo es encantadora vaguedad.

Cobra su halago el fugitivo ambiente;
Mecen las palmas su gentil plumaje,
I del cercano bosque en el follaje
Levanta el aura su vibrante son.
I en tanto, vaga en la contraria márjen
Del Magdalena, el paseador errante,
I tendiendo su red perseverante
Suelta al viento su plácida cancion!

Huella el alción la pedregosa playa,
Sin que responda a su fugaz jemido
Sino el constante y rápido rüido
Que hace el rio en el cóncavo peñon.
Siempre sus aguas lleva el Magdalena
Ajitado en revuelto remolino;
Ola tras ola en raudo torbellino
Formando van su desigual turbion.

Cada onda turbia que mugiendo pasa
En su seno me lleva un pensamiento,
Mientras escucho que suspira el viento
En el áspero i roto murallon.
Ondas corred hasta la mar inquieta
Ya que os llevais mi enamorado acento,

puedo leér mis pensamientos vagan i se pierde el hilo de las ideas solo para pensar *el* – solo mi trovador ocupa mi pensamiento sin cesar, nada comprendo, no entiendo lo que me dicen, mis pensamientos vagan…... no quiero salir i sin embargo me disgusta mi cuarto pues no tengo esperanza de verlo a *el* aquí, nueve dias sin oirlo, sin verlo, sin escuchar su voz! – voi a distraerme algo, leyendo las poesias de Zorrilla que me dejo mi bien –

Las 10 ½ Dicen que las mujeres no tienen esa noble ambición de *Gloria,* que no la comprenden, que amamos pero no comprendemos el amor á la *futura* fama. Cuan equivocada es esta idea, yo siento en mi el entusiasmo mas grande cuando pienso que mi amado Pepe podra con sus talentos, con su jenio, conquistar esa gloria que yo adoro, i dejar un nombre a los siglos venideros![30] no pasar la vida como el resto de los hombres vejetando sobre la surface de la tierra i despues perecer sin que quede ni el recuerdo de su existencia. El deseo de la inmortalidad es la ambicion de las almas nobles. Puede haber una idea mas triste que aquella de la muerte eterna? asi nos asusta el dejar el mundo sin que quede tan solo una memoria de nuestra existencia. Dicen que las mujeres no comprenden el honor i que solo piensan en la vida de aquel que aquellas aman….. mi alma, mi vida, esta ligada con la de mi Pepe, sin el no solamente no habria felizidad en el mundo para mí sino que ni un momento lo pasaria contento, i sin embargo ¿no deseaba yo que expusiera su preciosa vida en defensa del honor que hubiera perdido si no daba este paso? solo Dios sabe las angustias que sufrí yo en tiempo de la campaña; en medio de los peligros ni por un momento titubeo mi Patriotismo, i si no exponia su vida perdia su porvenir, su honor, i no vacile! – Con cuanto gusto hubiera yo dado mi existencia para salvar la de *el*, sufria mi corazon terribles agonias, pero jamas se arrepintio de haber aprobado i aplaudido su conducta tomando la senda que le indicaba el honor, el Patriotismo! I dicen que no tenemos ambicion i que no comprendemos el honor! Adios mi trovador, solo para ti son mis pensamientos, solo contigo sueña mi alma, i en todos su proyectos i esperanzas solo tu estas allí me olvido de mi misma para recordarte a ti no mas mi amado! – Hasta mañana, mi dulce i tierno ruiseñor! –

---

30   Soledad, como mujer de la época, esperaba lograr una fama vicaria a través de los logros del futuro esposo.

Mientras la brisa guardará mi aliento
I entre las ruinas canto mi afliccion.

Altas palmeras que nacer me visteis
I a cuya sombra me sentara un día;
Limpio Gualí de plácida armonía
En cuyas aguar retozé infantil;
Tristes escombros que guardais revueltos
De una lejana época la historia;
Yo cantaré vuestra inmortal memoria,
I elcielo vuestro i sus primores mil.

Yo cantaré tus altas cerranías
I tu llanura rústica i amena,
Honda: –Yo cantaré tu Magdalena
Tus selvas i tus playas i tu sol.
Triste o feliz, tranquilo o ajitado,
Siempre amé tu eternal melancolía;
I te dio su cancion el arpa mía
Ala trémula luz del arrebol.

Todo es aquí *recuerdos* i pesares,
Todo respira lánguida tristeza,
I al cuerpo da dulcísima pereza,
I encanto indefinible al corazon.
Reina la soledad en tus escombros
La hermosura en tus árboles sombríos,
I en los ocultos ecos de tus ríos
Rumor eterno de admirable son.

En cada ruina solitaria vive
Algun recuerdo de dolor o amores;
Si no tienes el lujo de las flores,
Tienen tus huertas frutos i verdor.
Tienes tu sol de centelleante lumbre,
Tu siempre azul i despejado cielo,

– 8 –

Las 10 – noche – Ahora un año, hoi hace un año mi espiritu estaba despedazado por mil sentimientos diferentes cada uno, que dia de ajitacion, de angustia habia pasado – *el* habia escrito para pedir licencia de visitar la casa i despues pedir mi mano, habian hablado tanto, tanto en esos dias contra *el* oh! yo lo amaba entonces profundamente, pero no lo conocia lo suficiente, asi es que creia a lo menos algo de lo que decian de mi Pepe[31] – me resolví a conocerlo mas, pero en el fondo de mi corazon estaba escrito mi irrevocable amor….. desde entonces cuantos acontecimientos han pasado sobre mi cabeza i han madurado mi espiritu; he vivido, he meditado i tambien he sufrido mas en el año cuyo aniversario es hoi que en el resto de mi vida. Revolucion, angustias, alarmas, pesadumbres, crueles aprehensiones, todo esto me ha ajitado el alma en los meses que pasaron i ahora quiero calma; mi corazon estaba lleno de alegria, de contento, de felizidad dulce i tranquila cuando fue preciso que se apartara otra vez mi amado, i me siento otra vez sola lejos de el que es todo mi apoyo, mi luz, mi vida! – Tengo la cabeza pesada, estoi cansada de todo voi a leer algo tuyo, bien mio, Adios, hasta mañana! tu imajen me acompaña siempre en estas horas de meditacion, consagradas solo a ti – piensa en *mi*, mi dulce i amado trovador!

– 9 –

Sentir oprimido el pecho por los sollozos de angustia, los ojos llenos de lagrimas i tener que parecer tranquila i calma cuando quisiera dar libre curso a mi pesar!... ¿Pero por que Dios mio! tanta melancolia, por qué tan tristes pensamientos me han perseguido todo el dia? *el* me ama, yo estoi segura que me recuerda sin cesar. ¿Cual es pues la causa de no escribir, de no tener de *el* ni una letra desde que se fue hace ya once dias? que crueldad, que injusto es con su Solita ausente….. estoi llena de aprehensiones, esta noche mientras leia se me escapaban lagrimas que humedecian el libro i que trataba de encubrir, oh! nadie sabe que bajo esta apariencia indiferente i calma encubro un corazon lleno de sensibilidad, cuando se *siente* mucho se *teme*

---

31 Esas fueron las dudas que atormentaron a Soledad y que le impedían aceptar la propuesta de matrimonio.

I san su pompa a tu opulento suelo
Arboledas de rústico primor.

Tienes tu Magdalena turbulento,
Tu Gualí, tus corrientes, tu llanura;
Montes de melancólica hermosura
I aromas, hai en tus desiertos, mil.
Pero mi amante corazon suspira,
Triste se lleva mi cancion el viento:
Es que me falta tu aromado aliento,
Mi dulce bien –mi Soledad gentil!
           (Honda, febrero 5 de 1855)»
                (Samper 1854-1855, 45-46).

dejar libre curso a las emociones i despues no poderlas contener! «deep waters run smooth» dice el proverbio ingles «mientras mas hondo el cauce mas tranquilas parecen las aguas» – yo sé que mi Pepe cree que no soi tan sensible como verdaderamente soi porque no hablo ni muestro talvez lo suficiente mi alma. Pero algun dia se convencerá que mi amor es tan profundo como es de silencioso[32]. Cuando mi corazon llega ha amar es eterno mi cariño, jamas mis sentimientos cambian desde que te ví te ame en Guaduas i cosa extraña te comprendia sin conocerte aun tus pensamientos. Habia tanta simpatia entre nosotros que no sé si a *el* le sucedia lo mismo, pero sentia como si lo hubiese conocido antes, como en un sueño..... no puedo esplicar este sentimiento – no hai palabras, lo *siento* pero no puedo *decirlo* – Hoi he visto todavia mas preciso cuan necesario es tener por *compañero* de la vida á una persona que lo *comprenda,* en cuya sociedad jamas nos podamos aburrir i junto a *el* esta allí cuanto se puede desear en el mundo, he visto á una persona cansada con la vida i pensando en la muerte aunque se encuentra rodeado de todas las comodidades que pueda apetecer pero su esposa no es la compañera de su peregrinacion, no puede consolarlo ni comprenderlo, pues la infeliz solo sabe amarlo pero no entiende otra cosa i el se encuentra *solo* en su hogar domestico i desea visitas para pasar el tiempo – Que diferente Pepe pasaremos nosotros la vida! una cueva miserable seria para mi cuanto hai de agradable en la vida si tu estabas á mi lado, mi amado trovador! – Adios! Adonde estais en Honda?..... en Ambalema... soi egoista, no quiero que me *olvides aun alli!*

– 10 –

Las 8 i ½ Toda la noche ha llovido i sigue todavia el aguacero, no he podido dormir casi nada, estoi llena de aprehensiones i temores por mi Pepe que no escribe, i no puedo saber nada de el[33]. –

Las 5 de la tarde – Cuan cambiada está mi vida desde hoi hace un mes! hoi hace un mes que le dije a Pepe por la vez primera que lo amaba i le prometi ser suya..... entonces me parecio que el mundo

---

32   Reiteración de la idea profunda de lo que ella creía que lograría al contraer matrimonio.
33   José María se hallaba en Ambalema ese día (véase: Samper 1854-1855, 47).

«LA NOCHE»

1
Oh noche, que protejes
La pena solitaria,
Escucha mi plegaria,
Calma mi corazon.
Tranquilo ántes sentía
Volar tus dulces horas,
Que siempre protectoras
Eran de mi pasion.

2
Al laso de mi dueño,
Venturas mil soñando,
Gozaba palpitando
Deleite sin igual;
Por que en sus lindos ojos,
Como en su casta frente,
Miraba eternamente
Limpio cielo oriental.

3
Brillaba alá tu luna
Tan lánguida i hermosa;
Tan blanca i misteriosa
Me daba su fulgor!...
I eran tus nubes leves,
I tus luzeros bellos, –
Magníficos destellos
Del trono del Señor.

4
Todo era allá deleites
De amante poësia
Pinturas i armonía.
Recóndito placer;
Soñar con esperanzas
Entre perfume i flores.

I en cándidos amores
Mi corazon tremer.

5
Mas ¡Ai! pasó el encanto
Que soñador gozaba.
I el ánjel que miraba
De célica beldad!
Pasó mi bien amado
Rápido como el viento.
Pues no oigo ya tu acento
Mi hermosa Soledad.

6
Me falta tu sonrisa,
Tu aliento perfumado,
Tucuello sonrosado,
Tu vaporoso andar.
Ru inspiracion no tengo,
En tu bello santuario,
En tu precioso Diario
No puedo ya cantar.

7
Por eso en el silencio
De triste noche oscura,
Le cuento mi tristura
Solo a la soledad.
¡Dándote un suspiro
De amor i de esperanza,
Te pido en lontananza,
Recuerdos de bondad.

Ambalema, febrero 10 de 1855»
(Samper 1854-1855, 55).

entero habia cambiado ante mis ojos me hallaba tan profundamente feliz! i al cabo del mes me encuentro triste, desconsolada i ajitada por mil aprehensiones...... no me puedo fijar en nada, mi imajinacion me pinta mil desgracias, mi corazon está tan completamente triste que no puede mi alma estar en paz un momento; todos los dias mando al correo para veér si hai cartas de mi Pepe i nunca encuentran ninguna, ¿cruel, por que martirizarme así?..... me preguntabas que haria yo sola en este dia, que he de hacer sino llorar tu ausencia i tu siquiera no me consuelas escribiendome!..... no sé que pensar, no sé que creer de el, yo sé que a proposito no me daria pena alguna, ha sido siempre tan fino...

Las 10 ½ noche – Oh! cuando creia yo el 10 de enero que un mes despues de tanta dicha pasaria mis horas en la amargura – nadie sabe que bajo mi placida sonrisa o aparente indiferencia está mi sensible corazon lleno de angustia i sobresalto..... oh! adonde estas mi trovador errante, adonde estas mi dulce cantor, mi amado ruiseñor?..... la noche esta oscura, lluvia hai en esas negras nubes que atraviesan el cielo impelidas por las rafagas de viento i descubren aqui i alli las estrellas opacas i sin brillo una espesa niebla cubre los cerros hasta el pie, todo esta silencioso en la ciudad i solo se estremece el aire con el sonido lugubre de la campana de la Catedral que me dice que otra hora se pasó yá desde que por ultima vez te vi, Pepe...... noche oscura, silenciosa, imajen de mi pesar, dime, oh! dime adonde esta ahora «la dulce prenda mia»? cada dia creo que el dia siguiente me traera noticia tuya, bien mio i pasa ese dia i llega otro i siempre tengo la misma esperanza i siempre el mismo desengaño. Adios, alegres memorias i tristes aprehensiones! me voi a entregar al sueño que verterá algun consuelo sobre mi afliccion! Adios mi Pepe, adios mi amado! –

– 11 –

Las 11 del dia – Acabaron de entregarme un hermoso ramo de fragantes flores que mando Eloisa a nombre de Pepe, ingrato! te acuerdas de mi ahora?..... tu no te acuerdas de mi[34], pues no me escribes i yo solo de ti ocupo mis pensamientos! –

---

34 En el pensamiento de él, estaba ella constantemente (véase: Samper 1854-1855, 48).

«CONTRASTE»

Acabo de copiar los versos que te he consagrado en Honda, amada Soledad mía, cuyo objeto son los «rumores i encantos».–En este momento pasa una triste escena en la casa vecina, –contigua a la mía,–que me aflije, por que todo dolor que veo en el mundo me con-

Las 6 ½ La tarde estaba triste, i la atmosfera saturada de humedad; habia yo leido todo el dia i me sentia cansada de todo i profundamente melancolica; cuando comenzaba á oscurecer abri el Gabinete i me asomé; el cielo cubierto perfectamente por opacas i cenicientas nubes daba un aire mas de desolacion, mientras que caia el agua gota a gota del tejado sobre el reluciente enlozado; levante mis ojos con distraccion acia el cielo i delante de mi se presentó, entre una apertura de las nubes, un espacio de cielo azul brillante i lindo..... en ese momento oi que cantaban en la calle mui paso pero armoniosamente "El capotico"; dos lagrimas, ardientes i llenas de amargura sentí bajar por mis mejillas, el cielo azul me traia a la memoria estos versos que me conmovieron:

De entonces ai! mi corazon doliente
Muerto al placer sin ilusion vivia,
Porqué ya le faltaba en su agonia
Del cielo azul de *su perdido oriente*,
Magnifico el fulgor![35]

i el escuchar el monotono canto de esa tristisima i sentida armonia me ajitaba el corazon – Yo jamas puedo oir ese valse sin acordarme de *Elvira!* – cuantos pensamientos de dolor cruzaron mi mente en ese instante..... las nubes mientras las contemplaba taparon poco a poco el pedazo de cielo i yo escondiendo la cabeza entre las manos deje correr mi llanto..... funesta idea que tiempo hacia no visitaba mi espiritu, ¿por qué volver a llenarme de pesar?... ¿Podra el olvidar los felizes dias que con ella pasó? podra algun dia mi corazon *sentir* que el recuerdo de ella oscurece su frente aunque sea por un momento? – locos pensamientos que me aterráis huid! sí, que injusta fui con ese momento de pesar, que injusta, cuanto me arrepiento en haberlos tenido; ¿no me muestra en todo que á mi me ama tanto? i como yo habia soñado serlo en mis ilusiones mas hermosas? si yo viera que su amor, si veo que algun dia se disminuye ese cariño que es toda mi felizidad, entonces si podria tener tales ideas, pero cuando sé que solo yo podre hacer su felizidad porque lo comprendo, para que vienen estos pensamientos tan injustos?... Perdon, trovador mio, perdon mi

---

35 Versos de José María Samper publicados en el periódico *El Pasatiempo*, parte del poema «Otra vez», publicado en (Samper, 1860, 225-226).

duele siempre, –Cantan *el de profundis*ante un altar mortuorio, por una pobre mujer, i el solemne canto es acompañado de una música melancólica bien acompasada i dulce. –Entre tanto, pasan por la calle en ajitada y alegre turba, unos cuantos necios celebrando con vivas, música i cohetes la elección del Sr. Mallarino para la Vicepresidencia. I esos estúpidos no comprenden que estan insultando el dolor de una familia que llora, i que sus gritos apasionados i profanos turban el recojimiento del cántico relijioso. Para los partidarios vulgares la relijion no tiene misterios, solemnes armonías ni cantos sagrados!... Qué contraste! Qué repugnante contradicion de escenas!

Pero qué casualidad! pasan tocando una hermosa pieza que tiene para mí los mas bellos recuerdos: es la contradanza que bailé por primera vez en Guaduas con mi Soledad. Delicioso recuerdo, que viene como a llamarme en nombre de mi ánjel en el momento en que estoi pensando en *Ella* i escribiendo en *su* álbum! Creo que ella estará pensando tambien ahora en su amante trovador, consagrándole recuerdos de amor en el precioso *Diario*.

Ambalema, febrero 11 de 1855»
(Samper 1854-1855, 55).

«EL CIELO»[32]
Meditacion relijiosa
(A Solita)
I

¡Cuanto me place contemplarte, oh cielo!
Lleno de fe, de amor i de esperanza,
Viendo en tu luz dulcísimo consuelo
Y un mundo mas que el corazon alcanza!

Gózome al verte limpio i luminoso
Con tu solemne, tu inmortal misterio,
Y ese velo que vuelve portentoso
De uno en otro confin el hemisferio.

---

32 Este poema fue publicado con variaciones y con la dedicatoria «A mi hermana Agripina» en Samper 1860, 26-32).

amado! – quise escribirlos en mi diario porqué quiero que sea el siempre el fiel espejo de todos mis defectos, de mis penas i de mis alegrias. Quiero que cuando venga mi errante ruiseñor encuentre todos, todos mis pensamientos, las emociones mas hondas de mi alma *aquí escritas* mientras *el* vagaba ausente de su Solita amada! –

Las 10 i ½   Buenas noches bien mio, Adios mi dulce trovador, hasta mañana! el corazon oprimido por indefinible tristeza i los ojos bañados en lagrimas te dejo, me voi a entregar al sueño, voi a buscar en el olvido de lo presente esperanzas para el porvenir i alguna calma para mi ajitado corazon….. Adios, mi Pepe!

– 12 –

Las 6 i ½ – Hoi hace quince dias que se despidio mi amado….. quince dias de soledad i de desconsuelo pues todavia no he recibido ni una letra de *el* desde que se fue! esta es ya mucha ingratitud Pepe, cuando sabias que yo esperaba de tí cartas mui frecuentemente, no faltaria modo de mandarme unas lineas si tuvieras deseo de hacerlo, lo que sucede es que por fin me incomodo!... Dios mio, Dios mio! que será? oh! el no es así *el* me ama tanto i no tendria tanta crueldad con su Solita si pudiera de otro modo, por qué pues este silencio tan largo? me pierdo en conjeturas…..

Las 10 i ½ – Fuimos esta noche adonde mi S^{ra} Mariquita volvimos lloviendo – Habia allí una persona que se hiba para Ambalema i pedia ordenes; a nadie le importaba ese lugar ni nadie penso en el, pero al oir Ambalema! mil memorias cruzaron por mi mente, mil recuerdos; allí esta ahora mi amado Pepe, aquel que un dia será mi esposo i a quien le consagraré mi vida….. allí esta sin duda *el* ser por quien vivo, mi bien, mi trovador querido i verá *el* a este hombre i le podrá decir que me vio a mí?... hoi hace un més que mi madre le dio el sí i estamos ahora lejos e incomunicados, oh! recuerdas esta noche a tu Solita en tus sueños – no me olvides un instante, tu no sabes cuanto, cuanto te amo, cuan profundo es mi cariño por tí mi Pepe! –

Pláceme ver tu pabellon de estrellas,
Tus mundos mil de eternos resplandores,
Inhalaciones límpidas i bellas
Envueltas en románticos vapores.

Si es del silencio plácido lä hora,
Me inspiras ideal melancolía;
Mas si me muestras tu risueña aurora
Tu luz me infunde májica alegría.

Amo, en la noche, tu quietud hermosa,
Tu solitaria luna que consuela,
Y en la mañana alegre i bulliciosa
Tu sol i el lampo que en tus nubes riela.

Pláceme ver, en la tranquila tarde
Del crepúsculo leve los colores,
Mientras detrás de las montañas arde
El sol con melancólicos fulgores.

Y a un tiempo alzarse la escondida luna,
Del turbio oriente en el opuesto monte,
Y blanquëar la jélida laguna
Y con su luz poblar el horizonte.

Eres tú, cielo que gozoso miro,
Libro inmortal que con respeto leo,
Y en tu estrellado pabellon admiro
Siempre un misterio, que infinito veo!

Todo me incita a contemplar tu encanto
Y a meditar en tu eternal grandeza;
Que eres de Dios el luminoso manto,
Pompa de un templo de ideal belleza!...

– 13 –

Las 12 del dia – Yo crei que en mi corazon se habia estinguido para siempre este sentimiento por el cual vierto ahora ardientes i amarguisimas lagrimas. Yo crei que ya no existia en mi alma este pesar tan terriblemente amargo que envenenaba las horas que tenia de alegria!..... Yo lo crei! insensata, cuan engañado estabas corazon mio!.... no sé como esplicar lo que pasa por mí..... no, no sé, pero es una pesadumbre inmensa profunda que me agovia, que me llena el alma de una morbida tristeza... pero es *solo pesadumbre,* yo *respeto esa tumba* como la respeta *el,* pero al oirlo pronunciar o al ver el nombre de *ella* escrito por su mano, no comprendo cuales son mis sentimientos... Dios mio! dadme valor, dadme resignación! – Pepe, cuando veas lo que arriba he escrito piensalo, pero nunca me *hables* de eso, nunca, talvez yo no lo debia haber escrito, pero este es mi «diario» i tengo que recordar aqui todas mis emociones, todos mis mas hondos sentimientos; oh! tu todavia no sabes lo sensible que soi yo, soi talvez demasiado *delicada* i una palabra es suficiente para llenarme de ajitacion interior, pues quien me vé siempre en calma podria creer que no soi capaz de *sentir* tan profundamente como verdaderamente siento[36]. –

Por fin llego la carta tan deseada, por fin despues de quince dias de ausencia tuve noticia de el..... la primera carta que he recibido de *el* dirijida a mí, me ha hecho una grandisima impresion i me causó tal ajitacion que derrame muchas lagrimas i siento ahora mi cabeza tan pesada i en fuego mis ojos que apenas puedo escribir..... *el* pronto estará aquí de mañana a pasado mañana llegará..... se me confunden las ideas, tiembla mi mano, no puedo escribir mas.....

– 14 –

Las 11 del dia – Anoche no escribi por qué no pude; un fuerte dolor de cabeza no me permitia ni abrir los ojos i tuve que irme á

---

36 Ante la falta de noticias de él, Soledad daba paso a las dudas. Sus palabras eran una expresión de celos del pasado.
Mientras tanto, José María había escrito un largo poema recordándola a ella (véase: Samper 1854-1855, 49-54).

II

Dios en tu seno está! cada planeta
Que jira en tus rejiones infinitas,
Es la verdad recóndita i secreta
Que en insondable eternidad ajitas.
Las bíblicas promesas del Profeta
Miro en tus luminares siempre escritas:
Si en su oracion adórate el Poeta,
Cantos te ofrece en sus amantes cuitas;
Porque en tu augusta claridad chispea
De otra mansion la perdurable idea.

Dios está en tí!... Tus fúljidos luzeros
Flores son del jardin donde él impera;
Tus metëoros raudos i lijeros,
Signos de su pujanza justiciera.
Por él silban los vientos pasajeros
Y alza la mar sus tempestades fiera;
Por él baten sus hojas los palmeros,
Y se ostenta pomposa la pradera;
Y rompen en las peñas sus turbiones,
En el desierto, errantes aquilones.

Dios está en tí!... Sus místicos altares
Son tus soles de eterna maravilla;
Si oye tu luna rústicos cantares,
Nunca al errante peregrino humilla.
El que sufre te cuenta sus pesares,
Su queja melancólica i sencilla,
I en la faz de tus blancos luminares
De la fortuna la promesa brilla.
Tu albor disipa la cambiante niebla,
I tus rejiones la esperanza puebla

Dios está en ti! mostrando al peregrino
La eternidad de *su* mansion postrera,

acostar mui temprano i aun todavia siento alguna indisposicion i no sé porque estoi triste – Hoi debe llegar mi Pepe i al verlo otra vez huirá toda indisposicion, toda tristeza –

Las 10 i ½ – Esperando todo el dia – pero fue en vano – estoi tan triste, tan estremadamente triste, que he pasado el dia sin ocuparme en cosa de provecho – meditabunda en mi cuarto sola apénas he abierto mis labios para hablar – una profunda impresion me ha hecho *su* carta i mientras mas la leo encuentro algo allí que no puedo definir, que me llena los ojos de lagrimas i de pesar el corazon….. no preguntes nunca porqué, mi Pepe, pero no vuelvas ha ausentarte otra vez, no me dejes sola con mis pensamientos ellos son siempre impregnados de una melancolia que en tu presencia huye pero cuando no estas aquí vuelven a su estado natural – Adios, mi trovador, hasta mañana que tal vez tendre el placer de verte. Adios! – que diferencia hai entre *su* diario i el mio! –

– 15 –

La 1 del dia   Hoi me puse a tocar piano, la primera vez desde que *el* se fue; lo estoi esperando, cada instante que oigo sonar el porton me parece que es *el* que llega yá no puedo fijar mi atención en nada…..

Las 7 de la noche – Esta tarde mandé otra vez al correo, pues estaba segura que mi Pepe habia escrito antes, su carta de Ambalema no hablaba ni una palabra de su viaje i el vacio aquel *algo* que tenia i me apesadumbraba en su carta, está ya completamente llenado con sus dos interesantísimas elocuentes cartas que recibí hoi, una de Guaduas i otra de Honda… me han llenado de placer, de gozo, vuelvo á encontrar allí á mi tierno, á mi amado i amante trovador!... oh! injusticias del corazon que ama, yo queria que estuviese tan tierno el dia 9… eso no era posible i lo comprendo; esto me llenaba de tristeza, pero las cartas que recibí hoi me han vuelto el sol al alma i la alegria al corazon! – Vino hoi mi tío Benito[37] i dice que los caminos estan mui malos, por eso será que mi amado no ha venido todavia si no supiera esto estaria llena de aprehensión….. pero tengo confianza en que

---

37   Benito Gutiérrez Delgado, esposo de Ana María Acosta, tía de Soledad.

Y de *su* luz el bíblico camino.
Él nos inspira la oracion austera
Con la nocion de su poder divino;
I envuelta en luz su majestad severa,
A cada ser le asigna su destino,
I a mundos mil les traza su carrera.
Siempre a su lado la tiniebla falta,
I es él quien todo de primor lo esmalta!

III

Eres tú cielo que gozoso miro,
Libro inmortal que con respeto leo,
I en tu estrellado pabellon admiro
Siempre un misterio que infinito veo.

Talvez la sombra de un arcánjel vaga
En cada nube que tu faz blanquea,
I en tu esplendor que el ánima embriäga,
De sus miradas el fulgor chispea.

Quizás cruza en el viento, solitaria,
(De cada ser que sube a tu santuario)
La santa i amantísima plegaria
De los que esperan el mortal sudario

Talvez vuela fugaz algun suspiro
En cada pliegue dela errante nube,
I hasta tu seno espléndido que admiro,
A Dios, en alas de las auras, sube.

Yo sé que guardas en tu luz pristina
Pura esperanza de suprema gloria,
Que en tu admirable eternidad divina
Tienes de Dios presente la memoria.

Sé que a las mas recónditas rejiones
Les das tu sol, tu brillo i tu alegría,
Y nacer i morir jeneraciones,
Impasible contemplas noche i dia.

A tu sombra los mares se levantan,
En ajitada tempestad, mujiendo;
Mas si al inquieto navegante espantan,

Dios, el *Ser* bueno por excelencia, no podia habernos inspirado tanto amor para despues hacer a uno de los dos desgraciados, creo (talvez no debia tener tan locas ideas) creo que a tí nada te puede suceder mi trovador, mientras me ames como ahora, que tu amor es un talisman que te preserva la vida hasta el tiempo en que te ha señalado para dejar el mundo el Señor!... mi amado Pepe, voi a tocar algunas de las armonias que te agradan, no puedo fijar mi pensamiento ahora en nada, cada vez que tocan a la puerta me parece que tu vienes….. vuelvo al gabinete i trato de descubrir entre las sombras tu figura!.....

Las 10 ½   He estado comparando en *sus* cartas, mi diario i el suyo i cosa estraña! muchas veces sus pensamientos i los mios eran los mismos a las *mismas* horas del dia! ¿nó habrá magnetismo entre dos amantes corazones?... adonde te hallas mi trovador a esta hora, la noche está oscura, triste, relampagos iluminan de tiempo en tiempo la calle, se oye una guitarra a lo lejos sonar….. i mi Pepe me recuerda sin cesar, no me olvidas un momento?... yo hubiera deseado que mientras estabas ausente hubieses recibido algunas letras mias esto te agradaria pero no ha sido posible – Adios mi amado, ya es tarde tengo que irme a entregar al sueño….. Hasta mañana! piensa en tu Solita trovador mio!

– 16 –

La 1 de la tarde – Todo el dia esperando….. he leido sus cartas muchas veces, he tocado al piano lo que á *el* le gusta – el dia está oscuro i triste – adonde estará mi Pepe, me comienzo yá á alarmar porqué no llega hai tiempo suficiente pª poder estar aquí – suenan sordos truenos a lo lejos i relámpagos….. se acerca yá la tempestad i comienza a llover….. oh! mi errante trovador! –

Las 10 ½ – He pasado mas de hora i media en el Gabinete viendo llover esta noche pues solo puedo pensar en *el* i en que no llega….. que será que no esta aquí, mi corazon está tan acostumbrado á la tristeza que cuando no se halla cerca de su trovador amante, mi es-

Despues a tu influëncia van cediendo.
    Por tí se cubre el monte de verdura,
Y el prado ostenta sus pintadas flores,
Y en el silencio de la noche oscura
Silban los solitarios ruiseñores.
    Sueltan por tí las nubes ajitadas
Su fecundante riego en la pradera;
Y entre rústicas flores perfumadas
Brinda sus frutos la jentil palmera.
    Tiene por tí rumores la montaña,
Perfumes el verjel, fresco el ambiente;
Y en la cascada que ajitado baña
Lanza su voz magnífica el torrente.
    Por tí pasan en bandos voladores
Pájaros mil alzando su armonía,
I de tu bella aurora a los albores
Jime el viento en incógnita armonía.
    Yo te contemplo siempre agradecido,
Con relijiosa admiracion te adoro;
Ora me sienta de dolor transido.
Ora el placer me brinde su tesoro.
    Siempre busqué consuelo en tu hermosura;
Siempre la fé de tu esplendor me vino,
Tanto en las sombras de la noche oscura
Como al morir tu lampo matutino.
    Poeta, me inspiré con tus encantos;
Amante, hallé esperanza en tu belleza;
Feliz, me oiste mis alegres cantos;
Desgraciado, alentóme tu grandeza.
    Tú, cielo azul a la oracion convidas,
Y haces la misma soledad hermosa,
Porque en tu seno centellante anidas
De Dios la exelsa majestad grandiosa.
    Amo tu luz, tu sol i tus auroras,
Tus blancas nubes, tu arrebol pintado;
Y paso, contemplándote, las horas,

piritu solo me pinta imajenes de dolor... ven mi amado, ven pronto! vuelve otra vez mi dulce ruiseñor a alegrarme con tus cantos, no te tardes tanto lejos de tu Solita, mi Pepe! –

Pepe, cada dia encuentro que me comprendes profundamente i que sois mas digno de toda mi estimacion i de mi amor; talvez habias creido que porque no hablo nunca de mi padre no pienso en *el,* pero es tan doloroso este tema que creo que jamas debo hablar de el sino con completo i profundo respeto i no en la conversacion en que con la sonrisa en los labios se habla de las cosas mas serias; es para mi un sacrificio el escribir esto su perdida es un pesar tan hondo que no puedo jamas pensar en el sin estar triste..... tu comprendes este sentimiento de relijioso respeto que le he tributado a mi padre en el fondo de mi alma i no con palabras que se lleva el viento, n*adie* hasta ahora ha comprendido esto – Si, *El* te escuchaba, Pepe, cuando hiciste ese noble juramento sobre la tumba del que hubiera sido tu Padre i este solemne acto tan digno de tu corazon me llena de gratitud que no olvidare jamas![38] –

– 17 –

Las 10 – La noche esta tenebrosa, oscurísima, esta tarde cayó otro fuertisimo aguacero, estuvo aquí Dⁿ Joaquin Paris[39] i despues Mariano, que hasta ahora se fue; yo converso, hablo alegremente, me rio, pero oh! nadie sabe lo que pasa en mi corazon, todavia no ha llegado Pepe! – ya comienzo a perder la confianza que me sostenia en dias pasados..... Dios mio! salvalo de todo peligro, salvalo Señor! – ..... Deje de escribir para volver a leér tus cartas i tratar de buscar allí algun consuelo, tu larga ausencia, tu inesplicable tardanza me llenan de tristeza, no sé que hacerme, en tu ultima carta dices que llegarás pocas horas despues de ella i se han pasado ya cinco dias i no llegas..... que es esto mi bien?... estoi llena de aprension trato de no pensar. – He estado leyendo todo el dia una critica sobre las obras de Mᵐᵉ de Stael i esta tarde á Zorilla he tocado las armonias que a tí te agradan mi trovador en fin he hecho todo lo posible para distraer mi pena pero

---

38 Al parecer José María le envió el texto del poema que había compuesto en Guaduas el 2 de febrero.

39 Joaquín París (1795-1868) fue prócer de las guerras de independencia; luchó en la guerra del Pantano de Vargas y en la Batalla de Boyacá; llegó al grado de general. Posteriormente, la diarista escribiría la biografía del general París (1883).

De ardiente fé mi espíritu animado.
　Tú eres la vida, misterioso cielo,
La inspiracion, el bien i la esperanza;
Y al mirarte disípase mi duelo,
Que en tí su bien mi corazon alcanza!
　　　　　Ambalema – febrero 13 de 1855 –
　　　　　　(Samper 1854-1855, 49-54).

«VUELVO A VERTE»
Iba a dejarte i triste suspiraba;
Mi amante corazon se comprimía,
I con angustia entonces derramaba
　　　　Lágrima pía.

Mas hoy al verte, mi gentil Sultana,
Con delirante i dulce arrobamiento,
Te dí gozoso, Soledad galana
　　　　De amor mi acento.

No mas ausencia ni sentido lloro
Ni mas suspiros ni pesar ni duelo,
Pues que el perder tu sin igual tesoro
　　　　Pierdo mi cielo.

Vuelvo a tus plantas de placer temblando,
Miro encantado tu preciosa frente
I en un deleite plácido soñando
　　　　Vuela mi mente.

Vuelvo a tus pies para gozar tu risa,
I ver tus ojos i tu bello encanto
I al son lejano de la inquieta brisa
　　　　Darte mi canto.

mi corazon no te olvida un instante i estoi llena de desasosiego. Ven pronto que mañana hace veinte dias que te fuiste mi Pepe; no me olvides un instante adonde quiera que te halles, que yo le rogaré a Dios por tí antes de entregarme al sueño. Adios, hasta mañana! sera hasta mañana?.....

– 19 –

Ayer no escribí, por qué mi amado Pepe se llevó mi diario para leerlo anoche... volvio mi trovador errante, i volvio otra vez la alegria i la felizidad a mi corazon tan triste, oh! yo soi tan mala, tan cruel algunas veces atormentando a mi Pepe con locos pensamientos que lo entristecen, pero tu me has perdonado no? – si te pido mil perdones por mis injusticias que pasaron ya; pasaron para siempre de mi alma, eran los ultimos suspiros de la tempestad que antes habia habido allí, las ultimas inspiraciones del jenio de la melancolia que moraba antes de conocerte en mi desierto corazon! – Perdon pues mi trovador, olvida esto, te ruega *tu* Solita, i solo piensa mi amado que te *amo*! – Me trajo un lindisimo Album[40] lleno de composiciones en verso i en prosa compuestas en el tiempo de la Revolucion i ahora que se fue otra vez para su país natal, en todo lo que *el* escribe hai tanta poesia, tan profundo respeto por el *Creador* de las maravillas que le arrancan esas dulces armonias á su arpa entusiasmada; hai allí tan tiernos sentimientos para su Soledad que me enternecen al mismo tiempo que me llenan de alegria al pensar que es mio un corazon tan noble i tan digno de ser amado –

Pepe, yo nunca puedo expresar en palabras todo lo que siente mi alma, sin embargo yo quiero que sepas que el regalo que me trajisteis

---

40   Se refería al texto «Pensamientos y recuerdos...».

Vuelvo a rendirte adoracion i vida,
Mi fe te traigo como siempre pura,
I sueño al verte, en ilusión querida,
    Rauda ventura.

Oye otra vez mi enamorado acento
I mis historias i canción amante,
Que nuevamente mi promesa el viento
    Lleva sonante.
    Febrero 18 de 1853».
    (Samper 1855b, 38-39).

FEBRERO

Dia 19 – Las 11 de la noche –

La he visto! he estrechado otra vez *su* mano, he aspirado su aliento, he oído su divina voz, he admirado otra vez, su anjélica figura, después de 20 dias de ausencia; i la encuentro tan amante, tan fina, tan adorable, tan bella como siempre! I otra vez oigo sus promesas de dicha, sus palabras de amor que llenan mi corazon de un celestial deleite; i vuelvo a estar a su lado, rendido, esclavo, ebrio de felizidad i encantado con mi tesoro de supremo valor… Gracias Dios mio! que me has protejido, que me la has conservado, i que me permite estar a su lado para consagrarme todo a *ella*! La madre, su noble madre ha estado tan fina como siempre i soi enteramente dichoso. He hecho un viaje precipitado, sufriendo horriblemente en el camino, impaciente por verla, i al encontrarme en su presencia me he sentido inspirado. Durante mi ausencia le he consagrado muchos cantos i recuerdos, i al volver – anoche, – le he improvisado unos versos que ha mirado con el placer de siempre. Pero la ingrata se quejaba de mí, i me acusaba sin justicia! Por qué eres tan desconfiada, mi amada Soledad? Por qué me juzgas con lijereza a veces? Tu *diario*[33] está lleno de ternura infinita, de profundo amor, de sobresaltos, de tristeza i de amargura….. Oh, cuánto me amas, i cómo te adoro ánjel mio! Si, nos amamos profundamente; pero no desconfíes, no dudes jamas, dulce bien mio, puesto que soi tu

---

33   Al regresar del viaje, ella le dio a leer las entradas del diario que había escrito durante su ausencia.

de tu adorada Madre me llena de gratitud pues es esta una prueba de cariño que yo no tenia derecho alguno de esperar, pero ella tiene tanta bondad! si, es *tu* madre i siento ácia ella tanto afecto como si fuera mia; que crea ella que yo seré siempre una hija afectuosa mas, para amarla como tu mi Pepe amas á mi Madre–

– 20 –

Las 10 i ½ – Es tan fino mi trovador que sabiendo que yo necesitaba o deseaba tener una buena pluma me trajo hoi esta con la cual escribo que es mui buena; hoi vino por la mañana i por la tarde i hasta ahora se fue, me trajo ayer un lindisimo ramo de flores que es el regalo que á mí mas me agrada, i las que el me dá las miro siempre con particular cariño – Oh! yo tengo completa fé en su amor i en mi porvenir, estoi segura que el jamas me dará un pesar, i yo mi Pepe trataré siempre de hacerte lo mas dichoso que pueda – quiero mi trovador que me debas á mí tu felizidad futura ¿Qué mal nos puede suceder si nos amamos tanto? Adios mi Pepe, hasta mañana! Todas las noches levanto mi voz al Cielo por ti – Que tristeza me da el verte sufrir, tu no sabes todo lo que siento por tí! –

–21–

Las 10 i ½ Hoi es un solemne aniversario cuyo recuerdo me llena de duelo el corazon… Hoi hace tres años que murio mi Padre!... En este dia expiró no solamente mi Padre sino el unico ser que me comprendia….. oh! es tan profundo mi pesar que jamas puedo hablar de el con impavidez i no puedo escribir todo lo que siento… i al fin de tres años he pasado un dia feliz! – Hai en la vida humana mil misterios que nos muestran la mano de Dios en todas sus obras i en la predisposicion de los acontecimientos. Cuando Pepe lloraba la perdida de su esposa, yo lloraba a mi padre, i sin estos dos profundos sentimientos para nuestras almas jamas nos hubieramos amado – Pero yo vertí lagrimas i pensé en su desgracia entonces, i el no sabia de mi existencia! – Esta tarde me volvio a *jurar* mi Pepe que serian eternos su

esclavo i reinas en mi alma con un absolutismo supremo! Yo te perdono esos temores, i esas dudas, i asi anoche estuve triste leyendo en mi cama tu Diario, ya estoi tranquilo, satisfecho, contento. – Has tenido la fineza de colocar muchos pensamientos en mi *diario*, i has recibido con mucho placer el nuevo álbum que te traje: todo eso lo agradezco en estremo, dueño mio! – El dia de hoi ha sido magnífico para mi corazon!

20

He gozado mucho: soi mui feliz i tengo la mas ciega confianza en el porvenir. Todo por ti mi Soledad querida! No puedo continuar: sufro mucho físicamente i no debo escribir. Perdóname ánjel mio si no te consagro algunas líneas mas despues, despues de lo que te he escrito en nuestro libro[34] –

21

10½ N – Este dia ha sido solemne: hace tres años que murió *su* digno i noble padre por cuya memoria tengo tanto respeto i tanto afecto. Mi pobre Soledad ha estado mui triste i habrá sufrido mucho. De rodillas a sus piés, invocando el nombre de su padre, he vuelto a jurarle mi amor, mi fidelidad, mi eterna consagracion, i *ella*, mi ánjel, – ha recibido con inmenso placer mis juramentos. Su padre los habrá oído i aceptado con gusto desde el cielo – Seremos dichosos!..... No es posible seguir: No es posible seguir, sufro crueles dolores en la cara i tengo necesidad de reposo i alivio – Adios, mi bien, adiós, hasta mañana!

---

34   Ese día, le compuso el poema: «Tu nombre» (véase: Samper y Acosta 1855, 42).

consagracion i su amor convocando la sombra de mi adorado padre.….. yo en el fondo del corazon le hize el mismo juramento i *el* nos oyó desde el Cielo! – Pepe desde ese dia nadie me habia comprendido hasta que tu me amaste! –

– 22 –

Las 10 – noche – Ayer me trajo mi amado Pepe un bellisimo ramo de pensamientos para adornar mi mesa con su hermosura é inundarme de su delicioso perfume recordandome sin cesar mi amante trovador que me lo regalo habiendolo escojido el mismo – Pasé un rato mui agradable i dichoso escuchando con mi Pepe las sentidas i suavisimas armonias de la "Lucia de Lamermoor"[41] que tocaba mi Mamá, ¿puede haber felizidad mas grande que el escuchar una pieza tan llena de poesia i sentimiento como es esta ¿oirla al mismo tiempo que el ser que mas amamos?..... Cuando escuchaba yo por primera vez esta pieza que me hacia derramar lagrimas, cuando escuchaba aquellos sublimes acordes que me conmovian tan profundamente como hiba yo a soñar que la persona que mas querida de mi corazon en lo futuro seria Pepe?... qué misterios en nuestra vida mi trovador?..... Adios, mi amado i amante trovador!

---

41   Ópera de Gaetano Donizetti escrita en 1835.

22

Oh! qué deleites i armonías! Juntos los dos, recibiendo casi su aliento, pensativos ámbos, amantes i gozando, hemos escuchado con inmenso deleite, las armonías magníficas que levantaba en el piano la madre de mi Soledad! Pero ántes, *ella* habia tocado deliciosamente i me tenia encantado, en una especie de ensueño, de éxtasis divino – Cuánto se goza en ese paraíso de encanto que nos puebla la imajinacion cuando nos halagan las sublimes armonías de la música! Qué poesía, qué sentimiento el que hai siempre en ese divino arte, inventado como la pintura i la rima para servir a los misterios i las dulces confesiones del amor! Qué noche tan hermosa! cuántos recuerdos le deja a mi corazon! Adios, mi jentil Sultana: piensa en tu esclavo trovador; sueña en mi amor i en ntra felicidad! –

23

Las 11 – Noche – Vengo de verla, palpitando de amor, de felicidad, de ternura, por que esta noche ha tenido mi alma goces divinos. Todos los dias voi a verla dos veces, i es tal mi placer que olvido todo lo demas. Yo que en otro tiempo deliraba con la política, que vivía siempre en movimiento, en accion, entuasiasmado; tomando parte en todo, viéndolo todo i siguiendo el vaiven que imprimen al espíritu los acontecimientos públicos; hoi ni siquiera me asomo a los debates del Congreso, ni el periodismo me interesa, ni tomo parte en las discuciones, ni los acontecimientos me alteran, ni el triunfo mismo del partido contrario, me ha causado alarmas, desengaños ni cólera, como en otras ocasiones. Qué cambio tan completo! i todo eso lo has hecho tú, mi Soledad, – lo ha hecho el amor, – un amor que no habia sentido

– 24 –

Anoche no escribí porqué se fue Pepe mui tarde i queria pensar mucho antes de escribir lo que voi há hacer ahora. Anoche mi Mamá estaba en la sala tocando piano mi Pepe i yó estabamos en mi gabinete… cuando yo le pregunté si me amaria siempre como ahora, su contestacion fue el bajar la Biblia de adonde estaba i *jurarme* sobre ella que me amaria *eternamente*….. Pepe, refleccionaste bien cuan solemne es este acto? habeis pensado que despues de haber jurado sobre las Santas Escritura, que tu amor seria *eterno* ni la muerte nos podra dividir? i que si yo me muriera mañana tendrias que consagrarte eternamente – mi memoria?… habéis pensado en esto? sí! – pues bien, yo tambien te lo juré sobre ese libro fundador del Cristianismo i de la Fé, que te amaré eternamente, nuestro amor es un reflejo del amor divino i ambos lo juramos sobre el "Libro de los Libros"! –

Pepe, algunas veces he creido que no eras lo suficientemente respetuoso ácia la Relijión del Cristo, lo que me ha dado algun pesar, yo no soi *fanatica* pero soi profundamente Relijiosa, i creo que la que yo

jamas; en cuyas bellas rejiones he hallado el jenio – la Providencia – el bello ideal, – el *no sé qué* ansiado tanto tiempo i que tan rara vez se encuentra! Sí, tú me has transformado, me has engrandecido, purificado i abierto un camino en cuyo principio está la esperanza, en cuyo curso está la virtud, i en cuyo estremo misterioso encontraré el cielo! A ti lo debo todo: tú has sido mi Providencia, mi ánjel tutelar, mi consuelo, mi todo! Por eso esta noche, mientas tu madre tocaba en el piano, dándonos deliciosas armonías, yo en tu gabinete, a tus pies, rendido de rodillas, delirando al mirarte, aspirando tu aliento, besando ardientemente tus lindas manos, acariciando tu preciosa cabecita, i adorándote con suprema embriaguez, te he jurado una vez mas sobre los evanjelios, – sobre ese gran libro, el libro rei, – el himno de los himnos, el himno de Dios – el Santo Diario del Cristo, el album sublime de una sublime relijion; – te he jurado sobre la *Biblia* que te amo, que te amaré, *siempre*! con toda mi alma, con todo mi ser, con absoluta fidelidad, consagracion i abnegacion! I tú has oido ese juramento, i me juraste lo mismo, i estabas ebria i delirante como yo, de ventura i amor!..... Soledad, vuelvo a pedirte perdon: me regalaste un lindo ramo de flores, i por el embarazo con que te dejé i te dejo siempre, olvidé traerlo, por mi desgracia – Perdóname, Dulce bien mio, i no dejes nunca de hacerme regalos tan queridos como ese. Adios, mi bien: sueño i piénsame mucho! –

24

Cuánto se goza en la comntemplacion de las maravillas del cielo! En su seno luminoso están la sombra de Dios, la idea de una creencia i de la inmortalidad, la promesa de la felizidad, la esperanza del placer i la imajen ideal de la mujer amada.

Cuando contemplo ese pomposo cortinaje que cubre el lecho refuljente donde duerme la luna, plácida i solitaria; cuando miro la lumbre titilante de las estrellas, siento un recojimiento profundo que me lleva siempre a las rejiones del pensamiento relijioso. Ateos, si los habeis!..... incrédulos del placer! desesperados dela vida! amantes desgraciados!..... contemplad el cielo, meditad en la grandeza i tendreís

he escojido es la mejor para adorar a Dios; yo no soi Católica sin haber refleccionado mucho sobre esto; hasta los doce años vivi en Bogotá, despues fuimos a vivir diez meses con la Madre de mi Mamá que era protestante. Ella trató de *convertirme*, mientras que estuve allí no leí mas sino libros protestantes, no hiba sino a Iglesias protestantes pero aunque mui niña escuchaba todo, leia todo, nunca contradecia, pero no me pude *convencer*; – en Francia *estudie i comparé* los dos cultos el Católico i el Protestante i estoi hondamente convencida que el primero es el mejor para mi, porque yo creo que la relijion de cada uno se encuentra en el fondo de su corazon i en lo que *puede* creer. – Yo nunca veo en los sacerdotes á los hombres, solo veo en ellos el *instrumento* de Dios para servir su altar en nombre del pueblo i para recordarnos los preceptos de la palabra del Señor, por eso creo que se deben respetar no á ellos, sino a su Santa Misión – Lo que acabo de escribir aquí jamas se lo he dicho a nadie pero quiero que *tu* comprendas perfectamente cuales son mis mas intimos sentimientos –

Las 10 – noche – Acabo de venir de pasear a la luz de la luna que esta bellisima yo siempre encuentro encantos en la contemplacion de la naturaleza bajo todos aspectos, ya rompan los rayos aterradores, ya ilumine la tierra la dulce reina de la noche, sea de noche ó sea de dia, mi alma se siente mas libre, mis pensamientos se elevan ácia los Cielos cuando me encuentro en la presencia de las obras del Creador! pero cuando estamos en la compañia del ser que mas amamos, cuando ambos podemos contemplar las mismas hermosuras entonces no solamente me siento contenta sino profundamente feliz! –

Mi Pepe siempre fino i amante me regalo hoi un precioso florero que habia traido de Ambalema, el siempre escoje sus regalos con tanta delicadeza, yo que amo tanto las flores un florero es el mejor recuerdo – me lo mandó llenó de flores mui bonitas i ellas perfuman mi mesa ahora – Mucho placer sentí al vér todos los documentos tan honrosos para mi Pepe que trajo esta tarde para que viera yo i en cada uno de ellos veo un titulo mas para estimarlo i admirar su talento, puesto que desde mui joven los hombres que valen algo en su Patria han sabido conocer su merito.

Leyo mi diario de ayer i me hizo una piadosa improvisacion en

fé! –

Pero cuando contemplo esos mundos de luz que pueblan el espacio como lentejuelas del manto del Señor, al lado de mi bien, de mi adorable i encantadora Soledad, llevándola del brazo, estrechando su mano deliciosa, oyendo su arjentina voz, aspirando su purísimo aliento i sintiendo las palpitaciones de su virjen corazon… ah! entonces mi deleite es infinitamente mayor, es tan profundo que no tengo aliento ni lenguaje para expresar lo que siento! Mi amor es entonces un poema, un romance de suprema ventura. – Esta noche hemos paseado juntos, contentos, dichosos, i llenos de esperanzas. Noches hermosas, horas divinas que jamas olvidaré! os llevaré en la memoria como llevo en el corazon a Soledad!

honor de la Santa Biblia, tan hermosa i tan dulce á mi oido como todo lo que compone «mi trovador». Adios mi Pepe, voi á entregarme al sueño – estoi mui cansada apénas puedo escribir, temo que he puesto muchos disparates en esta pajina de mi diario.

– *Gracias! dulce bien mio…… gracias, mi hermosísimo ánjel! ¡Eres tan buena, tan jenerosa, tan noble! Quién no te ha de adorar si hai en tus palabras tanto amor, tanta ternura, tanta divina poesia! tanta armonia deliciosa?…..* –[42]

– 25 –

Las 10 i ½ – noche – Mi Pepe leyó lo que habia escrito anoche i puso dos lineas dandome las gracias. ¿porqué?, por que te amo mi trovador? oh, tú no sabes lo que siente el corazon de una mujer, tú no sabes el entusiasmo que encierra mi alma; tú no puedes nunca saber cuanto, cuan profundamente te amo i te estimo, cada dia mas; – Cuéntame siempre tus acciones jenerosas, mi Pepe, i si temes que otras personas se podian cansar al oir todo lo que tú has hecho de bueno, yo siempre escucharé con el mayor placer cuanto de virtud i de jenerosidad habeis hecho en tu vida. Me trajo hoi otro ramito de flores mui elegante, Cuanto amo yo una flor regalada por mi «trovador»! –

– 26 –

Las 10 ½ noche – Mi diario, mi fiel diario, si te he contado mis alegrias, mi felizidad, ahora te tengo que contar mis pesares i mi tristeza….. esta tarde estaba aqui mi Pepe cuando lo vinieron a llamar de casa de Eloisa, yo me quedé llena de aprension hasta que volvió "mi trovador" i nos dijo que tenia que ausentarse otra vez. Su hermano Manuel está enfermo en Guaduas i tiene que ir a acompañar a su esposa que se vá mañana – siempre separados, bien mio, siempre algún pesar que enturbia nuestra alegria! pero yo estoi segura que tu hermano se repondrá la esperanza está en mi corazon, tu volverás

---

42 José María Samper fue el autor de esa nota.

25

Lo que ha pasado esta noche era tan bello, tan delicioso..... que solo este Diario puede saberlo. Yo estaba a su lado, escribiéndole en su nuevo Album: *ella* dibujaba (…) para embellecer mi canto improvisado anoche a ese gran libro que tiene tan solemnes misterios i que hoi tiene para *ella* i para mí un misterio una confidencia más. Se tocaba en el piano deliciosas armonías que embelesaban mi oído, pero que mi corazon no escuchaba por que estaba soñando dulcemente, delirando de ventura infinita – Yo escuchaba i besaba con entusiasmo sus lindas manos, acariciaba su hermosa cabellera, la contemplaba con embeleso de alegría, ¡suspirando de felizidad! Yo tenía mi frente cerca de la suya, nuestros labios casi se tocaban; su aliento se confundió con el mio..... yo estaba ebrio de placer, me sentía transportado a una rejion desconocida; estaba en el paraíso con ella, enajenado, oyendo sus palabras de amor, i adorándola, me miró con profunda ternura, con sublime afecto, i yo… tomé entre las manos su divina cabeza, la besé con embriaguez i locura, i me sentí desvanecido..... ¡Oh Dios mio! gracias a ti que me has dado tan amante, tan virjinal, tan bella… ¡Gracias por esa suprema felizidad! –

pronto i contento, sin embargo cuanto me cuesta tu partida, apenas una semana desde que volviste i te alejas otra vez, aunque sera sin duda por pocos dias, mañana viene temprano á despedirse – qué triste estoi – Adios mi Pepe, adios mi ruiseñor tus dulces cantos me consuelan siempre el que compusiste esta noche[43] aunque es triste, me consuela allí; mi amado trovador!

– 27 –

Las 8 i ½ – mañana – Se acaba de ir mi Pepe que se vino á despedir...... me habia mandado mas temprano a mi cuarto un ramito de flores como ultimo recuerdo – yo estoi mui triste, no puedo escribir mas.

Las 7 – El sol se puso en medio de un manto de nubes, el cielo entero parecia acia ese lado un mar de purpura i de grana cuyo resplandor iluminaba á lo lejos la sabana; ese magnifico rei del dia se desaparecio á nuestras miradas cual un principe se esconde tras los cortinajes de purpura emblema de su poder i nobleza! – La dulce i apacible luna aparecio entonces en el cielo pero triste, un lijero velo de leves nubecillas la cubrian como transparente gasa i parecia una blanca virjen dedicada al templo del Señor – que contraste! acia el ocaso la magnificencia el esplendor el emblema del poder expiraba mientras empezaba á reinar el emblema de la virtud i de la inocencia! – Luna, dulce Febe! busca á mi trovador iluminalo con tus arjentados rayos i dile que no me olvide un momento! dile oh! dile cuanto lo amo!.....

Las 10 i ½ – Claro i sereno está el cielo la luz de la reina de la noche impide que brillen las estrellas..... solo una puedo vér la misma que contemplaba yo en tiempo de mis pesares i sobresaltos en la Revolucion; esa estrella la miraba yo como el faro que me prometia un desenlace dichoso a todas mis penas, i siempre, cuando mas triste estaba al verla volvia la esperanza a mi corazon i me hallaba mas tranquila i el porvenir me sonreia otra vez – nadie sabe lo que sufria en-

---

[43] José María le escribió el poema: «Todavía pesares» (véase Samper y Acosta 1855, 47).

27

Me voi, Dulce bien! adiós! Piénsame mucho como yo te pensaré. Sueña en tu Trovador, en tu esclavo i recibe….. Perdon por mi franqueza! recibe un tierno abrazo i un castísimo beso en tu anjélica frente que te deja adorándote tu amante esposo i amado cantor de tus encantos! Adios! –

tonces mi corazon i cuan tenebrosos eran algunas veces mis pensamientos solo por ti mi amado i ausente trovador!

– 28 –

Las 10 i ½ – noche – Vengo de adonde Atilia Briceño, fuimos á darle el pesame por la muerte de su madre i he venido con el corazon apretado – allí solo hablaban de enfermedades i muerte de desgracias i de personas aflijidas, me llena de tristeza el oir todo esto i de aprension por mi amado Pepe, no sé como definirlo pero temo, i no sé qué…… Deseo verlo otra vez de vuelta lo mas pronto pues temo que le suceda algo por allá – Oh! mi Pepe yo no puedo vivir contenta un momento sin ti, no puedo disfrutar de un instante de tranquilidad mientras esteis lejos de mi, mi trovador! –

– 29 –

Las 2 de la tarde Mandamos a preguntar a casa de Eloisa si habian sabido algo de Manuel, nos mandaron á decir que habian tenido noticia antes de ayer tarde i que estaba yá mejor. Gracias Dios mio, por esto, yo no quisiera que mi Pepe tuviese nunca el menor pesar, oh! el no merece, Señor, que tenga mas pesadumbres! –

Las 10 i ½ – noche – Todo el dia meditabunda, triste i sola en mi cuarto, leyendo *sus* libros i traduciendo la "Huida de la Bastilla" de Latude que me recomendó mi amado Pepe que hiciese del frances de Dumas – Esta tarde estuve adornando mi cuarto con estampas i retratos de personas celebres en la historia – mi imajinacion no se ocupa sino de *El*, no pienso a todas horas sino en *el*. ¿Adónde estás, mi amado, esta noche? Sin duda en Guaduas. ¡Oh!, supiera yo si la causa de su aflicción ya pasó. ¡Oh!, ¡pudiera yo saber cuáles son sus pensamientos ahora mismo!. …. La noche está hermosísima, la luna brillante. ¡Oh!, ¡si te sientes triste recuerda el amor de tu Solita!–

28 – las 10 de la noche – Guaduas

He llegado esta tarde después de un camino penoso i bien forzado. Un abrazo de Agripina, mi padre i mis hermanos, i la vista de mi buen hermano Manuel, ya fuera de cuidado han recompensado el sufrimiento físico i mitigado un tanto el pesar de haber dejado a mi Soledad. Ayer me despedí temprano de mi adorado ánjel i de su exelente madre, a quien ya reputo como mía. A las 7 fui a llevarle flores a mi bella *sultana*, que recibió ella en su lecho. Después le hice mi visita de despedida: Soledad estaba mui triste; estaba interesante i bella como siempre. Pero pálida i con los ojos tristes como velados por el cansancio del insomnio. – Tú estás siempre bella para mí, lo mismo un dia que otro; i si algunas veces me pareces *mas linda,* es cuando estás mas amante. Yo amo mil veces mas tu alma i tu corazon por que es allí donde está el gran goce, el tesoro inagotable de tu hermosura: la hermosura suprema *positiva,* – que no se acaba nunca, la que establece una demarcacion entre las bellezas vulgares i las sublimes. Por eso es que te amo, que te amaré siempre, – mi Solidad, – hasta en la vejez; por que esos encantos no los perderás nunca, si no que ántes bien los aumentarán nuestra union, nuestros hijos (si Dios quisiere con dárnoslos), las adversidades i los años. Ayer vine disgustado en el coche por la compañía de algunas personas desagradables, que parece no quieren a mi Soledad. Caminé hasta las 10 de la noche con una luna magnífica, i venía solo pensando en mi Soledad. Los paisajes eran suntuosos i espléndidos a la luz de la luna: yo estaba seguro de que a las mismas horas, *ella* contemplaba el cielo desde su gabinete i pensaba tiernamente en mí. Dormí mas tranquilo por que sabía que mi hermano estaba mejor, i soñé dulcemente que estaba en un bosque con mi Soledad descansando a la sombra de la fatiga de un viaje. — Hoi he sufrido mucho con el ardiente sol del camino. – En Villeta me detuve dos horas i le escribí a mi Soledad. Por el camino venía observando con atencion la multitud de piedras i amonitas fósiles regadas profusa-

mente, i que los viajeros miran con indiferencia. Procuraba indagar la constitucion jeolójica del terreno, i en esas reflexiones me acordaba mucho del sabio Jeneral i de su adorable hija – mi Soledad – tan digna de su padre. Hoi le escribí nuevamente, i espero dejarla contenta de mi puntualidad[35]. – adiós mi dulce bien: es tarde i voi a soñar contigo. –

MARZO

1° – las 11 del dia –

Cuán hermoso i pintoresco es este valle! Todo me recuerda a Soledad, – me hace amar mas mi amor i me trae a la memoria dulcísimos sueños. Dondequiera admiro paisaje hermosísimos, huertas perfumadas, cauces i corrientes, pájaros de alegres cantos, – armonías i primores, la tierra guarda tantos encantos en sus bellezas infinitas!..... La casa en que vive mi familia tiene una posicion soberbia: domina todo el valle i da vista a multitud de huertos. Al pié se levantan las palomas amarillentas de las matas de guadua i los sauces temblorosos de una romántica hermosura. Toda esta pompa dela naturaleza, esta divina aglomeracion de primores, sonríe a la imajinacion i ensancha el espíritu.

9 ½ de la Noche – Fui a pié a la quinta con Manzanares, a visitar a mi Sra Ana María[36] i su hija Soledad. La primera mui amable i bondadosa: la segunda, tan reservada i tan interesante como siempre, con sus grandes i hermosos ojos, llenos de una melancólica espresion. Creo que en su corazon hai un paraíso de candorosas ilusiones; que detras de su ovalada i bella frente hai una alma soñadora, llena de castidad i de tiernas imájenes. Espíritu tranquilo; corazon humilde, sin ambicion; pasiones dulces i jenio sentimental i candoroso. Cuando esta joven ame, debe de ser con mucha ternura i vehemencia, i mui zelosa i desconfiada, por que siempre bajo la calma de una fisonomía reservada, están las tempestades de la duda, cuando llega a despertar el corazon de su apacible tranquilidad. Yo amaré a esta joven como hermana, i estoi seguro de que ella me amará lo mismo[37].

---

35   Esta es una de las características que se observa en las entradas del diario de José María; él plasmó en muchas de ellas, la importancia que le daba a los deseos de Soledad.
36   Ana María Acosta, tía de Soledad, casada con Benito Gutiérrez Delgado.

[MARZO]
– 2 –

Las 8 de la noche – Acabo de recibir en este instante dos cartas de mi *errante* "trovador", cuanto placer siento al vér tus letras mi amado Pepe, i saber que tu hermano está ya mejor i fuera de peligro me llena de contento….. tu no sufrirás mas pesares me lo dice el corazon, oh! si yo puedo hacerte feliz si tengo en mi poder el hacerte dichoso, lo serás! pues este es mi unico deseo el solo anhelo de mi alma – Me dices que no me olvidarás un momento, ya lo sé porqué tú me amas como yo te amo i yo solo pienso en ti a todas horas, sin cesar recuerdo tus palabras i estas siempre presente a los ojos de mi espiritu. Tu, mi Pepe, me comprendes tan bien, adivinabas el afan en que quedaba i en dos dias me has escrito dos cartas seguidas, esta es mucha fineza i te la agradezco, pero no puedes venir todavia, es indispensable que aguardes unos dias mas, tu familia ha menester de tu compañia i tu aunqué estoi segura que deseas volver al lado de tu Solita, te quedas, siempre bondadoso i tierno con su familia es mi amante trovador! –

Las 10 i ½ Despues de volvér a leér tus cartas, mi Pepe, me voi á acostar tranquila i contenta esta noche; – tu no sabes cuanto alivio me han dado i cuantas aprehensiones me han quitado tus cartas; lo unico que siento en el alma es que te tienes que estar mas tiempo lejos de mí, que hemos de hacer, tener paciencia, siempre debemos de estar separados! – Adios, mi amado, mi fiel i tierno trovador, no me olvides un momento, bien mio!

– 3 –

Las 10 i ½ – Que tengo que decirte diario mio? que pasan los dias i las horas pasan, tristes cada una, porque sola estoi….. sola? si, que es de mi vida si mi Pepe no esta á mi lado algunas horas cada dia?... mi trovador! ven, ven mi ruiseñor amado, me hacen falta tus cantos, sin tí no encuentro placer en parte alguna, sin tí no hai mundo para tu Solita! – mis flores ya se marchitan i si tu no vienes quien me dará tan lindas i que yo pueda amar como las que tu me traes – ¿creés tu

Marzo 2 –

He vuelto a visitarlas, i me ha parecido mas bella mi futura prima. Ojalá que ella sea bien feliz. – He hablado mucho de mi Soledad con ella: *Soledad* mas pequeña, pero bella i melancólica como el objeto que su nombre espresa.

Despues he pasado una horas leyendo por la 5ª vez "Los Girondinos"[38], de Lamartine – ese David del cristianismo poético de la época, ese gran ruiseñor que ha cantado la grandeza del Cristo ante las ruinas dela República, del heroismo, del jenio i de la filosofía sobre las ruinas dela mas estupenda revolucion. Rousseau como filósofo, Plutarco como historiador, Lamartine como poeta, serán siempre mis hombres predilectos. ¡Cómo se siente uno tentado al heroismo al leer esas magníficas pájinas, que evocan las sombras de esa jeneracion de mártires i filósofos, llena de santa pureza, de elocuencia de jenio, de inspiracion i de sentimentalismo, que, despues de sublimar una colosal revolucion, subió las gradas del cadalso, donde la guillotina sangrienta apagó la mirada ardiente de tantas víctimas!...... de Mma Roland[39], de Vergniaud[40], de Genssonée, Isnaud, Duros, Fonfrede[41], Gaudet, Brissot, Barbaroux[42], Rebecquí, i tantos otros apóstoles de esa relijion de ideas, i de sentimientos elevados!

Dia 3 –

Estoi mui triste: yo no puedo vivir donde tú faltas, mi amada

---

37 José María sabía que Soledad quería y estimaba a su prima; razones por las que escribió esas anotaciones en la entrada.
38 *Histoire des Girondins*, obra de Alphonse Marie Louis Prat de Lamartine publicada en 1847.
39 Marie-Jeanne Phlipon, esposa de Jean-Marie Roland, vizconde de la Platière y líder de los girondinos o Rolandistas como se conocieron a raíz de la obra de Lamartine.
40 Pierre Victurnien Vergniaud, abogado y estadista; figura importante durante la Revolución Francesa.
41 Jean-Baptiste Boyer-Fonfrède, diputado de la convención nacional francesa; acusó a Marat por las masacres de septiembre y votó por la muerte de Luis XVI; fue guillotinado con todos los otros líderes girondinos.
42 Charles Jean Marie Barbaroux fue uno de los organizadores de la revolución girondina.

que son bellas, que tienen perfume las flores que otros me regalan? no, para mis ojos solo tienen hermosura las tuyas, Pepe. Adios mi Pepe hasta mañana, que te vuelvo a hablar de lejos aunque sea, Adios! sin duda esta noche te ocupas de mi con mi prima, no me olvides mi amado! –

– 4 –

Las 10 i media – Lo mismo que ayer, pensando solo en ti mi Pepe paso mi vida, suspirando por tu ausencia, leyendo tus poesias, cuidando tus flores….. que ha de hacer el pobre pajaro abandonado en su jaula, cuando ausente se halla el ser mas amado? – Esta tarde tuve la loca idea de que tal vez podrias llegar me estuve en el Gabinete i cada lejana figura creia que eras tu mi bien…... llego la noche, empezo a llover i perdí la esperanza – Adios mi trovador adios! voi a soñar en ti como siempre – Oh! piensame mucho, mira que no me debes olvidar un instante, yo te amo tanto! –

– 5 –

Las 10 i media – noche Los "quien vive" de los centinelas en la esquina me recuerdan mis pesares i angustias de ahora pocos meses; que pronto olvidamos las penas que pasaron i jamas las alegrias que

Soldead por mas que tu bella imajen i algunos recuerdos tuyos me acompañen. No sé qué podrá alejar mi tristeza; pero no quiero estar así: la tristeza debe ser mi elemento, mi atmófera cuando falte Soledad!

He vuelto esta tarde a visitar la tumba humildísima del Jeneral. Qué cementerio tan triste i descuidado! Cuán poco se cuidan los hombres del respeto i la atencion que merezen las tumbas! Yo tengo una triste satisfaccion en visitar el sepulcro del que ha de ser mi padre. Pues ya que no puedo amarle a él, amo su memoria i sus restos sagrados.

Esta noche acabo de estar con *su* prima i *sus* tíos en agradable conversacion. *Ella* es siempre de todas esas confidencias íntimas de familia. – Adios, piénsame mucho, bien mio, amado i bello ánjel. – Voi a amarte dormido i soñar en nuestra dicha.

Dia 4 – 12 del dia –

El dia está mui triste i opaco, la atmófera húmeda i pesada, i esta tristeza de la naturaleza se ha comunicado a mi corazon. Estoi mui triste, profundamente triste: no solo abatido, mas que abatido, desesperado. ¿Por qué? Ah! yo lo ignoro i necesito escribir mucho para desahogar mi alma de esta especie de agonía dolorosa que la abruma. – Ahora comprendo, – mi Soledad, la razon que has tenido en mis ausencias para desconfiar del porvenir, dudar i entristezerte... Es que cuando se ama profundamente con todo el ser, con toda el alma se siente un abandono, perdido, como errante en el desierto, desde el instante que le faltan la mano que lo sostiene, la mirada que lo ilumina, la voz que le inspira fé i esperanza i valor! Cuando no estás a mi lado, tiemblo sin saber de qué, me lleno de tristeza, me falta la enerjía i siento que la vida se cubre de la niebla del pesar. La santa fascinacion que ejerces sobre mí, me sostiene i me da valor. He sufrido tantro en mi juventud! He devorado tantas decepciones! He corrido tantos años, (ántes) inútilmente tras de la felizidad que, ahora al verla llegar, al tocarla i disfrutarla con tu amor, necesito de tu presencia incesante para no desalentarme! Cuando estoi contigo, tengo esperanza, fé ab-

acabaron! – desechamos una idea triste lo mas pronto que es posible, no nos podemos acostumbrar a la desgracia, pero a la felizidad, si; asi es la vida, i sin embargo hai mas penas que alegrías..... por qué es esto? Por qué nuestras almas las hizo Dios para la felizidad, ese es nuestro fin, la buscamos en esta mansion que atravesamos, sin poderla hallar jamas completa, ella nos espera en la inmortalidad! – Por eso mi Pepe, jamas pierdo la esperanza, si no somos felizes *aqui* yo tengo la completa conviccion de que *despues* la encontraremos juntos, sin tregua i sin fin! – Oh! yo soi tan incredula, mis sueños son tan bellos que jamas se pueden realizar; jamas he creido en nada sino en tu amor, mi amado, mi dulce trovador! – Estoi triste esta noche, la luna brilla mui melancolicamente sobre un cielo opaco i cubierto de niebla..... mucho te has tardado mi Pepe, todo el dia esperandote he estado, mañana hará solo ocho dias desde que te fuiste i sin embargo me parece que hace mucho tiempo – *Hasta mañana,* mi amado! –

soluta i ánimo, pero al perderte, pierdo la enerjía, por que me falta el talisman que me reanima[43].

Nunca había conocido toda la grandeza de mi adoracion acia tí. Soledad – ni toda la profundidad i la naturaleza de mi amor, como ahora en estos días de forzada separacion. Estoi al lado de mi padre convalesciente, de mi amada Agripina, tan digna de un ardiente cariño, de Manuel en su lecho de dolor, i de mis hermanos; i me siento triste i no pienso sino en ti, i todos mis sueños, son para Bogotá.....
¿Qué es esto? Cómo es que el amor de una mujer puede turbar todos los afectos, anteriores, entibiar las ternuras del hogar dela familia, confundir todos los recuerdos, i cambiar enteramente los resortes i la vida del corazon? Qué cosa es este amor que produce semejante revolucion egoista? Es un delirio, un frenesí, una locura, una tempestad de pasion lo que me ajita? No, es una cosa enteramente distinta: Yo no amo a Soledad con arrebato. – Mi amor tiene otras condiciones. Lo que abrigo es una ternura inmensa, un culto sublime, ardiente, una idolatría, una relijion nueva, desconocida ántes en los misterios de mi corazon, – relijion que se ha trasfundido en mi ser, que se ha apoderado de mi alma para venir a ser mi propio pensamiento, mi único ensueño, mi fantasía, mi inspiracion, i mi aspiracion absoluta. – Tal parece como que la idea de Dios i la creencia de la inmortalidad se hubieran confundido en mi alma con la idea de Soledad i la creencia de su amor. Hai algun misterio dela Providencia que ha hecho dela vida de Soledad i la mia una sola, misterio que me hace creer ciegamente en la influencia i la intervencion de un poder magnético. Yo vivo de *ella*, i sin ella no comprendo el placer de la gloria, ni la esperanza, ni la felizidad, ni la vida misma! Yo creo que mi amor será eterno, por que lejos de ser lo que el mundo llama amor, es un culto, un idealismo sublime!..... El amor como yo lo siento ahora, como lo comprendo despues que Soledad me ha mostrado tesoros ocultos de suprema dicha i rejiones desconocidas de inspiracion i embriaguez divina; el amor así es el ogoismo elevado a relijion, por la ternura, por la idealidad del sentimiento i la contemplacion espiritual de la eterna virtud i la felizidad! Qué sublime agoismo este, que engrandece tanto el corazon, que purifica el alma i hace entrever entre el blanco velo de la esperanza, los celestiales encantos de una eternidad de venturas!.....

---

43 José María comenzó a hacer eco de las palabras de tristeza por la falta de la amada, de la misma manera en que Soledad lo hacía por la ausencia de él.

No en balde me siento tan profundamente abatido! El amor en todas sus formas es el alma de mi organizacion: yo no puedo vivir sino amando, sea a mi madre, a mi familia, a una mujer ánjel, a la patria o a la humanidad. El primero de mis amores eres tú, Soledad..... i tu separacion me aflije por que dominas todo mi ser. Tambien sufro por mi hermana, mi buena i sentimental Agripina. Hoi cumple ella 24 años..... Dios mio! esto es ya mucho para una joven por interesante i bella que sea, en estos climas donde la vida se acaba tan pronto. Con una educacion esmerada, con talento distinguido, instruccion i belleza; con un padre i hermanos ricos, adorada por todos nosotros, i sin embargo la pobre Agripina no tiene porvenir i encuentra cada año un aniversario mas con una esperanza i una ilusion de menos! Sin porvenir en las letras, porque una mujer literata no vale ni puede valer en esta sociedad rústica indolente i envidiosa. Sin porvenir en el amor porque mi hermana, aun no conoce los misterios de esa pasion, ni encontrará en la oscuridad de estos pueblos, un hombre que la merezca, la ame i la comprenda! Pobre hermana mía! ¿De qué sirven la belleza, la educacion esmerada i el talento, si solo han de hacer resaltar mas el contraste con la soledad, el desencanto i la tristeza de una vida estéril i desierta[44]? Ah! si yo pudiera darte Porvenir i dicha; si hallara para tí un esposo que fuera para tu bella alma lo que Soledad para la mía!..... Tú serías entonces feliz i yo gozaría inmensamente con tu dicha.....[45]

---

44 La misión final de la mujer era el matrimonio o el convento. Por eso, el lamento de José María sobre su hermana, quien a los 24 años todavía no había logrado atraer a algún hombre, posiblemente por su educación y su posición social.

45 Parece que José María cumplió lo prometido en la entrada; Agripina contrajo matrimonio con Manuel Ancízar, veinticuatro años, mayor que ella, el 4 de julio de 1857 en la iglesia de San Francisco en Bogotá.

– 6 –

Las 11 del dia – Acabo de recibir una carta de mi tia Maria; cuando pienso en su suerte, en la vida que ella ha pasado, no puedo menos que entristecerme; con talento nada comun, con nobles i poéticas ideas, empezo la vida llena de esperanzas, ¿i que és ahora de sus romanticos sueños? se perdieron uno a uno con los años: – rodeada siempre por personas que jamas la pudieron comprender paso su juventud cegando solo desengaños i pesares; – no hubo nunca un ser que la supiera amar que pudiera entender su alma. Tiemblo cuando recuerdo que sin haberte hallado a ti, mi amante "trovador", tal hubieran sido mis futuros años, oh! solo *tu* me has comprendido como yo te comprendo! por eso te amo tan profundamente mi Pepe. –

Las 10 i ½ – noche – Dios mio! porqué siento tanta afliccion esta noche? porqué corren mis lagrimas? oh! cuan desconsolado estas mi corazon….. yo creia firmemente que veria á mi Pepe hoi, lo esperaba, i no ha llegado; estoi llena de tristeza, de pesar, oh! cuanto, cuan amado eres de mi alma, mi amante trovador! Tu ausencia me és tan penosa, cuando te hallas lejos de mi no tengo un momento de sosiego siempre aprehensiones tengo por tí, siempre sobresaltada i triste – oh! cuanto te amo, mi dulce "ruiseñor"!..... Adios! adios bien mio – mañana sera el dia mas feliz que hoi para nosotros?... mañana es un aniversario; el 7 de Marzo![44] –

---

44 Esta mención de la fecha señala que la pareja había sostenido conversaciones sobre la importancia que ese día había tenido en la vida de José María. Obsérvese la manera en que éste efectuó la síntesis de su vida a partir de esa fecha en su diario.

Dia 6 – 6 ½ de la mañana

Toda la noche he estado en penosa ajitacion de los sueños i las pesadillas. Mas al soñar dulcemente en mi Soledad me sentía dichoso i mi sueño era un deleite continuado. Ah! la fecha (el 5) era favorable i debia por lo ménos, soñar algo bueno. Pero despues veía en otros sueños, – pesadillas del pesar presente, – ya rodando la cabeza de Luis XVI i su mujer, de Madama Roland i los Girondinos, de Carlota, de Robespierre i de Danton, a su turno (por que ántes, de acostarme acababa Lamartine de evocar a mi vista esas grandes sombras de una gran revolucion, escombros de la catástrofe popular de todo un continente); ya a mi familia entera en el duelo i la amargura; ya mi patria llorando sobre las ruinas de su libertad ensangrentadas. – ¿Por qué estos sueños? No lo sé: los sueños son unas veces revelaciones, otras evocaciones, otras delirios, i a vezes paraisos. Pero siempre vienen del corazon fatigado a la cabeza que arde.

Pero qué contraste! qué mañana tan hermosa! Qué deleite en la naturaleza, i qué tristeza tan profunda en el corazon! Todo afuera es alegria: el paisaje del frente desde las fábricas vecinas hasta las cumbres de los cerros es magnífico, fresco, admirable: el del estenso huerto que está al pié de las ventanas es primoroso. Mil pájaros especialmente toches, azulejos i ruiseñores indíjenas cantan con suprema alegría, formando un himno de infinitas notas, lleno de armonía que se levanta a Dios. Los árboles llenos de verdor, cargados de frutas, frescas i húmedas con el rocío i la brisa que de ellos viene, se siente perfumada i deliciosa, i trae a mi frente abrasada por el calor del sueño, la vida i la animacion. Entre tanto el cielo está bellísimo; la luna se ostenta blanca i sin luz, como un pedazo de nube redondeado, sin encanto alguno, como una esperanza muerta, como una hermosura marchita, como una ilusion que ha huido del corazon….. I el sol apareciendo, mientras para unas tomas pintorescas, i las inunda con su luz, su calor: su esmalte deja todavía opaco el valle verde luminoso i apazible, donde vagan errantes algunos copos alados de blanca niebla que parecen posarse sobre las copas delos naranjos, los limoneros i los sauces, como águilas estupendas descendidas de las rejiones escarpadas de la nieve perpetua, donde moran el huracan i el trueno…

I mientras que afuera todo está alegre, todo murmura. – Arboles, brisas, flores i corrientes – dentro de mi corazon no hai mas que duelo, tristeza profunda, presentimientos dolorosos i temores de que acaso se cubrirá de luto el hogar de mi familia… Qué contraste Dios mio! qué contraste! ¿Cómo dominar este pesar? Cómo sacudir estas sombras que pasan sobre mi espíritu? Ah! sombra de mi ánjel, dulce memoria de mi Soledad, – bella imajen de su magnífica figura, – esperanza de mis amantes dichas, venid a consolarme; o mas bien, no me abandoneis un solo instante, por que entonces perdería la fé: el valor…..

8 ½ Noche. – Dios mio! mi alma se siente oprimida por la tortura de un desconocido sufrimiento! Mi corazon está abrumado por el peso de un presentimiento aciago! Será que alguna tempestad de dolores se cierne sobre mi cabeza? Será que hai a mis piés preparado ocultamente por el destino, algun abismo de amarguras i duelo? Qué es esto, Dios mio? Por qué no me concedes el poder de adivinar lo que vendrá de descorrer el velo misterioso que envuelve como en sombra la luz de mi espíritu, pero que algunas vezes me deja vislumbrar un relámpago precursor de la tormenta?

Yo bien sé que tú, mi amada, mi noble i tierna Soledad eres estraña al orijen de este pesar: mis presentimientos no se refieren a ti ni a tu santo i purísimo amor. No, yo tengo ciega fé en ti, confianza absoluta en la ventura que me preparas, i toda mi esperanza viene de tu nombre, tu imajen i tu adoracion. Yo sé que el cielo nos ha destinado al uno para el otro, i toda la felicidad que pueda encontar seguramente en este mundo, me vendrá toda de ti… Pero temo una catástrofe fatal! hace un año que los males reinan en el hogar de mi familia sin interrupcion. Mi padre enfermo i estenuado, mi hermano Manuel sufriendo en su lecho de dolor, i amenazado de mas largos sufrimientos, mis demas hermanos frecuentemente acometidos de enfermedades. Solo en el porvenir mio i en el de Rafael hai, luz, esperanza i amor sin amarguras domésticas. ¿De qué sirven la riqueza i la actividad intelijente, la influencia, i las estensas relaciones si ha de sufrir el mal constantemente. Pero tal vez todo esto será transitorio i acaso mi imajinacion exaltada por el pesar que me causa mi familia,

i la separacion de mi ánjel, me hacen acrecentar las dimensiones de la tristeza, i dar pábulo a mis peores presentimientos. Ah! es que cuando me falta Soledad (el poder divino que entusiasma mi alma, que hace palpitar mas fuertemente mi corazon, i que puebla con su luz mi espíritu de hermosas visiones, de ensueños venturosos i santos ideales), me vuelvo preocupado, pierdo el valor que me anima delante de *ella*, i suspiro bajo el peso de una melancolía desconocida.

Todo contribuye a crear un mundo de tristezas en derredor mio, por que en este momento la noche está mui sombría, todo solitario, oscuro el cielo, i hasta el canto lejano i triste delos gallos que conviadan al silencio i el sueño, i el ruido incesante compasado i monótono de un chorro que cae en el estanque del patio, golpeando como un martillo sobre un ataud, me entristece i preocupa, a mí, tan despreocupado siempre! – Pero ah! vuelvo repentinamente a mirar al patio i veo la claridad precursora de la luna aparecer hermoseando los floridos arbustos i los árboles del huerto. Voi a meditar un poco, a consolarme con ese hermoso astro de la noche, compañero de los pájaros, i a ver desde lejos a mi Soledad, a mi bello ánjel, clavando la vista donde ella tendrá la suya fija en este momento......

Son las 9 ½ – Bellísimo espectáculo de la noche, admirable escena de Soledad i de consuelo! sublime meditacion la que infunde la contemplacion relijiosa i austera de la inmensidad de los cielos! las sombras huyen i la luna entre atmósfera desvanmecida i brumosa, brilla pálidamente sobre la cordillera, lanzando como avergonzada sus vacilantes rayos, por entre las albas capas de los árboles! Se ve pequeña i mui lejana, i la rodean dos grandes nubes negras, una colocada encima i otra a la izquierda. La he contemplado en silencio, con su blanca auréola i su solemne tristeza, – i creía encontrar allí, mi Soledad, tu mirada tranquila, amorosa i pensativa! Sentía que tú estabas mirándola también, – mi corazon me lo decía; te envié un suspiro amantísimo i profundo, i lo contemplé con gratitud! La brisa ha refrescado mis sienes ardientes; la noche con su silencio i el cielo con su hermosura, me han vuelto la calma, i la fé... la luna ha consolado mi corazon i arrancádole con su apazible belleza los crueles presentimientos que lo abrumaban; i tu imajen, i tu memoria evo-

– 7 –

Las 7 – noche – He pasado el dia esperándolo..... llego la noche i hasta ahora me he estado en el gabinete tratando de verlo venir; los temores que yo no habia querido permitir entrada en mi corazon han vuelto allí otra vez tengo un pesar, una ajitacion vaga me persigue..... no puedo hacer nada, huyen mis ideas lejos del libro que trato de leer, oh! mi Pepe, mi Pepe! – No sabes tu, bien mio, todo el afan que me ocasionas i los tristes pensamientos que me causas.

Las 10 – noche – La noche esta oscura i triste, reverberan de tiempo en tiempo los relampagos en el horizonte, pero oh! mi alma está aun mas melancólica..... mi voz se eleva ácia el Señor, mi ruego alcanza hasta su trono, oh! ¡yo solo sé orar por *el,* i por *el* levanto mi plegaria ahora, por su salud, por su seguridad por su vida! yo pido para mi esperanza no mas i aliento para mi corazon..... las densas nubes se apartan un instante allá sobre los cerros i se levanta la arjentada luna luminosa i bella, virtiendo su placida luz por un momento sobre mi, vuelven las nubes á cubrirla, pero despues se desaparecen poco a poco dejandola despejada i sola sobre el azul pabellon del cielo,.... vertio tanta calma en mi alma este astro de los tristes que iré a entregarme al sueño mas tranquila, el Señor no nos abandona nunca mi Pepe! – Cubrieron la luna las nubes por un instante, es decir que tengo que sufrir todavia un pesar?... si, pero volverá la tranquilidad otra vez á mi corazon!..... la luna la veo clara i serena –Adios mi trovador! –

cadas por mi pensamiento, – i tu suspiro amante que he creido encontrar en las auras de oriente, me han devuelto mis dulces ensueños i encantadas ilusiones... Oh! gracias, bien mio, gracias por el bien que haces aun estando ausente. Yo te adoro, te amo con todo mi ser, i te rindo agradecido el culto silencioso i lleno de misterio de mi profunda consagracion... Adios, mi ánjel, voi a soñar en ti, en nuestra ventura, en nuestro hermoso porvenir de amor.....

Dia 7 – 2 de la tarde.

Hoi es el natalicio de mi madre: hermoso dia para mí! Mi madre, sí tan buena, tan cariñosa, tan adorable.....

Oh madre mía! Dios sabe cuánto te amo i cuánto le ruego por la conservacion de vuestros dias! — Mis pesares de anoche se han disipado. Dormí tranquilamente anoche i soñé en ti mi Soledad. Al acostarme llevaba tu imajen en el pensamiento i ella me dio la calma. Hoi, mi padre i mi hermano están mucho mejor: el dia está triste pero suave i tranquilo. Esta tarde haré a tu familia mi visita de despedida: todos los dias he ido a verlos i siempre me han tratado con amable bondad. Esperimento un vivo placer en esas visitas, i paseos a la Quinta, por que aparte de la dulzura de carácter, que tiene tu bella prima, encuentro en el hogar i el trato de esa familia apreciable algo tuyo, algo que me habla de ti, que te representa i evoca, mi dulce Soledad. Solo hablamos de ti i de tu digna i exelente madre, i pasan las horas agradablemente.

El dia de hoi tiene una fecha mui importante para mí[46]: ella me recuerda un grande acontecimiento que cambió la situacion del país, i me llevó a la escena política, desde muchacho casi, para elevarme, empelido por el viento de la fortuna, a una altura mui superior a mi edad. Todas mis glorias, mis triunfos, mi fama, mi posicion, mis desengaños i mis luchas, los debo a ese acontecimiento que me puso en escena. Hasta 1849, yo era apénas un muchacho – escritor que había hecho conocer medianamente mi nombre con las exentricidades del

---

46 El 7 de marzo de 1849 fue el día en que el liberal José Hilario López asumió la presidencia de la República, en medio de tumultuosas elecciones. Fecha que para los conservadores fue producto de una violenta coerción y amenaza liberal; mientras que para los liberales fue el resultado de los acontecimientos que el pueblo deseaba para cambiar la opresiva situación reinante (véase: Samper /s.f/, 192).

— 8 —

Acabo de recibir una larguisima carta de Pepe i he tenido la pena de no mostrarsela entera a mi madre. ¿por que? no he tenido valor, hai allí revelaciones que no quisiera que ella supiera jamas, yo la conozco mucho i sé que le darian mucha pena….. sabe Dios las lagrimas que me ha costado á mí[45]….. nunca me vuelvas há hablar sobre una

---

45 José María en su diario explicó que en esa carta le había hecho una «confesión de una antigua debilidad».

colejial i la audacia del que se presenta al público lanzando sus inspiraciones a la prensa desde los claustros del Colejio, en busca de gloria i dominado por el santo amor de la libertad! – Desde el 7 de Marzo, que me hizo entrar en el mundo político, yo he sido en cinco años periodista, poeta, orador popular, institutor, publicista, apóstol de la República, abogado, negociante, empleado notable de la nacion, Diputado, Elector, Concejal, Jefe Municipal; – casado, viudo, feliz, desgraciado, popular, perseguido, ministerial, oposicionista, proscrito, soldado, ¡¡todo en una palabra!! Sí, yo he sentido todas las impresiones, he estado en todas las situaciones, ¡he *vivido* inmensamente! Dios mio! cuántas peripecias, i apenas 27 años no cumplidos! Qué de ajitaciones i contrastes! Qué de decepciones en tan poco tiempo[47]!

Al cabo la reflexion ha venido i una quietud filosófica combinada con la actividad que el patriotismo exije, i apoyada en la prudencia que los desengaños traen, es el estado de mi vida! – Cuántos de los que han sido mis compañeros en los acontecimientos, me habrán olvidado acaso! Cuántos han desertado de su causa i dejado el camino que yo sigo, guiado por la luz de mi conciencia, la fé del porvenir i el amor de la verdad!

Hoi un amor inmenso, profundo, – relijion poética de mi corazon, es el aliento de mi vida i la estrella que guía mis pasos hacia la felizidad! La fiebre de la política ha cedido completamente su puesto al idealismo de la ternura i la santidad relijiosa del amor, convertido en un culto sublime! Mi vida ha sufrido una transformacion absoluta: soi otro hombre distinto del que era hace cuatro años – hace dos no mas[48]. Mi alma, mi corazon, mi aliento, mi existencia i mi porvenir te pertenecen, Soledad! —

Dia 8 – 9 de la noche.

Oh! qué alegría! Al fin puedo irme mañana, a verte, tranquilo por la salud de mi familia, – i te llevaré frutas i flores – mi Soledad – lo

---

47 Este resumen de la vida no sólo es el resultado de la rememoración, sino también parte del refuerzo persuasivo de la construcción del referente personal que le ofrecía a Soledad, para quien la gloria del nombre por el servicio a la patria era fundamental.

48 Los actos que había realizado como liberal radical no eran aceptados por la madre y las amistades de ella, ya que el general Acosta había sido conservador y opositor de los radicales al final de sus días. De ahí que José María haya moderado su actividad política para no obstaculizar el matrimonio.

materia que me entristece tanto, no quiero *verla* nunca i trataré en olvidar su existencia. Esto es todo lo que te prometo, mi corazon es mui delicado, mui sensible, tal vez será que no conozco lo suficiente el mundo, veo abrirse a mis pies la vida i su vista tan diferente de la que yo habia soñado me asusta, me atormenta; yo me he educado sola siempre con mis fantásticas ideas, idealismos de un corazon soñador alimentado con poesias i con libros que leian antes mis padres... no sé pues cuales deben ser mi sentimientos sobre eso, tal vez no podré olvidarlo por qué tengo que confesartelo que esto me ha llenado de profundo pesar, mi corazon no puede acostumbrarse al mundo – Pepe te... perdono! pero *nunca* me vuelvas ha hablar de ella – Oh! tú comprendes bien de quién hablo![46] –

Otra cosa me ha dado pena, Pepe sabed que yo nunca creo que estoi bella, jamas pienso en esto, yo me conozco lo suficiente para estar persuadida de que cuando tu me lo dices, si acaso verdaderamente lo creés es *ilusion* de *poeta*. Te permito que lo digas porque eres "mi trovador", pero nunca pienses que yo lo creo aun por un instante, acaso no tengo espejos pª vér como soi verdaderamente? tu me amas mucho, por eso creés que no soi *fea,* pero otra cosa pienso yo; – oh! todavia no sabes comprenderme, el dia que te fuiste estaba solo triste por tu partida, ni por un momento recorde que podia parecer menos bien á tus ojos, esto no me pasó por la imajinacion; siento mucho que hayas tenido tales pensamientos pues era creér que yo misma no me conocía – yo me he estudiado mucho i conozco imparcialmente todos mis defectos i mis pocas cualidades; – soi extremadamente severa conmigo misma en todo, i no hai ser a quien mas *critique* que a mí misma[47] – ya vés cuan equivocado estabas cuando creiste que yo pensaba que estaba *menos bella* puesto que yo sé que jamas lo estoi – Tu carta sin embargo que me ha hecho vertir lagrimas esta llena de amor i de ternura, mi Pepe, yo sé que tu me amas cada dia mas.

Las 4 i ½ – tarde   Yo he querido ser siempre franca con mi Pepe,

---

46   La percepción del mundo que Soledad poseía era la de una joven recluída en su hogar, protegida e inocente de mucho de lo que sucedía en él; leía lo que le habían enseñado que era bueno y provechoso; lo demás, si lo había leído, eran sucesos de otros lugares o inventados; por eso, no aceptó lo que José María le había confiado en secreto. No obstante, comenzaba a aprender de las circunstancias de la vida a través de la existencia de él y le quedaba, como única alternativa positiva, el perdonarlo.

47   La atribución de falta de belleza y la autocrítica son características de la personalidad de Soledad, que menciona varias veces en las páginas del diario total.

que pueda para acariciarte como una esposa, i probarte que pienso en todo i no te olvido un momento. Qué placer, bien mio! Verte otra vez, oir tu dulce i arjentina voz que tiene tanta armonía i adorarte i palpitar junto a ti, aspirando las puras auras de tu dulce aliento! Oh! qué dicha para tu pobre trovador que te ama tanto! ¿No es cierto, mi ánjel, que me has pensado mucho i que me piensas ahora mismo? No es cierto que has escrito, tocado i dibujado para mí? Mañana estaré a tus piés, ebrio de placer i ventura…..

quiero *siempre* decirle mis impresiones, cuanto pienso sobre lo que *el* me diga ó sobre lo que á mí me pasa, i aunque algunas veces puedo lastimarlo (lo que me causa pesar) no por eso dejaré de serlo; yo creo que en un verdadero amor la completa confianza es lo que mas se debe cultivar, tu lo haces tambien, te agradesco esta ultima prueba de sinceridad con migo, i si me ha dado pena tambien me ha convencido de que eres franco en todo. Olvida despues de leer esto que me has dado pesadumbre i no hablemos nunca mas de lo que no quisiera acordarme[48]. –

– 9 –

Las 7 – noche – Ayer i hoi todo el dia me ha oprimido una profunda tristeza, un desaliento, un abatimiento, que no sé qué pensar; esta vaga angustia que me atormenta a todas horas, que me sigue, no dejandome un instante de tranquilidad, por qué es?..... ayer debia *el* haber llegado, hoi lo esperaba á cada instante i sin embargo no parece..... estoi desesperada, mil pensamientos horribles cruzan por mi mente, siento la cabeza caliente, no me puedo ocupar en nada, imposible fijar mis ideas; oh! yo no comprendo tanta tardanza, no encuentro ya motivo para esta larguisima ausencia..... nunca habia tenido tanta aprension por *el*, ni aun cuando estaba exponiendo su vida en la revolucion tenia tan grande desconsuelo como siento ahora – Pepe, bien mio, no sabes cuanto me haces sufrir algunas veces! desde que te conocí cuantas lagrimas he vertido por tí, por eso será que te amo tanto!... si ahora dos no sabia lo que era la felizidad de amar i ser amada, tampoco conocia este pesar este continuo sobresalto i á veces profunda melancolia que mora en mi corazon cuando estas ausente – si has abierto para mi alma un mundo de felizidad no soñada, tambien me has hecho sentir un mar de amarguras, de angustias i de pesares cuya existencia no conocia ni podia comprender – Amame mucho mi Pepe, no sabes todavia cuanto cariño tengo por ti i cuanto lo merezco puesto que te amo tanto!...

Las 10 i ½ Oh! Pepe, mi amado Pepe..... como calmar esta deses-

---

[48] Justificación de la entrada anterior, para no tener posibles reconvenciones de él por lo que había expresado sobre el secreto que él le había confiado y que ella había rechazado.

perada tristeza que me abruma, que me despedaza el corazon, tu creés que soi tal vez fria, indiferente... pero no sabes las terribles tempestades que pasan aqui en mi alma bajo mi tranquilo exterior! – Dios mio, Dios mio! por qué tanto dolor?... no podria venir hoi, vendra mañana no hai causa para tanta tristeza; no, nada me puede consolar, el tambien ha estado i está triste ¿no debo estarlo tambien? – Adios mi trovador Adios, piensame a mi, mucho, mucho! si mañana no sé de ti i no vienes no sabes lo que harás sufrir a tu Solita! –.... Pero oh! allá en el cielo brilla la estrella de mi esperanza que en mis dias de pasadas angustias calmaba mis aprensiones prometiendome un porvenir dichoso, si, esto es una dulce supersticion esa estrella me tranquiliza, sola brilla sobre un cielo cubierto de nubes ¿por qué no aceptarla en signo de alegria?.....

– 10 –

Las 10 – noche – Anoche a las 12 de la noche llego mi Pepe tan amado i no me habia levantado todavia cuando vino el criado con una carta anunciando su llegada – Si te he ofendido bien mio perdoname esta noche Pepe no seas injusto i cruel con tu Solita!! –
– Me dices que soi *cruel*!! – Ah! ¿Podia yo esperar semejante palabra de ti?... Ya veo que mi franqueza te desagrada..... – Pepe –[49]

– 11 –

Las 10 i ½ – noche – Todo el dia casi ha estado mi Pepe conmigo, me mando dos ramos de lindisimas flores esta mañana, oh! que preciosas son para mi tus flores mi amante trovador, cuanto perfume tienen para mí i cuanto las quiero cuando son mandadas por tí i cojidas por tu mano – Me siento hoi tan contenta, tan feliz con el amor de mi Pepe, la ausencia es mui dura pero como tu dices nos muestra cuanto nos amamos i que placer encontramos al vernos cada dia siempre amados i amando lo mismo i si es posible aun mas que antes – Hoi le escribi á Agripina, la querida hermana de *el,* en contestacion

---

49 Líneas de José María Samper. Señalan que la lectura, que la pareja efectuaba del texto del otro, era inmediata.

Dia 10 – Bogotá – 11 de la Noche

Vengo rebozando de placer! He vuelto a ver a mi ánjel, a mi adorable Soledad, i la he encontrado tan tierna, tan fina, tan bella i tan amable como siempre. – Ayer salí de Guaduas haciendo el propósito de venir en un día, por que le había anunciado a mi Soledad que vendría ayer, i era preciso llegar a todo trance para evitarte un pesar i alguna tristeza o alarma por mi dilacion. Caminé 18 leguas sin descansar casi, i llegué rendido, mas por desgracia solo alcanzé a venir a las 12 de la noche, hora en que ya era imposible verla. Hoi mui temprano le escribí a mi futura madre i luego fui a almorzar con ella: casi todo el dia lo he pasado a su lado, en dulcísima conversacion. Le traje a mi Solita muchas flores desde Guaduas i del camino, pero llegaron mui estropeadas i marchitas. La he encontrado contenta i dichosa. Sin embargo, he tenido ahora un amarguísimo pesar: he leído las pájinas escritas por *ella*, en su Diario durante mi ausencia, i una de ellas revela mucha amargura. *Ella* no ha sabido estimar toda la nobleza de una dolorosa confesion, que le hice, ni todo el sacrificio de mi amor propio que había en esa confesion de una antigua debilidad mía! Ah! Esta es una nueva i cruel espiacion[49]! Apesar de eso, yo la

---

49   Fue la reacción de José María al rechazo que Soledad hizo de lo confesado por él. Sin embargo, en persona se mostró ofendido y ella lo plasmó en el diario.

       Esta entrada señala que José María tenía muy presente en el momento de la escritura tanto

a una amable cartica que me mandó con mi Pepe – yo estoi segura de que ella i yo simpatizaremos tiene tantas cualidades para apreciarla, i es *su* hermana, pues la amaré mucho – Adios mi tierno trovador, hasta mañana voi á acostarme satisfecha contigo i con mi suerte; veo un porvenir dichoso en lo futuro, pues creo que yo podré contribuir á tu felizidad, bien mio! – La composicion que me hiciste esta noche es tan dulce para mi oido como es todo lo tuyo se intitula "La música".

– 12 –

Las 10 – noche – Por qué será? que, cuando estoi triste, cuando me persiguen pensamientos amargos puedo entonces escribir, puedo espresar mi dolor; pero cuando me hallo contenta, mas qué contenta, feliz, no puedo comprender mi dicha, no puedo explicar lo que siento oh! es tan melancolico mi espiritu esta tan enseñado al pesar qué no puede amoldarse i encontrar la felizidad sin turbarse sin perderse en un mar de fantasias que me hacen meditabunda i no puedo entonces decir lo qué siento! – perdoname bien mio, mi tierno trovador, si me creés algunas veces demasiado callada, deja que me acostumbre á vér que si hai felizidad en el mundo i completa simpatia entre nosotros i me encontrarás cambiada, ten paciencia mi Pepe[50], tu no me amas (no lo creas) mas de lo que yó te amo!...

– 13 –

Las 10 i ½ Lo mismo que ayer, contenta con mi suerte, tiernamente amada i amando lo mismo a mi trovador; pasamos las horas juntos dibujando ó leyendo ó escribiendo, alegres siempre cuando se halla aquí i tristes cuando se vá, cuando no está presente mi Pepe, no encuentro placer en nada, no tiene nada brillo, hermosura i poesia cuando no esta a mi lado. Mi pensamiento se ocupa solo de el a todas horas i no puedo fijar mi imajinacion sino en lo que el ha dicho. – En *El Tiempo* papel redactado por mi Pepe salio hoi el segundo articulo de una especie de revista de los pueblos de aquí a Ambalema se in-

---

50   Señal de posibles críticas de José María hacia el mutismo de ella.

perdono, por que ella no conoce el mundo i su delicado corazon es mui impresionable.

12 – las 11 de la noche –

Ayer estuve mui contento, mui dichoso por la bondad con que me prueba su amor mi Soledad. Pero hoi he estado mui dichoso i he tenido un placer inmenso, i me siento tan feliz, tan dueño de su corazon, i tan confiado en mi porvenir, que he olvidado mis viejos pesares.

---

los sentimientos de su receptora e interlocutora, como los intereses que lo habían movido para comenzar la escritura del diario. Lo escrito en el texto era por lo general positivo, no incluía nada de lo personal entre ellos, que no se refiriera al amor y su exaltación; así como también para reafirmar el apoyo decidido hacia Soledad.

titula "Impresiones de viaje" i lo escribio mi trovador cuando estuvo allá ahora un mes, todo lo que escribe *el* es siempre para el bien de la patria, cada dia te encuentro mas noble i mas digno de mi amor! –

El "17 de abril" historia de esta ultima revolucion que publica de folletin en el mismo periodico, es una obra que le dará mucho brillo á su reputación como escritor; siempre imparcial en sus juicios, trae las causas de esta indigna revolucion desde mui lejos, tachando a los culpables pero moderado i justo con todos – Oh! si mi adorado padre estuviese vivo cuanto te amaria mi Pepe, que contento estaria con que fueras mi esposo.[51]

– 14 –

Hoi empieza el juicio al Presidente Obando[52], juicio que llenará de gloria a la República mostrando como, si el primer majistrado se conduce mal en el Poder[53], se le puede acusar ante el pueblo; que no permitiremos en la Nueva Granada que amenacen impunemente á la Libertad! –

Las 10 ½ – Se acaba de ir de aquí mi trovador, hemos estado felizes como siempre dibujando ambos, yo una viñeta para la composicion de la musica i *el* una vista de Honda. –Adios mi trovador, oh! es tan dulce saber, estar persuadida de qué tu me amas tanto. Tener la certidumbre de que si yo pienso en ti sin cesar tu tampoco me olvidas por un momento. –Adios mi amado Pepe! –

---

51 Explicitación de la importancia que ella le daba a aspectos provenientes del progenitor (ilustrado, estadista, militar, escritor, interesado por la patria, etc.), los cuales debían ser características que tendría que poseer quien fuera su esposo.

52 José María Obando (1795-1861) Presidente de la República a quien Melo derrocó en 1854. Durante su gobierno, el grupo liberal se dividió en dos: Gólgotas o radicales y draconianos o demócratas. Estos últimos lo apoyaron durante las elecciones, mientras que los primeros colaboraron con Tomás Herrera; salió triunfante Obando para ejercer su segundo mandato presidencial.

53 José María Melo era el Comandante de la fuerzas de Cundinamarca, pero estaba acusado de un homicidio. En la madrugada del 7 de marzo de 1854, día en que lo iban a juzgar, apoyado por grupos de artesanos draconianos, tomó el control de la ciudad y ofreció a Obando la posibilidad de convertirse en dictador, al negarse éste, Melo lo llevó a prisión con gran facilidad. Esta situación hizo que se pensara que había sido cómplice de Melo para apoderarse del gobierno; lo cual era corroborado por la situación de que los dos habían conversado largamente la víspera. Se lo acusó ante el Congreso reunido en Ibagué, corporación que lo destituyó de su cargo. El 4 de abril de 1855, fue sentenciado por los hechos ocurridos el año anterior.

– 15 –

Las 10 i ½ – noche – Te has quejado de mi, mi trovador, con cuanta injusticia! No sabes pues cuan amado eres de mi corazon? tu no sabes que sin tí es el mundo un vacio, que nada puede gustarme si tu no estás a mi lado? no entiendes que aunque esté silenciosa estoi mui feliz cuando estrechas mis manos entre las tuyas?... qué, mi amado Pepe no me comprendes todavia, i te quejas de mí? ah! que injusticia hai en esto, mi trovador! – no vuelvas a decirme eso mi Pepe; tu no sabes cuan profundamente te ama tu Solita….. quiera Dios que algun dia lo conozcas. Cuando te oigo leer tus primeros ensayos en literatura, cuando veo la madurez de tu espiritu a la edad de dieciocho años, encuentro cuan merecedor eres de toda mi estimacion i cariño. Oh! tu eres como habia soñado yo debia ser aquel ser para quien mi corazon se guardaba sin haber amado hasta que te vi, mi trovador. Si, tu eres mi "bello ideal" tu talento i jenio es tal como deseaba yo encontrar, una alma hermana de la mia á que yo puedo amar i respetar; – una alma que me comprende, tu no sabes todavia que mi espiritu, aunque naturalmente melancolico es entusiasta, que bajo esta apacibilidad exterior hai allí mucho fuego que dormia porque no habia habido quien lo despertara, ten paciencia mi Pepe i algún dia acabarás de comprenderme, yo sé que soi digna de todo tu amor.

– 16 –

Las 10 i ½   Oh! mi diario tu, que siempre has recibido mis confesiones, i has escuchado mis quejas cuando estoi triste, i mis alegrías; oye ahora el pesar que me atormenta esta noche; si yo fuera orgullosa con Pepe como soi acia el mundo entero[54] jamas escribiria lo que ahora voi á contarte, mi fiel diario….. se me llenan los ojos de lagrimas al pensarlo, pero tengo que decirlo, quiero que *el* sepa todos mis pensamientos i aunque me crée de *nieve* no sabe cuan sensible es mi corazon; jamas me habia quejado de *el* desde que le prometí ser suya, pero hoi he hecho un descubrimiento que no sé si me llena mas de amargura o de tristeza….. he conocido que Pepe, que yo creia que

---

54   Explicitación de la manera en que ella ajustaba su personalidad a los gustos de José María.

15 – 10 ½ de la noche

Los dias anteriores se han deslizado mui dulcemente sin pesares, sin recuerdos penosos, consagrados al culto del amor mas puro, a la ternura mas afectuosa i al cultivo de las bellas artes. Los dias se pasan en una eterna delicia, i Soledad i yo vivimos entre flores, libros, gratas lecturas, música i amables distracciones. – Soledad dibuja, yo le hago versos i dibujos, le copio mis escritos en mi segundo álbum, i *nuestra* madre toca en el piano con frecuencia, dándonos magníficas armonías. – El dia de hoi es mui bello, porque es un delicioso aniversario, que envuelve el recuerdo de nuestra primera comunicacion en Guaduas. Jamas olvidaré el 15 de agosto de 1853, dia de la inauguracion de mi amor i del nacimiento de mis esperanzas.

16 – 10 ½ de la noche –

Estoi mui contento i dichoso: mientras me he ocupado esta noche con Solita en dibujar i conversar dulcemente o escribirle algo, *ntra* madre tocaba. Yo le decía a mi ánjel mil ternezas, i ella correspondía mis amantes palabras, con deliciosas miradas llenas de infinito amor. Oh! cuán deleitablemente se desliza la vida, esperando el hermoso dia de nuestra santa union!

me comprendia i amaba tanto como yo a *el*, – Pepe se siente cansado i aburrido con su Solita! cada dia la encuentra mas insipida i sin interés…… ¿seré injusta al suponer esto?..... que pregunta tan necia, como me iba a decir que es cierto!... Pepe, Pepe todavia no me conoces, cuando sea tu esposa sabrás como soi verdaderamente, ten paciencia, te lo ruego – i tu me crees insensible i de nieve! –

– 17 –

Las 11 del dia – Anoche estaba yo sentida con mi Pepe, porque crei encontrar que estaba descontento conmigo….. talvez tiene *el* razon en creerme insipida pero no la tiene cuando me dice que soi indiferente; yo no le digo todos mis pensamientos, mis sueños, porqué todavia no he aprendido á hablar el lenguaje de mi corazon, jamas he *dicho* lo que pensaba….. Pepe, amame mucho – alguna vez comprenderás que si tengo ideas, i entusiasmo!..... un mes i medio no mas falta, no te canses de mi antes de que sea tu esposa; oh! yo te conozco mucho, mi corazon es mui delicado, mui sensible no sabes cuanto pesar me causa a veces una palabra, una mirada.

Las 11 i ¼ – Vino esta tarde mi amado trovador i toda mi tristeza, mi pesar, se disipo al hablarme *el*, oh! tiene tanto poder sobre mi espiritu que inmediatamente me volvió la tranquilidad al corazon con solo una palabra….. me compuso en *nuestro* libro una linda improvisacion, esta es su venganza por mis injusticias de anoche!..... tu me amas mucho mi Pepe, yo me quejo á veces, pero es por qué tu amor es todo mi tesoro i temo que tu no estes tan contento cuando estais con migo como yo con tigo, mi tierno i amado trovador! perdoname i te prometo no volver a decirte una queja tan sin fundamento como esta – Adios mi Pepe, sueña con tu Solita! –

– 18 –

Las 1- ½   Contenta, feliz con mi amado i amante Pepe, pasamos

ratos mui agradables, llenos de felizidad i encanto, oh! nos amamos tanto, no mi trovador?... es tan dulce el saber que cada latido de nuestros corazones es un himno á Dios para rogarle cada uno por el otro, que si yo te pienso sin cesar i tu memoria no se aparta de mi espiritu un instante tu tambien me recuerdas continuamente á todas horas...... Oh! tu no sabes bien mio lo que ama el corazon de una mujer por..., no diré por primera vez, por qué es por unica i ultima vez, estoi persuadida de que solo una vez se ama verdaderamente ¿no es cierto mi tierno trovador? – Me regalastes flores estuvistes tan amable i alegre como me agrada verte oh! he pasado un dia feliz! –

– 19 –

Las 10 i ½   Vuelan los dias i de cada uno que pasa, queda un eterno recuerdo de alegria i de placer para el alma; siempre contenta con mi Pepe, cada dia lo amo mas i soi mas feliz con su amor i yo creia que no habia felizidad sobre la tierra? para las jentes que no saben amar, que no tienen entusiasmo – yo creo que no la hai pero para nosotros mi trovador que hemos comprendido lo que es el profundo pesar, sí hai felizidad por qué la sabemos *sentir,* la sabemos apreciar. No creas mi amado, que yo soi impasible i que no tengo entusiasmo, no lo creas; solo, yo me he enseñado a dominar mucho á casi no mostrar lo que siento. Yo no sé amar á medias, ó es con todo mi corazon ó completamente indiferente; en el fondo tu caracter i el mio son parecidos, sino que tus primeras impresiones i tus primeros años fueron tan diferentes de los mios que en apariencia son talvez opuestos; yo te he estudiado mucho mi Pepe, i te conozco muchísimo –

– 20 –

Las 10 i ½ – noche – Esta mañana fuimos adonde las Briceños que vinieron de Villeta mui tristes por qué habiendo dejado Bogotá con su madre vuelven á el sin ella.

Mi Pepe vino esta tarde como acostumbra – bailamos un *valse solos*;

19 – 11 de la noche

Algunas noche he dejado de escribir en mi Diario, despues de mi vuelta, por que he tenido que copiar los capítulos que escribí en Guaduas; pero todos los dias me siento mas dichoso, i siempre vengo contento de mi Soledad. Hace un mes que salimos por la noche a pasear, al dia siguiente de mi venida de Ambalema, i gozamos dulcemente Soledad i yo, amándonos al tibio resplandor de una luna magnífica. Estas fechas nunca se olvidan, por que ellas entrañan siempre algún profundo deleite, algún hermoso recuerdo, alguna escena de felicidad suprema.

los "Rayos de la esperanza", cuantos recuerdos para nosotros! Tuvo mi trovador, la fineza de mandarme esta mañana un elegante ramo de flores; pasamos las horas felizes, amantes i amados –

– 22 –

Anoche no escribí porqué no tuve tiempo; me acosté despues de las doce de la noche. Por la tarde habiamos ido á encontrar á mi tia Ana Maria i Soledad que venian de Guaduas, fuimos con mi Pepe i estuve mui contenta –
Vino mi trovador amado hoi por la mañana i me compuso una linda improvisacion llena de amor i de entusiasmo; se llama "Entusiasmo" – Estoi tan feliz tan dichosa cuando te veo aquí bien mio; mi corazon lo encuentro tan lleno de alegria, rebosando de placer al vér que cada dia nos amamos mas, que estamos tan contentos cuando estamos juntos! oh! nunca volveremos a tener la menor queja el uno del otro, ya nos comprendemos perfectamente ¿no mi Pepe? si digo ó hago alguna cosa que te desagrade perdoname siempre inmediatamente, tu sabes que no es voluntariamente, por qué te amo tanto que jamas quiero darte el menor pesar – yo haré lo mismo contigo i seremos así mas felizes – Adios mi amante i amadísimo trovador piensame mucho i sueña con tu Solita! –

– 23 –

Las 10 i ½ – noche – Lo mismo que siempre mi trovador, amante i tierno, yo como ayer contenta, con su amor feliz, mi corazon te ama tan profundamente! te agradan las pajinas de mi diario, te encuentras dichoso con mi cariño mi Pepe! oh! tu no sabes que no es esto sino una debil expresion de lo que te amo, es solo aquello que se puede decir en palabras tu comprendes qué mi alma siente mucho mas de lo que digo..... me hiciste hoi tres improvisaciones que son tan dulces siempre para mi oído, á mi "Diario", "A la pintura" i "A tu madre" mi amado trovador, tu me conozes tanto! yo tengo en tí completa fé

23 – 10 ½ noche

Cada hora que pasa deja en la historia de mi amor una nueva pájina de ventura, un deleite, una esperanza mas, que ofrecerle a Dios, como un himno del corazon. El amor es así una sublime relijion i cada uno de los salmos del evanjelio que concibe el alma, es una palpitacion deliciosa. Todos los dias, le regalo flores a mi amada, que ella acepta con sumo cariño, como una casta i perfumada prenda de mi amante consagracion. Cada dia, trae un nuevo placer, una nueva inspiracion. Desde ántes de ayer, he estado mas contento por la compañía de mi Sra Ana Ma. i Soledad, su amable hija, que llegaron de Guaduas =

i estoi persuadida que seremos tan felices, tanto como se puede esperar sobre la tierra! Me mandó mi Pepe, esta mañana temprano un elegante ramo de flores, *lirios* que tanto quiero i *pensamientos* que son mi encanto – con las flores me mandó unos versos mui bonitos – Adios bien mio, piensame.

– 24 –

Las 10 i ½ – noche – Conozco cuanto me ámas, sé cual es tu cariño inmenso acía mí, i sin embargo me *siento* con tigo algunas veces, no creas que estuve braba, no, triste si, soi tan susceptible que me desagrada é entristese la mas lijera, la mas minima desatención – crées tu que si yo no te amara mucho, muchisimo, me sentiria con tigo? nó, por qué entonces me seria indiferente cuanto hacias – pues entonces perdoname, te ruego, i no seas injusto nunca con tu Solita diciendome que soi fria, indiferente, no sabes cuanto me hiere que me digas eso, no sabes el pesar que me causa una palabra así, por qué creo entonces que no me comprendes. Adios mi trovador, mi Pepe amado, tu siempre te despides por ultima vez desde la calle! –

– 26 –

Las 9 de la mañana – Anoche no escribi por qué el susto i la aprension no me dejaron – pasé una noche de sobresalto i angustia, pero gracias a Dios esta mañana se desvanecieron mis temores, voi á contar cual fue el motivo: mi Pepe estuvo aquí como siempre; bailamos, cantamos i tocamos piano mui contentos, hasta despues de las diez que se fue el yo me fui al gabinete para verlo ir cuando salio, cuando hiba mas allá de la casa lo llamó un hombre de capa dos veces el se volvió á ver que queria i entonces yó oí que le dijo el otro: "te ván á dár unas estocadas"! Inmediatamente me llene de susto, quise llamarlo, pero yá hiba lejos, cruzo la esquina i se desaparecio – mandamos preguntar á la mujer que vive en la tienda i ella dijo que habia oido decir al hombre que no era que le hiban á dar unas estocadas sino

La familia se ha aumentado pues, agradablemente i con ella los gratos placeres i las dulces confidencias del hogar de mi Soledad. – Antes de ayer fui a San Victorino con Solita i *ntra* madre a encontrar a las recién venidas, i estuvimos mui divertidos i contentos. – Confieso que me mortificó mucho la repulsa de mi Sra Carolina que no quiso aceptar mi brazo en la calle. Esto me humilló mucho i me hizo cavilar bastante; pero luego me calmé reflexionando en ntra posicion. –

26 – las 11 de la noche –

Qué noche tan magnífica! qué pompa tan suntuosa en el cielo! qué hermosura tan deliciosa de la luna! He salido a pasear con mi ánjel, tan contento, tan sumamente dichoso, que ya mismo no me encuentro con un lenguaje bastante bello para expresar mi placer. Cada vez encuentro a Soledad mas bella, mas interesante i amable: por eso la amo cada dia mas, si es que mi amor puede crecer aun, despues de tanta felizidad. – Anoche i hoi me han dado ella i su exelente familia una delicadísima prueba de su cariño.

Anoche al salir de la casa, un hombre de capa embozado[50] en la calle me amenazó con tono burlon en darme unas estocadas o que me las darían: Soledad oyó eso desde el gabinete, pues todas las noches sale a verme venir para recibir mi última despedida. Yo supuse que

---

50   Según Soledad al parecer fue J. Posadas (véase la entrada del 16 de marzo).

que el mismo se las hiba á dar i siguio detras de Pepe – mas temor nos dio, yo me desesperé crei que el hombre era Posadas me parecio que habia sido la voz de este facineroso; i como corre la chispa de que vá a haber revolucion i aborrecen tanto a los Gólgotas i los presos andan yá sueltos, no sé qué me pasó mil ideas horribles me atormentaban; para poder estar menos sobresaltados, mandamos á dos criadas que fueran a la casa de mi Pepe i averiguaran si habia llegado allá, volvieron diciendo que el criado les habia dicho que todavia no habia vuelto á su casa pero qué cuando llegase vendria á avisarme, estuve hasta las doce pasadas en el gabinete esperando noticia de mi trovador – por fin nos fuimos a acostar – esta mañana lo mas pronto que fue posible mandamos á la criada i despues de un rato me volvio la tranquilidad al corazon una cartica de mi Pepe diciendome que no le habia sucedido nada, que seguramente habia sido alguna chuscada de algun vagamundo por que no lo habia seguido – Oh! mi Pepe, mi amado trovador, tu no puedes figurarte la angustia que pasé anoche i la dicha que volvio tu carta a mi alma – oh! tu no sabes talvez cuanto te amo! –

Las 4 de la tarde – El sol esta brillante, el cielo puro, mi Pepe estuvo aquí esta mañana, estoi contenta, sobre la mesa hai lindas flores que me mandó mi trovador i estoi leyendo una composicion mui tierna que le hizo *el* a la Virjen Maria, que alegre me siento ahora! –

Las 10 i ½ noche – Despues de haber pasado una noche de angustia i de pesar he pasado un dia mui agradable con mi Pepe; – esta noche estuvimos a pasear con la luna, estaba la noche tan bella, tan tranquila la atmosfera i sentia tan feliz mi corazon que no podia menos sino levantarlo acía Dios, es tan delicioso amar i saberse amado en la presencia de tanta grandeza i solemnidad hermosa de la naturaleza, su tranquilidad, ni el menor viento habia, en todas partes quietud….. la luna parecia sonreirse como una tierna madre sobre un hijo idolatrado – mi amante trovador, asi quisiera pasar mi vida contigo, en esta tranquila felizidad, sin un mundo á que atender, sin ajitación….. como ha cambiado mi espiritu desde que te amo, antes deseaba ruido, movimiento, diversiones, enfin me gustaba una alegre sociedad, pero

aquello era una broma, tanto mas cuanto que no me siguió el embozado; pero por precaucion resolví no venirme a casa inmediatamente para desorientar a cualquiera que me siguiese, en caso de ser la cosa séria contra toda probabilidad. – Cuando llegué, mi criado fiel (José), mui asustado, me dijo que Soledad mandó a las seis de la mañana a saber de mí – Pobre ánjel mio, tan noble i tan amante! Mi Solita ha pasado una noche cruel de insomnio i zozobra, i toda su familia há estado alarmada i triste anoche….. Cómo he sentido este contratiempo tan inesperado! Yo no he dormido, pensando en el pesar de mi ánjel. Cuánto te agradezco tu fineza i ternura dueño mio! Cuánto siento que hayas sufrido por culpa mía… Por fortuna los temores eran infundados, i se descubrió la broma. Hoi i esta noche nos hemos indemnizado del pesar, gozando mucho i mui dichosos.

ahora solo en tí pienso, de ti no mas me acuerdo, todo, todo mi pensamiento, mi alma, mi corazon se han concentrado en tí i quiero mi felizidad solo por qué así haria la tuya ¿mi Pepe crées tu que yo te amo como tu me amas?.....

– 27 –

Las 10 i ½ – noche – Por qué, Dios mio, mi Pepe interpreta mal mis pensamientos por qué interpreta el mal mis sentimientos?... esto me atormenta, me llena de pesar, no sabes tu bien mio, que yo te amo, que te adoro?... me dices que no soi sensible, me dices eso tu! – ten paciencia amado mio, ten paciencia con tu Solita, mira que una palabra así, me duele mucho, pero yo te perdono mi trovador, solo puede haber en mi corazon amor para tí! – pero cuando estas junto á mi no puedo, no me es posible espresar mis pensamientos, recuerda esto mi Pepe! —

– 28 –

Las 11 – noche – Despues de haber estado un momento mui triste esta mañana por qué vino mi amado Pepe, mui serio i triste, el resto del dia hemos estado mui contentos...... soi tan feliz con tu profundo amor, mi Pepe, mi trovador! me encuentro tan dichosa al recordar que nos amamos tanto, oh! bien mio, amame siempre, siempre asi i me haras tan completamente feliz como es posible que esté mi corazon – Adios mi trovador, ven mañana tan amante i amado como te fuiste hoi! – voi a dormir para soñar contigo. Adios! –

– 29 –

Las 12 doce de la noche He estado esta noche mui feliz escuchando dulces armonias que tocaba un famoso guitarrista, Mata – la musica no tiene para mi ni encantos ni poesia cuando tu mi Pepe no

27 – 10 ½

¿Por qué será que mi Soledad es tan deliciosa cuando estoi a su lado acariciándola? Será que ella no tiene el entusiasmo que yo? Será que cree avergonzarse de mis ternuras i de las suyas, por que no es mi esposa todavía? Ah! 5 de mayo…... cuánto tardas para mi eterna felizidad! Pero no: ella ama como yo, i tiene el mismo entusiasmo, i palpita con embriaguez amorosa. Su silencio es efecto de su timidez, de su inocencia. Ella no conoce el lenguaje del amor i tiembla ruborizada, por que su candor la hace tener embarazo. Su silencio es mas bien el lenguaje sublime de su inmenso i profundo amor…..

28 – las 10 ½

Esta noche he sido mas feliz que nunca…... Ah! podré pintar todo el deleite que he sentido? todo el placer casto i divino que ha inundado mi corazon. No, es imposible: hai cosas que se sienten, pero que no se describen. Los supremos dolores como los supremos gozes, no tienen pincel….. He….. ¿Lo diré Dios mio? debo contárselo a mi Diario? Ah! qué inmensa dicha! He besado su casta frente, su dulce i purísima mejilla, i me desvanecí de placer i de felizidad! Dios sabe lo que hemos sentido…..

29 – las 11 ¼ de la noche

He pasado el dia mui contento: constantemente dibujamos i pasamos horas deliciosas en confidencias de familia – Estoi mui contento de ver que mi futura prima Soledad, ama i es amada, i que

estas á mi lado, pero cuan delicioso es oir dulces i sentimentales piezas cuando tu las escuchas tambien! – Adios mi amado trovador, ya es mui tarde, *sueña* con tu Solita! –

– 30 –

Las 11 – noche – Mi amado, mi adorado Pepe! cuanto, cuan profundamente te amo, bien mio…… estoi llena de tristezas, por qué ocultarlo? estoi llena de angustia i pesar, yo ingrata que soi, lo hize sufrir tanto, yo! Dios mio, que tenia esta tarde para hacerlo sufrir así, yo, que soi capaz de darle mi vida, todo, todo por evitarle una pena, yo le hize sentir desesperacion! perdoname amado mio perdoname mi Pepe, mi dulce trovador, si supieras lo que pasó en mi corazon cuando te vi enfermo por mi culpa, si supieras me perdonabas! pero tu eres tan bueno, tan jeneroso, que ya me habeis perdonado, no es cierto? yo te contara mi diario que sucedio esta tarde, pero para qué lo has de saber tu, mejor es que esto quede sepultado en nuestros corazones…… que linda estaba la noche, que precioso estaba el espectaculo del cielo, tu junto a mi, tu mano estrechando la mia i me despedazaba el remordimiento el corazon, habias sufrido tanto por mí, Pepe i por mi culpa i mi jeneroso, mi buen amante, me habia perdonado ya! qué dolor sentia por mí, yo sé lo que es la desesperación, yo la sentí una vez i solo en sueño, i sin embargo no puedo esplicar el dolor inmenso que experimenté – Adios mi trovador! Adios mi dulce i amado ruiseñor, tu Solita te ama aun mas desde hoi! –

puede ser feliz. Manzanares, mi antiguo amigo (desde 1838) la ama mucho, i ella corresponde su afecto. – Esta noche llevó a un joven Mata, guitarrista célebre, para que tocara en casa de mi Solita, i estuvimos mui contentos. Ah! la música es un arte tan bello, tan sentimental... habla tanto al corazon i los sentidos! Supiera yo tocar para cantarle mi amor a mi Soledad en dulces armonías! – El joven músico es un jenio, toca con tanto sentimiento, con tal espresion, que hace crecer el entusiasmo amoroso, si es posible, i enternece mucho: su ejecucion es admirable.

Lástima que ese pobre joven, interesantísimo por su jenio, no tenga un teatro digno de su inspiracion magnífica para crearse reputacion i porvenir! *Mi madre* i mi Solita tocaron en el piano mui agradablemente. La noche ha sido deliciosa.

30 – las 10 ½ de la noche

Qué de sensaciones ha tenido mi corazon en este dia i la noche! Por la mañana fui a pasearme a caballo, i anduve por el cementerio, recojiendo rosas i madreselvas para enviarle un ramo a mi ánjel: – siempre que visito esos lugares me aflijo mucho, porque tengo sumo respeto por la muerte i las tumbas, i como he sufrido mucho en mi vida, moralmente, respeto los dolores ajenos representados en los sepulcros...... – Despues fui donde Soledad i la encontré mui amable; pasamos un bello dia, pero la noche...... ¡ai! cuán diferentes impresiones! Hubo un momento en que creí morirme de dolor..... Yo estaba solo con mi Soledad, hablándole de mi amor i mi ternura i acariciándola con embeleso: al cabo, no pudiendo resistir un arrebato supremo de amor, le dí a mi ánjel..... Ah! Dios sabe cuán pura i casta fue esa caricia, que es la mas bella palabra del lenguaje mudo del amor! Entónces *ella* se mostró irritada, indignada, i su mirada me reveló por un instante..... no sé qué.....

Creó que era desprecio o resentimiento, i por un momento me (he) creído perdido, sin porvenir i sin *ella*..... Oh! qué delirio tan espantoso! Ví delante mil sombras; me pareció oir una maldicion, una eterna repulsa; perdí la esperanza, el dolor me desvaneció, tuve un

– 31 –

Las 10 i ½ noche   Hoi es el cumpleaños de mi amado Pepe, esta mañana temprano le escribi una cartica mandandole como prenda de mi cariño un botoncito que le habia pertenecido á mi padre i por eso era querido para mí; yo creo que a mi trovador le ha gustado este recuerdo, que muestra cuanto lo amo i la grande estimacion que tengo acía el; la memoria de mi padre es tan sagrada para mí! Yo sé bien mio, que has pasado un dia feliz, yo sé que has estado contento con tu futura esposa, te amo tanto, mi Pepe, que por ti haria yo cualquier sacrificio; – anoche hubo para tí un momento de inmenso dolor, jamas

horrible vértigo, i sintiendo que el corazon se me despedazaba, perdí la vista i sentí que me moría... Dios sabe cuánto sufrí, i que ese hondo dolor de unos minutos fue un siglo de espantosa amargura!..... Pero allí estaba mi ánjel, mi Soledad..... Ella comprendió mi martirio, – mi muerte moral, mi dolor físico i con su mirada, su voz su ternura, su cariño i sus cuidados; me volvió la esperanza perdida. Ella me calmó, me consoló i me pidió perdon! Yo la perdoné con toda mi alma; pero ai! que dolor así no se cura mui pronto: necesita muchos dias de felizidad i de calma; yo sé que he quedado enfermo para muchos dias. Mi mal tiene antiguas causas agravadas en la campaña i en todos los sucesos de la revolucion del año pasado, i ha hecho esplosion esta noche... no sé cuándo me curaré: mi corazon está enfermo, lo sé! — Yo necesitaba aire i calma para restablecerme: salí a pasear con Soledad i la familia, i estuvimos una hora en el Congreso, i luego salimos a paseo. En la plazuela de Capuchinos, al frente de los magníficos sauces, nos sentamos a descansar i a contemplar la luna que estaba hermosísima. La noche tenía muchas magnificencias: *Cirio* estaba sublime; todo el cielo en calma, el aire puro, los sauces embalsamados i tranquilos; yo sentado al lado de mi ánjel la contemplaba con embeleso i adoracion, estrechada su mano, i le hablaba de mi amor con ternura. La calma volvió a mi espíritu i mi corazon, i volvimos a la casa contentos i tranquilos. Quiera Dios que yo no vuelva a sentir en mi vida un dolor como el de esta noche!.....

31 – las 11 ½

Veintisiete años ya! Hoi hace 27 años que nací..... i cuántos sufrimientos i desengaños ha tenido que atravesar para llegar a encontrar en Soledad, el alma que necesitaba, el corazon puro que podía amarme i estimarme! Al fin la esperanza – la realidad de la ventura, despues de tanta lenta agonía en mi peregrinacion ajitada. Pero puedo complacerme al encontrarme con mi buen corazon no pervertido, honrado, jeneroso, con una notable posicion social, con mi conciencia tranquila, mui cambiado en mis defectos, adelantado en mis virtudes, i contento de estar obrando bien i llenando mi deber! Casi siempre

volveras á oir la menor queja de mis labios, recuerda esto mi tierno trovador no vuelvas nunca á *sentirte* aun por un momento de mí – piensa que yo te amo inmensamente i no juzgues lijeramente de mí – Yo te comprendo tanto mi trovador tu tambien me comprendes, que no vuelva a haber sentimiento otra vez entre nosotros – Tu me amas tanto tienes entusiasmo grande, Pepe yo tengo el mismo entusiasmo; sino que hai diferencia entre nosotros tu lo muestras i yo no.

[ABRIL]

– 1° de Abril –

Las 10 i ½   Acabo de venir de pasear con mi Pepe. He estado contenta, sin embargo de que en todo el dia hemos estado separados: las visitas no nos han permitido hablarnos casi un momento hasta esta noche. Pero no me he sentido tan alegre, tan contenta como otras veces. No sé por qué. Despues de haber caído un fuerte aguacero se levantó la luna sobre un cielo limpio i despejado. Las calles estaban mojadas i el piso desagradable.

Mi trovador querido, para complacer el deseo que yo tenia de oirlo cantar me dio gusto cantando una cancioncita, i aunque mi Mamá no lo podia acompañar bien, porque no sabia la musica, fue para mí mui agradable el oir su voz, que es siempre para mi amada á todos tiempos i por supuesto así todavia mas – No creas mi Pepe que yo me pudiera reir de lo que tu haces, i mucho menos cuando lo haces

debe uno aflijirse con un aniversario de nacimiento, por que ese (es) un paso mas hacia la muerte i la triste vejez: hoi no me entristece *mi dia*, por que me siento feliz i lleno de esperanza con el amor de Soledad, — Yo había adivinado que *ella* me haría hoi un regalo mui fino i delicado, – algun libro u otro objeto que perteneciera a *su padre*: precisamente fue así. Me escribió esta mañana una carta amantísima, mui fina i tierna, pidiéndome perdon por mis pesares de anoche, i hablándome de ntro amor i futura dicha; i me envió un hermoso boton para el pecho, con una esmeralda, que perteneció a *su padre*! Ah! qué bien me conoces, me comprendes i me estimas, Soledad! qué fina i delicada eres! Cuánto agradezco tu regalo i tu dulce i adorable cartita. – El dia ha sido mui bueno, hemos estado mui contentos, mui dichosos, *mucho muchísimo*, como nunca! Dios le envía siempre (al) corazon dias de calma i felizidad para indemnizarle delos pesares, i hace crecer la esperanza como una bella flor, donde ántes hubo algún abrojo de amargura! Con cuánto placer i consuelo termino mi último año i completo los 27 de mi vida!

ABRIL

Dia 1º – Las 11 de la noche

Qué dia tan delicioso he pasado, amante i amado conternura, lleno de esperanzas, de confianza en el porvenir, i de placer! Durante el dia he estado con Solita, Soledad i Sofía, mui contento de pensar que pronto serán felices todas tres: Soledad i Sofía me inspiran mucho interés, i creo que Molano i Manzanares las harán dichosas – Por la noche salimos a pasear todos i a llevar a Sofía a su casa i gozamos mucho, pues aunque la tarde habia estado lluviosa, la noche estuvo mui bella. Cuán dulces son esos momentos que paso al lado de mi Solita llevándola, del brazo, hablándole de amor i acariciando su linda mano! Esta noche he tenido deleites infinitos... Solita ha aceptado mis caricias con mas bondad que ántes, i me siento mui dichoso; ah! mi corazon ha tenido profundas emociones de placer, de gratitud i de santa ternura... mi adoracion no tiene límites ya!..... Qué venturoso

bien, pero como tu sabes yo no sé elogiar; tu me comprendes mui bien i lées mis pensamientos, como no adivinaste que me gusto mucho tu canción? – Adios, amado mio!

– 2 –

Las 11 i ½ – noche – Mi amado Pepe me compuso una lindisima improvisacion adonde pinta el entusiasmo de su amor, esta llena de ternura i de alegria me ha gustado muchísimo oh! ¡son tan dulces, tan amantes los cantares de mi trovador!... Yo tengo tanta, tan completa fé en *el* como en mi misma i yo creo que lo que el dice que es bueno es asi, por eso estoi tranquila esta noche con lo que ha sucedido – Dios mio! conservamelo siempre como es ahora, tan noble en sus sentimientos i su afecto tan inmenso acía mi. – Yo sé que mi constancia sera tan firme como la eternidad; – Señor dadme vida, talento i tacto para hacerlo feliz mientras dure yo en el mundo! –

– 3 –

Las 10 – noche – Lo mismo que ayer….. Qué puedo yo decirte, diario mio?... lo unico que sé es que lo amo mucho, tanto Dios mio,

soi, por ti, solo por ti, mi adorable i casta esposa, mi sultana oriental, mi linda hurí!......

2 – Las 10 ½

En las últimas noches pasadas han sido mui frecuentes algunos dulces placeres, algunas deliciosas distracciones, algunas gratas confidencias de familia. – Frecuentemente mi Solita toca deliciosas piezas en el piano, para corresponder mis canciones despues que hemos dibujado para nuestros albums o para el de una amiga que nos envió el suyo; mi Solita hace muchos progresos, i cada dia hace mas lindos dibujos, que revelan su fantasía poética, su fino tacto, i su gusto delicado. – Después toca *mi madre* i bailamos, yo con mi Solita i a veces Manzanares con Soledad: cada cual con su ánjel. – Entre tanto, las dos madres se gozan i recrean en silencio, en sus dos interesantes hijas, tan dignas de ser felices.

Esta noche... ah! Solita ¿con qué podré pagarte tanto bien, tanta ventura i tan suprema embriaguez? Tus bondades han sido inmensas: eres tan jenerosa i condescendiente...... Yo sé todo lo que me amas, comprendo tu embarazo, tu silencio, tu ternura, tus ocultos delirios i entusiasmo! Es tan profundamente grata i cariñosa la ajitacion de tu seno perfumado...... Anjel mio! Lo que ha sucedido no puede espresarse por que colma mi ambicion i mi amor...... Me he desvanecido al aspirar tu ámbar i beber tu alma i tu amor en tus...... Ah! cuán dichoso soi! – Despues para recompensarte en algo tu infinita bondad, te hice una improvisacion «Mi amor»...... que recibiste con mucho placer......

Adios, bien mio – voi a soñar dulcemente, porque soi mui dichoso.

3 – Las 3 de la tarde

¿Con que me reservabas, dueño mio, un amargo pesar para hoi despues de tanta felizidad de anoche? Ah! qué crueldad, bien mio!

que cualquier sacrificio soi capaz de hacer por *el!*..... Esta noche hizo otra improvisación titulada "Tu en el piano", ojalá fuera yo música devéras, estuviera yo inspirada para merecer los elojios de mi Pepe i darle placer con bellas i dulces armonias dignas de ser cantadas por su arpa siempre melodiosa i tierna – En *El Tiempo* sigue publicando la historia del "17 de Abril" i los retratos que hace allí de algunos de los Representantes son perfectos – muestra un grandisimo fondo de penetracion i estudio de la naturaleza humana, poco comun á tu edad mi amado Pepe, cuan cierto es que el sufrimiento madura el entendimiento i hace comprender mejor los caracteres e inclinaciones de los hombres – yo no creo que una persona que no haya tenido muchos pesares del alma pueda adivinar los sentimientos del espiritu de los demás, el corazon que ha sufrido tristeza i desengaños en la vida tiene el poder de conocer a los corazones mejor que otros porqué esos no han refleccionado sobre si mismos i buscado en el fondo de sus almas el motivo de sus pesares. – Por eso te amo Pepe, por eso tengo placer i orgullo al verme amada por tí, mi Trovador! –

– 4 –

Las 10 – noche – Mi Pepe se fue mas temprano que otras, porqué habian llegado esta tarde su padre i hermana; – me alegro mucho de la llegada de Agripina por qué creo encontrar en ella una hermana verdadera, espero que ella me encuentre á mí lo mismo – Mi Pepe la quiere tanto como no la he de querer yo! Tu sabes cuanto te amo mi Trovador, cuanto te adoro, tu sabes que mi corazon es tuyo solo… i por qué pues molestarte conmigo algunas veces, Pepe? oh! no seas demasiado exijente mi Trovador amado! – Adios!... Piensa mucho a tu Solita! –

Tú eres ingrata i cruel sin quererlo! Me prohibes que vuelva a acariciarte como anoche, por que piensas que haces mal en permitírmelo a pesar de mis protestas, i de la pureza de nuestro amor! Ah! qué injusticia! Con que prefieres sacrificar mi dicha mas bien que tus escrúpulos infundados? Ah! yo te disculpo, conozco que no lo haces por falta de amor ni de ternura, sino por la inocencia cándida de tu alma. Yo me rezigno, i haré cuanto pueda por obedecerte, aunque me cueste un amargo dolor!

Las 10 ½ de la noche – Después de un dia de pesares….. qué noche Dios mio! noche de inmensa felizidad i de supremo i celestial deleite….. Qué ha sucedido? Oh! no puedo decirlo, no hai un lenguaje digno de pintar un amor tan puro, tan casto i divino….. Solo puedo decir que soi el hombre mas dichoso del mundo, que mi ambicion está colmada, por que ha sido siempre pura….. Que mi placer inmenso de esta noche, solo puede compararse a nuestro amor infinito! – Despues le hice a mi ánjel una improvisacion. Estaba tocando mui deliciosamente en el piano, i le escribí unos versos sobre el tema «Tú en el piano» que oyó leer con mucho agrado. – Me vine mui contento.

4

¿Por qué has llorado hoi, dueño mio? Algunas veces has estado triste, i quizá yo he tenido la culpa por mis lijerezas, Ah! perdóname mi bello i noble ánjel, tú que eres la mas adorable i jenerosa criatura que conozco. Yo daría toda mi sangre por evitarte una lágrima sola, un solo pesar….. No sabes, tú la amargura que he sentido al verte llorar….. perdóname te lo ruego si en algo te ofendí i lastimé: te juro que no tuve voluntad para ello. – Por fortuna, pude calmar tu pesar afuerza de ternura i caricias, i hemos estado mui contentos, al fin. – Confío en que habrás quedado dichosa i complacida, i que me pensarás mucho. – Esta tarde he tenido el gran placer de ver a mi padre, mi hermana Agripina i mi hermano Antonio[51], que llegaron de Guaduas: estoi mui contento, i solo siento que mi buena madre no esté aquí. La casa está alegre después de muchos dias de soledad i tristeza.

---

51   Antonio Samper Agudelo (1830-1890), octavo hijo del matrimonio Samper Agudelo.

– 5 –

Las 11 – noche – Cuatro palabras no mas porque tengo que irme á entregar al sueño, no pude resistir al deseo de léer el diario de mi amado trovador en lugar de escribir en el mio i ya es tarde i solo puedo decir que he estado mui contenta i mui feliz esta noche visitando monumentos con mi amado Pepe – Adios bien mio – Adios, soñaré contigo! –

– 6 –

Viernes Santo. Las 10 de la mañana – He estado leyendo *su* diario, i cada dia estoi mas contenta, mas feliz con mi amante Trovador i mas convencida de que hemos nacido el uno para el otro, ojala fuera yo un anjel para poderte hacer la vida completamente dichosa, como tu mereces bien mio; desgraciadamente yo muchas veces le hago sentir pesares, i aunque es involuntariamente que lo hago, siempre es mui mal hecho en mi el causarle la mas leve pena – tu has sufrido tanto en tu vida, yo lo sé, yo te comprendo tanto! Anoche cuando estaba yo orando por *el* en las iglesias que visitamos que feliz me encontraba yo! que mas puede desear mi corazon? Dios mio, siento algunas veces que una melancolia se apodera de mi alma, puede durar una felizidad como la que gozamos ahora por mucho tiempo? en el mundo nada puede durar… merezco yó ser tan dichosa?... Pero si yo no soi digna de tanto, *el* si lo es i su felizidad esta ligada á la mia.

Las 11 – noche – Venimos de la Catedral..... Aunque no pude oir el sermon por estar lejos del pulpito i el sacerdote tenia mala voz para predicar, sin embargo tuve tiempo de meditar con recojimiento sobre la bondad de un Dios qué nó solamente nos promete una vida eterna de ventura despues, sino que nos proporciona en el mundo tanta dicha como el saber que esta en nuestro poder la felizidad de un ser por el cual dariamos nuestra vida con placer i nos hace sentir el supremo placer de amar i ser amados con corazones que se comprenden tan completamente como los nuestros, mi amante Trovador – ahora un

– Esta noche pronunció sentencia el Senado, condonando al Presidente Obando a la destitucion de la Presidencia. Creo ya que mi Patria se salvará, por que este ejemplo de moralidad i de grandeza nacional, prueba que hai conciencia pública, criterio i pudor. Este ejemplo de justicia será saludable para la República. –

año me sentia yo mui contenta en este dia, pues *el* estaba allí tambien i, como yó por *el,* oraba por mí….. quise ahora en memoria de ese tiempo léer tu "Viernes Santo", mi amado Pepe, me es tan delicioso recordar nuestros pasados sentimientos, como será en lo futuro el pensar en nuestras presentes alegrias! Adios bien mio! estuvimos esta tarde a pasear por Ejipto con tigo, me regalaste por allá las flores que encontraste mas bonitas, yo las conservaré siempre, pues encierran un recuerdo mui agradable para nosotros. Adios mi Trovador! –

– 7 –

Las 10 i ½ – noche – Esta noche tocamos i bailamos mui contentos ¿no, mi amado Pepe? Siempre satisfechos el uno con el otro; pasamos las horas i los dias en tranquila felizidad; solo deseando estar juntos porqué entonces nos sentiremos vivir; i en alegres conversaciones i diversiones i chanzas huye el tiempo veloz – Fui a visitar á Agripina la hermana de mi Trovador i volví contenta con mi futura i querida hermana – Adios amado mio, mi tierno ruiseñor hasta mañana mi Pepe! –

– 8 –

Las 9 i ½ – noche – Cuanta falta me haces mi amado Pepe! que haria mi pobre corazon sin tí mi Trovador? Esta mañana estuvo aquí *el* i comío con nosotros, estuvimos mui contentos toda la tarde, pero a la oracion se fué a ver á su Padre ofreciendo volver sino seguia lloviendo para acompañarnos al Coliseo, pero no vino, la noche esta es-

7 – 10 ½ de la noche

Las noches últimas ha tenido mi Diario Soledad, i por eso no he escrito. Qué dias los que han pasado! Tres dias de la mas suprema felizidad! sin un solo pesar, sin un pensamiento triste, sin un recuerdo penoso. Nuestra vida se desliza por el tendido mar de la ilusion. Perfumada la brisa por el aliento del placer, impelida nuestra góndola por el viento de la esperanza, dirijido nuestro rumbo por la estrella del amor, i buscando en la orilla opuesta, llenos de infinita fé, la encantada rejion de la felizidad. Solos en la barca, ebrios de ternura, dándonos caricias, i amantísimos besos, confundiendo nuestras almas en el aliento, en el amante suspiro que juntos exhalamos; sin mas juez que Dios que nos ve, nos oye i nos proteje; sin mas testigos que nuestros corazones enternecidos, – traquilos i contentos; así navegamos Soledad i yo casi olvidados del mundo, i el paroxismo magnético de nuestro amor nos deleita sin el menor pesar….. Ah! bello i amado ánjel mio, voi a soñar dormido i adorarte mas. –

8 – Pascua – 9 de la noche –

Qué dia tan hermoso, despues de los magníficos que han pasado, i de tantos recuerdos de amor i de tormentas, mezclados con impresiones profundamente relijiosas i contemplativas. El jueves santo, despues de un dia mui grato, acompañé por la noche a mi Soledad para visitar algunos *monumentos* en las iglesias. Visitamos cinco….., i donde

pantosa no hubo funsion i yo he estado toda la noche triste, callada, pensando solo en ti, yo no puedo estar contenta ni un instante cuando tu no estas á mi lado en nada tomo interés porque solo puedo pensar en mi tierno Trovador. Sí, yo sé que tu tambien me ámas como yo te amo que tampoco estas contento lejos de mí, que como yo te encuentras solo, aislado, tu corazon esta triste como lo ha estado el mio ahora – ¿Crees tu que yo podria sobrevivirte mi Pepe?, que yo podria existir un momento despues de perderte? oh! no, no! estoi segura que nuestras vidas estan ligadas como lo esta nuestra felizidad, sinó porqué pensamos tantas veces las mismas cosas, esto no es nuevo, hace mucho tiempo que tengo esta loca idea, yo pienso algunas veces cosas en las cuales yo jamas he tomado el menor interés pero que en las cuales tu seguramente piensas tambien, será tal vez locura el creerlo, pero dejame tener esa idea porqué me dá mucho consuelo para el porvenir; imposible que viviesemos el uno sin el otro, quiero creer que dejaremos de existir al mismo tiempo. Hai cosas mui raras en nuestro amor.... Tu estabas predestinado para hacer mi felizidad, como yo para hacer la tuya – Ahora un año tambien pasé una triste noche cuando esperaba que fuera feliz. Dios mio! cuantas angustias me aguardaban, cuantas amarguras i pesares me esperaban desde el dia siguiente – Yo te amaba mucho entonces, muchísimo, pero cuanto mas te estimo, te admiro i te amo hoi que en ese tiempo; – soi tan feliz con tu cariño, tengo tan completa seguridad en mi porvenir, sin una duda, sin un recuerdo que pueda ofuscar el brillo de mi felizidad – Oh! mi Pepe, todavia no sabes cuan profundamente te amo, todavia no sabes el entusiasmo que abriga mi pecho! – Adios bien mio, piensame mucho sueña con tu Solita que piensa solo en tí! –

quiera…... qué contraste tan bello! En la calle íbamos de brazo hablándonos dulcemente, de nuestro puro amor i estrechándonos las manos con emocion. Despues, en los templos, nos arrodillábamos a orar, cerca el uno del otro, frente a los sagrados monumentos, con relijiosa veneracion i poseidos del mismo respeto hacia Dios, i su inmortal misterio… Es tan dulce el amor en presencia de Dios i dominado por un sentimiento de austera relijiosidad! – La noche, aunque oscura i desagradable, la pasamos contentos. – El viernes santo, qué de recuerdos había para *Ella* i para mí! El último aniversario del martirio sublime de Cristo, era casi la víspera de una desgracia inmensa para nosotros i la patria… Ahora, en este viernes santo, había para nosotros dos aniversarios: el uno como cristianos, el otro como amantes. Aquella noche era la primera vez que yo la tomaba del brazo i palpitando cerca de ella, despues de nuestra iniciacion en Guaduas… Esa noche gozé inmensamente. – Antes de anoche yo era ya mui dichoso i estaba tranquilo por el porvenir de los dos. Escuchaba en el templo cerca de mi Soledad, la oracion del sacerdote vulgar, incapaz de pintar toda la grandeza del inmenso sacrificio del Cristo, toda la sublimidad del silencio i dela *Soledad* de *María*, i toda la elevacion grandiosa de esa relijion imperecedera, revelada a la humanidad por un hombre divino, i santificada en la Cruz, sobre una colina de Jerusalen, con el sangriento martirio del filósofo – Dios! Así yo me desentendía de las vulgaridades del predicador, i levantando mi espíritu a la rejion del cielo, meditaba con esperanza, con recojiminto i fé, en esos grandes misterios que, subyugando el espíritu i sublimando el alma la conducen, al resplandor de la Biblia, a la sombra de la Cruz, a la voz del consuelo, hasta la creencia consoladora de la inmortalidad! El nombre de mi Soledad me encaminaba al recuerdo de *María*, como su amor i su ternura me evocaban la misericordia del Cristo…

Por la tarde habíamos subido a las alturas de Ejipto, i desde allí contemplamos la ciudad con emebeleso, recojiendo flores silvestres, haciendo mil recuerdos i gozando mucho con nuestras esperanzas. – Despues que salimos del templo, fuimos por la noche, a oir la lúgubre retreta que nos desagradó. – Pero despues nos separamos con tristeza pero mui dichosos. – Ayer pasamos un dia delicioso, acaraciándonos mucho, i por la noche bailamos; yo que sé cantar algo, por complacer

– 10 –

Las 2 dos de la tarde – Tu crées mi amado Pepe que yo no habia escrito mis impresiones de anoche porqué no tenia tanto entusiasmo como tu? No creas eso, mi Trovador, yo te amo como tu me amas i estaba anoche tan contenta, tan feliz como tu, me sentia dichosa al verme allí delante del mundo como tu futura esposa, como tu "fiancée", amandote i amada por ti – Nunca habia yo sentido tanta alegria en el Teatro, tanto placer, tan contenta con todo, que mas podria yo desear? Tu estabas allí, amante como siempre, oyendo algunos agradables versos que expresaban nuestros sentimientos i escuchando alegres armonias que nos recordaban tiempos pasados mui dichosos i memorables – Representaron un Drama de un joven Emilio Macias Escobar, del país, habia escenas bastante buenas i lo aplaudieron, pero despues la *Petite-Piece* fue mui ridicula, insipida i vulgar, i tuvimos la pena de verla aplaudir estrepitosamente mostrando el mal gusto del publico bogotano.

a Soledad, si podía, pero me pesó mucho por que me puse en ridículo talvez, i con justicia, cantando pésimamente. – No volveré a hacerlo, i será mejor agradar a Solita de otras maneras. –

– Hoi he estado mui contento con ella, gozando mucho, i se ha desvanecido el pesar que tenía de ver a mi padre enfermo, por que está mejor. Algunas vezes, estoi triste, mui triste por la situacion de mi padre, pero al ir donde mi Solita, me esfuerzo en disimular que sufro, temiendo causarle un pesar – – He pasado deliciosamente la tarde, comiendo con mi Soledad i su exelente familia. Nuestro humor ha sido exelente. Pero luego tuve que venirme temprano para acompañar un rato a mi padre i volverme a llevar al teatro a Soledad. Por desgracia ha llevido mucho i todo se ha frustrado: estoi mui triste de no verla esta noche i mui contrariado i molesto por el contratiempo. No puedo pasarme tantas horas sin verte, dulce ánjel mio; la vida sin ti es una pesadilla i no la quiero: Oh! ámamae como te amo, siempre igual, i tu trovador será constantemente siempre el hombre mas dichoso del mundo. – Adios, mi bien, hasta mañana. –

10 – 8 de la mañana.

Anoche no escribí por que estuve en el teatro. Oh! qué hermosa i verdadera pascua ha tenido mi corazon en estos dias de tan divina felizidad! – ayer, todo el dia estuve mui contento. Soledad es cada dia mas amable, mas bondadosa i adorable. Nuestro amor i nuestra esperanza van creciendo con el deleite de la ternura infinita i con la aproximacion del dia de nuestra eterna union. – Nuestras caricias son tan ardientes i puras, tan frecuentes i deliciosas… gozamos tanto, tanto… que yo renuncio a describir nuestra felizidad….. Solo tú, mi Soledad, i yo, que nos amamos tanto, podemos en el mundo saber hasta donde llega el placer en que nos embriagamos i la ventura que nos rodea!

Anoche fuimos juntos al teatro: tuve tan dulces emociones! Cuando te ví, mi Soledad, me desvanecí casi de encanto: estabas magnífica; blanca como una tímida paloma, dulcemente perfumada como un jazmin, jentil como una sílfide mirada en sueños, linda como la

Las 10 i ½ – Nunca olvidará este dia mi corazon amante….. mi amado Pepe, mi dulce, mi tierno Trovador a vertido otra vez lágrimas de placer….. por la segunda vez lo he visto llorar de alegria! es tan sensible, tan amante, somos tan felizes al amarnos tanto, oh! si puede haber dicha mayor que el estar convencidos ambos que nos adoramos, que nos adoraremos para siempre; que és uno nuestro destino, que llegaremos á la eternidad amantes como ahora?….. hai sentimientos que no se pueden describir i uno de ellos es la profundidad de nuestro cariño tan inmenso, tan igual….. Pero nosotros nos comprendemos perfectamente – Firmamos un papel que manifestaba que deseabamos casarnos i estas firmas han sellado nuestra suerte… Feliz será pues Dios es bueno i no puede hacer desgraciado á un ser tan digno de ser dichoso como mi Pepe, que ya ha sufrido tanto en su vida. Sabes tu, mi Pepe, que el firmar ese papel no me hizo tanta impresion como yo hubiera creido antes, porque mi corazon lo encuentro tan tuyo que me parece un acto natural el poner mi nombre al lado del tuyo, – Adios amado mio, sueña i piensa en mi, en mi amor que es el talisman de tu vida, como es el tuyo de la mia – Adios mi Trovador! –

– 11 –
Las 10 i ½ – noche – He pasado un dia dichoso como siempre cuando esta á mi lado mi amante trovador; he estado mui orgullosa i contenta oyendole léer por la segunda vez su hermoso Drama de la "Conspiracion de Setiembre", cuanto agrado siento al oir los nobles, poeticos i grandiosos sentimientos que dice allí mi Pepe en boca de Vargas Tejada, *el* se pinto allí enteramente, oh! no lo dudes yo seré tu *"Maria"* siento en mi corazon aun mas amor del que tu describes en ella i yo sé que tendria valor para aconsejarte que te sacrificaras por la Patria, aunque estoi segura que jamas podria sobrevivir a tu perdida, perderte! mi Trovador aun al pensarlo me estremesco… Oh! no lo digas jamas amado mio llegaremos a la Eternidad al mismo tiempo, yá nunca tendriamos resistencia para vivir separados….. Tu sin embargo me asustas algunas veces temo que vuelva el mal que sufriste por mi culpa la otra noche, Pepe este recuerdo me atormenta i me llena de aprensión ¿tu no me lo ocultarias si te sintieras enfermo otra vez, no es cierto mi bien?..... cuan cierto es que no puede haber

esperanza i llena de la mas adorable seduccion. Oh! con qué orgullo te miraba cerca de mí, como mi esposa prometida! Con qué éstasis te adoraba como la promesa encarnada de mi felizidad! Cuando llegamos al teatro, todas las miradas, mis rivales desgraciados te devoraban con los ojos; – se te admiraba por tus encantos, con el interes que solo tú sabes inspirar. – Yo me gozaba en tu propio mérito i me envanecía de verme tu amado; tu amante… La noche fue deliciosa para nosotros i nos dejó las mas dulces impresiones: yo no olvidaré. –

Pero hoi… Oh! qué divino aniversario! Hoi hace tres meses que empezó nuestra ventura, corriendo de tus labios para mí, con una dulce confesion, el arroyo inagotable de mi suprema felizidad. Sí; este recuerdo es mui bello, por que encierra todo un poema de amor para nosotros; todo lo que hai de puro, de elevado, de profundamente delicioso i de eterno por nuestras almas confundidas por la adoracion, para nuestros corazones poblados de esperanza, de ternura i de fé….. Oh! magnífico día, inolvidable para nuestra memoria, mi adorada i amante Soledad!! – –

Hoi no tengo sino un pesar i es, que no puedo gozar tan largamente de tu compañía, ahora, como ántes, porque necesito acompañar a mi padre enfermo; tú me perdonarás, ya que eres tan buen i que me ofreciste ayer noblemente «que me ayudarías a amar a mis padres despues que les has arrebatado mi corazon!» –

Las 9½ de la noche – Ah! Dios mío! Tú que lees en todos los corazones; tú que adivinas todos los sentimientos, que arrancas las sonrisas i las lágrimas, tú que presides a todas las dichas i a todas las amarguras; tú que me miras tan inmensamente dichoso, recibe Señor, el himno de mi ferviente gratitud – tan tierno como mi amor, i tan inmenso como mi ventura! Despues de 25 años de lágrimas i desengaños, de sufrimientos de todo jénero i de hondas ajitaciones, pasada la tempestad, vino la calma; i Dios que ya se apiadaba de mí, por que salía puro de las amargas pruebas i tentaciones que la suerte me había ofrecido; Dios, condolido, te puso en mi camino, Soledad mía, como un ánjel predestinado, i sopló sobre tus ojos i los mios, el magnetismo de la atraccion, i sobre nuestros corazones la sublime ajitacion del mas sublime amor!..... Al fin, yo he conocido la ventura; la he hallado a

placer sin pena, cuando me encuentro mui feliz me acuerdo de esto i me entristezco..... Te amo tanto, tan profundamente como tu me amas, talvez tu no has llegado hasta el fondo de ese abismo inmenso de inagotable cariño que yo tengo por ti mi Trovador!... estoi silenciosa, estoi callada, pero te adoro como tú a mí, no te lo digo pero oh! cuanto siente mi corazon! Adios mi Pepe, el dia de mañana será dichoso tambien, cuanta felizidad hai en amarse tanto! Me trajiste tu diario, en todas partes eres siempre amante, poetico i siempre mi Trovador! mucho placer es para nosotros el tener una completa e ilimitada confianza como la hai entre nosotros tu "Diario" es tan mio como el mio es tuyo encuentro tanto placer en leerlo como tu al leer este – Adios mi dulce ruiseñor, mi tierno cantor! –

– 12 –

Las 10 i ½ – noche – Estoi triste, profundamente triste, i abatido mi corazon..... lo que ha pasado esta noche no sé como explicarlo, mejor será no hacerlo..... Dios mio! en medio de mi alegria por qué darme esta pena! ¿qué pena? no sé, no sé..... estoi loca, mi cabeza en fuego mi corazon latiendo i ajitado.... Pepe, Pepe, tu no sabes lo que me has hecho sufrir esta noche, dijiste que yo no te comprendia, que yó no te amaba como antes, que no adivinaba tus pensamientos! ingrato! cuando yo desesperada no sabia que hacer creyendo que te habia dado el mal de la otra noche, yo que te amo tanto que tu lo sabes te adoro con toda mi alma, que mi corazon solo late por tí, ahogaba mi afliccion i detenia mis lagrimas para no darte pesar..... ingrato trovador mio, que no adivinabas que me martirizabas horriblemente al no decirme lo que tenias..... Pepe no te dejes llevar así por tus sentimientos, ten piedad de mí i no olvides lo que yo puedo sufrir! – Qué dia el de hoí! antes te veia feliz cuando estabas a mi lado, contento al estar persuadido que yo te amaba, ¿i ahora? ahora, no me basta el ser condescendiente

tus piés, en tus ojos, en tu boca, en tu ámbar, en tu seno palpitante de supremo delirio….. en tu alma jenerosa i pura, en tu voz deliciosa como una blanda i anjélica música….. Oh! cuánto he llorado a tus pies, reclinado en tu seno!….. mi llanto ha bañado tus mejillas i tus manos… lloraba, tú lo sabes, de ternura, de felicidad i gratitud hacia Dios i hacia ti….. soi tan hondamente feliz!! Ah! esta noche vale tanto! Tú, Soledad, has firmado con tu madre, i con migo, el papel en que pedimos al juez que nos una en matrimonio: esas firmas valen mi dicha porque ese papel es el pasaporte para el paraiso humano….. Soledad, Soledad! no olvides esta noche jamas, bien mio: ella es una de las mas hermosas i nobles pájinas de la dulce historia de nuestro amor….. qué hermosa fecha! El 10 de enero me confesaste tu amor, despues de mis amantes esplicaciones, i empezó nuestra dicha….. el 10 de marzo volví a verte enajenado, despues de mi ausencia i por primera vez almorcé contigo, cual si fuera tu esposo. Hoi….. Ah! cuántos deleites i cuánta dicha entraña la fecha del 10 de abril! –

12 – 10 ½ de la noche –

Dios mio, cuánto he sufrido! Podré decir todo lo que esta noche ha pasado en mi corazon?..... no, es imposible! estoi enfermo: me duele horriblemente el corazon! por fortuna pude llorar algo i ella me dio un desahogo. Ah! Soledad….. no sabes cuánto te amo i cuán sensible es mi pobre corazon! hace tres meses tuvimos la noche mas hermosa que hai en la historia de nuestro pasado! Pero cuán dolorosa ha sido la de hoi!..... Ah! no puedo seguir escribiendo.

porque ya tu no agradeces nada, yo no comprendo qué mas puedes desear; mi Pepe, tu eres injusto i cruel algunas veces con tu Solita, piensalo i verás cuan cierto es esto, te digo todo esto con péna, pero es preciso que lo sepas yo te he prometido ser completamente franca. – Adios, voi a entregarme al sueño, á pensar en tí i a soñar con tigo, ¡mi ingrato pero amadisimo trovador de mi corazon! –

– 13 –

Las 10 i ¾ Esta mañana estuvo aquí el Cura para hacer las informaciones, los testigos eran D^n Manuel Velez i Manzanares, yo creia que estaria mui en calma, que no tendria el menor susto; pero cuando llego la hora me sobresalté, me avergoncé; es tan molesto el tener que contestar a esas preguntas….. estoi sin embargo completamente tranquila por nuestro porvenir, yo creo que podremos hacer la felizidad el uno del otro i que nos amaremos eternamente, ya soi mas tuya mi amado Pepe – pocos dias se pasarán i tendre el derecho de llevar tu nombre para acabar mi vida con el. – Yo estoi mui contenta con mi amante Trovador te amo tanto, tanto bien mio, cualquier sufrimiento tuyo me desgarra el corazon, yo soi mui sensible Pepe, solo, no lo muestro muchas veces por qué siempre he temido dejarme llevar demasiado lejos por mis sentimientos, este es el motivo por qué es que paresco indiferente i silenciosa cuando mas entusiasmada estoi – Adios amado Pepe estan ya dando las once tengo que irme á acostar aunque tengo tanto placer en escribirte que te adoro con todo mi corazon! –

– 14 –

La 1 de la tarde Me mandó mi amado Pepe un ramillete compuesto de nuestras flores favoritas, pensamientos, lirios morados i rosas blancas mi Trovador es siempre amable i fino!

13 – las 10 ½

Siempre contrastes en la vida! Anoche yo sufría mucho: hoi he sido tan feliz, que mis pesares se han disipado enteramente i Sí, soi compleamente dichsoso i la esperanza i el placer llena mi corazon. Por la mañana estuve con Soledad en un acto mui solemne i respetable. Llevé al párroco para que celebraze el rito preliminar de mis esponsales con Soledad… Esperimenté al mismo tiempo un inmenso placer, por que veía acercarse mas mi suspirada felizidad; i una pena mui viva por la vergüenza i el susto que naturalmente debía sufrir mi Soledad en semejante acto… Oh! soi mui dichoso i me siento incapaz para describir mis emociones de hoi. – He pasado un dia dulce, tranquilo i mui grato. Hemos estado mui contentos, llenos de esperanza i sin pesar alguno, con mui gratos recuerdos. Solita ha quedado satisfecha i todo marcha bien, mui bien. – Me acuesto tranquilo para soñar con mi ánjel. Adios, bien mio: piénsame como yo te pienso. —

14 – Las 11 de la noche

Qué impresiones tan contrarias he tenido. He estado mui disgustado de haber perdido una esperanza de obtener casa para poder realizar el 5 de mayo mi matrimonio. Qué desgracia sería que nuestra felizidad se retardase por tan trivial motivo! Por fortuna he tenido muchas compensanciones. Todos los demas inconvenientes se han

Las 10 i ½ – noche – Mi Pepe ha estado hoi mui amable mui amante i mui amado. Yo te adoro mi trovador como tu me adoras i si estoi silenciosa en tu presencia es por qué no me atrevo a dejarme llevar por mi entusiasmo..... hoi hace un año era Viernes Santo! – los pesares del año que pasó, tan inmensos, tan angustiados han sido recompensados sin embargo por dias de placer i de alegria inmensos, tan felizes como ha sufrido de tristes penas el corazon de ambos en la incertidumbre i la separacion – Si, mi Pepe nosotros sabemos *sentir* mucho i si hemos sido desgraciados cuando ausentes, solo nosotros mismos podemos medir la dicha que gozamos ahora – Mi tierno Trovador tiene unas finezas tan delicadas que no sé como agradecérselas, le regalé yo en dias pasados un pedazo de mi cabello, que me habia pedido i el me rogó que le dibujara una coronita de flores que puso entre una cajita i allí el pelo – Hai mucha delicadeza en esto, mi amado, digna de ti – Tu me amas como yo te amo, mi Trovador, Adios bien mio! –

– 15 –

Las 10 – noche – Hermosa fecha la de hoi, bien mio! En este dia fué que supimos amarnos, hoi hace veinte meses que te conocí mi Pepe, i de hoi en veinte dias seré tu esposa..... como corre el tiempo veinte dias no mas faltan, mi diario, para decirte ádios! despues, *el* escribirá el diario de *nuestra* vida yo no tendré nada que contarte entonces a ti, fiel compañero de mi amor, depositario de mis secretas penas i alegrías; pues todo lo que te digo a ti se lo diré a mi Trovador –

Oh! mi amado Pepe es tan tierno, tan bondadoso, que cada dia lo estimo mas i si fuera posible que hubiese mas amor en mi corazon lo amaria mas mientras mas lo conozco – Me gusta verte alegre, contento, feliz con tu vida i con tu porvenir – oh! no creas que yo no soi mui dichosa tambien, tanto como tu, pero yo no lo muestro i esta es la diferencia que hai entre nosotros – Me trajiste lindas flores cojidas por tu mano, que lindas, por qué son tuyas, no me gustan las que otros me regalan, no tienen belleza ni perfume para mí Hoi consagraron

allanado, i cada momento espero mas mi dicha. El dia ha sido mui grato para nosotros, Soledad. Hemos gozado tanto, tanto….. Me regalaste una linda rosca de tu hermoso pelo, i hoi tuviste la fineza de hacerme un bello dibujo para adornar el marco en que he colocado esa querida reliquia, prenda de tu amor….. Con cuanto cariño la he besado i acariciado, i la sabré conservar….. Hoi te envié flores mui lindas, i he estado mui contento a tu lado: – la noche ha sido tan deliciosa… Has estado tan fina, tan amante i cariñosa… Eres tan buena con tu trovador, con tu esclavo que te idolatra! Ah! qué noche, qué felizidad tan infinita! Cuán tierna i dulcemente nos amamos! Adios, mi bello ánjel: sueña con tu trovador, que yo soñaré en ti deliciosamente, al acostarme, te envío mi última caricia de amor, mientras te veo mañana, linda como un sol – –

15

Hermosa i magnífica historia que contiene el mas bello recuerdo de la historia de nuestro amor! Es tan dulce recordar al lado de la mujer que se ama los bellos dias de antes i los momentos de dicha primeros….. Es tan grato esta relijion de santas memorias, este culto tributado al pasado, al primer dia de amor, cuando ya nos sentimos envueltos en la blanda ola de la felizidad….. Cuánto nos amamos i cuan profundamente hemos gozado hoi mi Soledad i yo, dichosos, enamorados i llenos de infinita esperanza en el porvenir! Ah! qué bien nos comprendemos, i sabemos amarnos! Mi Solita ha estado hoi tan linda, tan amable i amante, tan risueña i contenta que ambos hemos pasado el dia mui dulcemente. Nuestra fiesta para celebrar la hermosa fecha de hoi, ha sido mui sentimental: flores, sonrisas, dulces palabras de amor, ternísimas miradas, embriagadores besos, infinitas caricias, todos esto hace nuestra vida mui deliciosa dia por dia. Hoi, por desgracia nada de eso ha sido posible, pero hemos bailado por la noche Soledad i yo, para conmemorar *nuestro* primer dia. Hace 20 meses que

al Canonigo Herran i hubo gran funcion en la Catedral, banquete en la casa Arzobispal –

Adios amado Pepe, te fuiste algo enfermo esta noche i por eso no estoi tan contenta como creia estarlo – Adios, ven mañana bueno de salud i amante siempre – Tu verás como te cuidaré cuando seas mi esposo, i quiero ser siempre tu consuelo en todo mi Trovador i al serlo me encontraré completamente dichosa, que mas puedo desear sino el hacer tu felizidad! –

– 16 –

Las 10 i ¾ – noche – Feliz como ayer..... esta noche bailamos i cantó mi amado Pepe, estuvimos mui contentos aunque se nos frustró una diversión que teniamos pensada, queriamos ir al Coliseo i estabamos ya vestidas para irnos cuando llovió i no hubo funsion así que lo dejamos para otra noche, sin embargo que mas deseaba yo no estaba aquí mi amante Trovador?... si amado mio, tu eres todo para mí, sin tí todo es tristeza i contigo todo lo veo risueño i alegre. Compusiste esta mañana una linda improvisacion, canto entusiasta i divino, pues era dirijido a Dios que es la fuente de la inspiracion del poeta i de sus arranques mas sublimes! – Despues... esta noche, sentado junto a mí me hablaste de tu amor en verso, cuanto me gozo en tener por tierno amante a mi dulce Trovador, siempre poeta sentimental a todos tiempos i cantando como verdadero *"Troubadour"* de tiempo antiguo, improvisando al momento lo que siente – me deleita el oirlo, i el amarlo –

empezamos a amarnos al conocerlos (sic): cuántas, cosas han pasado durante este periodo! Pero cuán hermosos dias. – El 15 de agosto de 1853, – el 28 de enero, el 12 de febrero, el 14 i el 16 de abril, el 17 i el 26 del mismo, el 4 de Dbre; en 1854; – el 10 de enero, el 12, – el 18 de febrero, el 10 de marzo, el 13 de abril de 1854! – Ah! cuán dulce habrá de ser el 5 de mayo, si logramos realizar nuestra union ese dia! – Estoi mui contento i feliz......

16

Hemos *sentido* tanto, tanto! Somos tan dichosos...... Ah! Mi felizidad es incomparable. Hemos pasado el dia mui contentos, gozando el dia inmensamente, ebrios de placer.... cuántas caricias i ternuras, cuántas dulces emociones! Nuestras almas se han confundido en una sola: nuestros corazones se aman i comprenden perfectamente! Cuán deliciso es el ámbar de tus labios! Tus miradas me electrizan, – la palpitacion ajitada de tu seno me arrebata...... Sí, mi emperatriz hermosa, mi virjen reina, mi adorada esposa! Soi mui feliz, i toda tu ventura la debo a tu divino amor!....

17   La una de la tarde –

Estoi rendido de cansancio por las ocupaciones que tengo hoi: no tengo tiempo para nada, tengo mucho pesar por que no puedo ir a verte mi Soledad querida. – Pero este dia tiene una hermosa fecha i debia escribir algo. Hace un año, yo sufría inmensamente: amenazado, perseguido, rodeado de peligros, sin libertad, viendo perecer la patria a manos del crimen, i sobre todo sin ver a mi bello ánjel..... cómo sufrí entónces! Ah! 17 de abril, cuántas amarguras me diste! Al cabo de un año todo ha cambiado, i yo, lleno de esperanza, soi inmensamente venturoso –

– 18 –

Las 9 i ¾   Yo me quede llorando... i *el* se fue triste! pero triste podia estar cuando el sabia que al irse quedaba yo sentida i sin embargo se fué?... te fuiste ingrato i me dejaste así, llorando! no sabes todavia que no hai cosa que yo mas sienta como el que te vayas temprano, porque entonces yo creo que te cansas de mi. Ayer pasé el dia sola, pues no vino mi Pepe hasta la noche que fuimos al Coliseo; – representacion mui mala aunque bastante concurrencia, pero desagradable – Volvimos a la 1 i ½ de la mañana mui cansadas, en todo, el dia de ayer fue desapacible i solitario para mi espiritu i corazon – el de hoi acabó tristemente –

– 19 –

Las 11 – noche – Esta mañana tuve un sentimiento de profundo pesar pues mi Pepe vino i se entristeció al leer mi diario oh! yo todo te perdono Trovador mio al verte con alguna pena ¿no debo yo ser el ser que jamas te dé una pesadumbre? tu no sabes cuanto te amo..... tu eres todo para mí, i te quiero con una ternura que yo no creia tener en mi corazon; quisiera resguardarte de todo pesar quitarte hasta el recuerdo de tus pasadas amarguras hacerte una vida solo de placer de completa felizidad... enfin, ser tu anjel guardian ¿no te he dado pruebas hoi de todo esto mi Pepe no eres ya feliz con mi amor? Pronto conoceras la verdad de lo que ahora te digo quince dias no mas faltan i seré tu esposa delante de la iglesia así como lo soi ahora delante de los ojos de Dios i de nuestras conciencias! – Estuvimos oyendo tocar

18 – Las 10 ½ de la noche

Anoche estuve con mi Soledad en el teatro. Estaba tan linda mi sultana amada….. Con cuánta embriaguez la contemplaba yo….. En el teatro me sentía orgulloso de ser el dueño de tu corazon, i de que estuvieras tan interesante. – Por desgracia, Soledad i yo sufríamos de la cabeza, i la funcion estuvo malísima: esto contrarió nuestro contento i nos tuvo disgustados en estremo. – Pero hoi hemos gozado tanto, tanto….. Ah! lo que ha pasado entre nosotros es tan bello i divino….. Ternuras i caricias, castas, inocentes i embriagadoras, una tras otra, como los dulces tragos de un perfumado néctar….. Palabras de infinito amor, confundidas como las estrofas de un himno; i nuestras almas unidas en una sola, elevándose a Dios con suprema gratitud….. Ah! con cuánta humildad respetuosa, i con cuánto placer me arrodillo algunas veces a tus piés, encantado con tu hermosura, arrebatado por el vértigo de nuestro amor, oprimiendo tu amante i candoroso seno, i recibiendo de tus labios el ámbar purísimo de tu blando aliento….. Adios, mi ánjel, mi emperatriz, mi reina i señora: tu esclavo Trovador te envía un amantísimo beso i un abrazo de esposo. Voi a soñar con tu anjélica figura i tu amor…..

19 – Las 11 de la noche.

¿Podré pintar las emociones que hoi ha esperimentado mi corazon? No: he sufrido tanto, i he gozado tanto, que solo tú mi bello ánjel – mi Soledad, i yo podemos saber i conservar la memoria del dia de hoi. ¡Cuándo habría yo de creer que anoche cuando de dejé, quedabas llorando tan desconsolada, i que tu pena fuese tan amarga! Hoi, cuando fui, leí *su* Diario, i contenía reconvenciones i quejas mui penosas: supe que había llorado mucho, i la encontré mui triste i seria. La escena de dolor que hubo entónces entre nosotros fue mui cruel: lágrimas, suspiros i pesares mui amargos….. Pero al fin, el consuelo renació, quedamos contentos i la alegría volvió a nuestros semblantes. La tarde fue mui grata, la noche deliciosa; – estuvimos contentos, gozamos mas que nunca….. mucho, muchísimo….. Adios, mi hermosa

a Mata esta noche mui dulcemente en la guitarra, pero, cosa extraña *siento* la musica, me deleita mucho, pero no me *conmueve* como antes, porqué entonces al oir dulces armonias, soñaba con una felizidad que creia no existia para mi alma, pero hoi el sueño de mis mas etereas visiones lo veo realizado i la seguridad de la dicha, destruye la dulzura de la esperanza imajinada! Adios mi bien, Adios, ¡sueña con tu Solita siempre amante! –

– 20 –

Las 10 i ½ noche – Dia mui feliz...... Aunque esta noche tuve un momento de pesar, tu no sabes Pepe, amado mio, cuanto dolor me causa, cuanto me conmueve el verte triste, oh! nunca estes triste lejos de tu Solita, solo yo tengo derecho pª consolarte, para enjugar tus lagrimas con mis manos, ven siempre cerca de mí, que yo soi tu compañera para ayudarte a soportar la cruz de la vida, quiero estar alegre cuando tu lo estes i llorar contigo cuando te aflija algun pesar. Tu no sabes cuanto, cuan inmensamente te amo i te estimo, te aseguro que ahora lo mismo que *antes*, tu confesion me hizo, es cierto, alguna impresion al principio, perdoname si no supe comprender inmediatamente toda la nobleza de este acto, no creas bien mio que hai jamas ya un recuerdo que turbe mi presente felizidad; viéndote á ti dichoso es todo lo que desea mi corazon i lo seré tambien, pero cuando estes triste dimelo a mí siempre, dejame que yo sea tu consuelo, en todo alma de tu alma; te encargo esto mi Pepe, no olvides nunca que simpatizo contigo en todo que solo por ti quiero ser consolada si estoi triste, nunca he pedido consejo de nadie, soi orgullosa con todos menos contigo haz tu lo mismo, bien de mi corazon – Adios mi amante Trovador! –

– 21 –

Las 10 i ¾ – El dia se pasó como el de ayer, mui contenta, sin ningún pesar, todo de placer i de alegria – mi Pepe tan amante i

reina: suéñate con tu Trovador, i ámamae siempre como esta deliciosa noche. —

21 – Las 11 de la noche

Los dos dias anteriores han sido mui dulces, tranquilos i felizes: Soledad i yo hemos estado mui contentos i llenos de esperanza por

amado i como siempre, viendo en lo futuro un porvenir dichoso; i una brillante carrera veo que se abrirá para el en la literatura de nuestro país, si puede haber gloria en la Nueva Granada el la tendrá estoi segura, pero aquí la envidia envenena la vida de los jenios, todos tratan de vilipendiar a los que valen algo pero no hacen esfuerzos para subir ellos – Estuve oyendo léer a mi trovador unos fragmentos que publica en *el Tiempo*, de un canto á Marquetá magnificos versos son esos mi amado Pepe, con cuanto placer te los oi léer – Adios, mi bien, es tarde, me voi á acostar i a soñar con tigo como siempre! –

– 22 –

Las 10 i ½ – noche – Fuimos á pasear al claro de la luna por la alameda de San Victorino cuan feliz iba yo, *su* mano estrechando la mia, i hablando con dulce confianza sobre su porvenir, sus ideas, nuestra futura vida llena de placer i encanto, escuchando sus dulces palabras oyendo sus impresiones presentes i la diferencia que encuentra ahora entre ellas i las que tenia antes, que contenta estaba yo con mi amante trovador, que orgullosa hiba yo al escuchar en cada frase que decia una prueba mas de su merito i ver en el la realidad de mi bello ideal como lo habia soñado mi imajinacion en sus vuelos mas hermosos...... pero á la vuelta a casa sentí que mi Pepe se hubiese incomodado algo, con una infame hoja suelta del mas vil de los hombres, J. Posadas, que habian mandado á mi Mamá, mi Pepe no debe pensar en esto, porqué si lo insultan los malvados es prueba de que vale mucho i por eso lo aborrecen; comprendo tu justa indig-

tener ya la seguridad de que nuestra union se verificará el 5 de mayo i pasaremos en breve los mas felizes dias. El momento se va acercando i nuestra ventura quedará sellada para siempre. Hoi hace 20 meses que me despedí por primera vez de ti, mi Soledad, – en Guaduas, dejándote con tanta tristeza, Cuán felizes i alegres estamos hoi. – Esta noche cantaran en casa de mi Solita, dos desgraciados niños, admirables por su jénio naciente para el canto (que el jénio nace mas de ordinario en el seno de la pobreza como una compensacion que da la Providencia) i que inspiran suma compasion i simpatía por su gracia i su pobreza: Cómo contristece el ver el jénio perdido entre los harapos de la indijencia, mientras que tantos estúpidos pasean por el mundo su imbecilidad cubierta de oropenes (sic), que la multitud toma por talento brillante! Desgraciados esos inocentes niños cuya única esperanza de felizidad terrenal es su jenio…... Mas le valiera no tenerlo. Si el jénio es aquí una superfluidad, aun entre los acomodados, qué podrá valer entre los pobres, i desheredados? El canto de los niños me gustó en estremo, i me condujo a meditaciones repentinas de una amarga filosofía. –

22   Las 11 de la noche.

Qué estraño contraste el de esta noche! Estuve primero mui contento con Soledad en su Gabinete, por sus dulces palabras i muchas caricias, a pesar de un incidente que debió causarme pesar. Despues salimos a pasear por que la noche estaba bellísima, i la luna nos provoca a salir a ver los árboles de nuestras alamedas públicas i respirar el aire libre de la Sabana. Cuánto gozamos en el paseo! Cuántas dulcísimas cosas conversamos. Yo le hablé a mi ánjel de todo lo que significaba el matrimonio para la mujer, – de su mision futura como esposa, i de mis íntimos pensamientos de otra época i de la actual. Cuando volvimos a la casa tan contentos, encontramos un sinsabor… (Eterna mezcla de placer i de pena que constituye la vida!). – Habían dejado en el zaguan furtivamente un papel impreso. Al ver el pliego cerrado, el corazon me anunció que era un libelo infame que yo sabía se había publicado contra mi, con la firma de un infame que me abo-

nacion, es mui cruel el querer hacer un bien a la sociedad i verse vilipendiado por los reos mas bajos, pero olvidar los insultos de un calumniador es el mejor desprecio que se le puede hacer – Adios mi Trovador, piensa mucho en tu amante novia! –

– 23 –

Las 11 menos ½ – noche – Cuatro lineas no mas porqué tengo que irme á acostar i he pasado el tiempo que tengo pª escribir, en léer el diario de mi Pepe, que me trajo esta tarde; siempre el mismo mi amado Trovador, noble, jeneroso i amante, oh! cuanto te amo bien mio, pasamos tan deliciosos dias juntos, horas de alegria que jamas olvidaremos, momentos que dejan eternos recuerdos en nuestros corazones – Adios mi Pepe! – Adios –

– 24 –

Las 10 i ½ – noche – Pepe, mi Pepe tu te impacientas; aun eres injusto algunas veces conmigo ¿te quejas de mí? de tu Solita que te ama mas de lo que tu puedes pensar!.... pero yo te disculpo i te perdono mi bien, mi Trovador! tu crées que yo no te amo tanto como tu? yo! que daria mi vida, mi felizidad, por no lastimar tus sentimientos, recuerda que una palabra dicha sin pensar puede darme pesar, – ten paciencia, amado mio! – Oh! tu lo sabes, yo no estoi feliz sino a tu lado, yo no pienso sino en lo que tu me dices, todo lo he dejado para ocuparme solo de tí, pues no puedo fijar mi atencion en otra cosa; lo que tu escribes, lo que tu has dicho, es lo unico que tengo siempre en la memoria, i dices tu que no te amo como tu me amas! se acerca ya el dia en que serás mi esposo i entonces veras cuan profundo es mi cariño – Adios mi amado, mi adorado Pepe, mi dulce trovador, no me olvides en tus sueños que solo tu imajen puebla los mios! – Hoi me trajo mi Pepe un hermosísimo anillo de diamantes i de esmeralda para que le sirva en la ceremonia de nuestro desposorio, este anillo será el talisman que guardaré siempre como guardian de

rrece mortalmente desde 1850 por que no quise tener amistad con él. Ese hombre solo me ha causado mas amarguras que todo el resto de la sociedad; pero yo acepto esos sufrimientos, por que ellos provienen de mi dignidad en despreciar a un infame. Todo el papel se dirijía a un solo objeto: calumniarme atrozmente para contrariar mis esperanzas, haciendo que Soledad me retire su estimacion i su amor!.... Pobre mentecato! Dios sabe que no lo detesto sino que le tengo compasion! – Poco me importan esas infamias si mi conciencia está tranquila i pura. –

24

Soledad ha tenido mi Diario; por que así como ella me muestra el suyo diariamente, para complacerme, yo tengo mucho gusto en comunicarle mis impresiones, llevándole este depósito sagrado de mis mas íntimos pensamientos. Hemos continuado mui, mui felizes, i mui contentos, i cada dia nuestras caricias son mas tiernas, nuestro amor es mas espansivo. Ah! Cuánta dulzura embriagadora hai, Soledad, en tus purísimos i perfumados labios! Cuando te beso, me siento trasportado a otra rejion que no es la del polvo terrenal, – me siento otro ser; olvido cuántos pesares i recuerdos penosos ha abrigado mi corazon….. Me haces tanto bien con tus bondades i ternuras….. me cicatrizas tantas heridas….. Cuando estoi a tus pies, de rodillas, i acaricio tu frente, tus mejillas i tus manos, i oprimo tu linda cabeza i beso tus rodillas i tus pies, me siento tan purificado i lleno de dicha….. Algunas vezes, como esta noche, sufro unos momentos por tu silencio que me inquieta, i esa actitud que tomas, combatida por la vehemente ajitacion del amor que te impulsa a acariciarme con ternura, i abandonarte a mis respetuosas caricias para llenarme de ventura, i por el

nuestro inmenso amor, siempre seremos, lo sé tan dichosos como ahora ¿no es cierto mi Trovador? –

– 25 –

Las 11 – noche – No faltan ya sino nueve dias para ser tu esposa amado Pepe! nueve de intervalo i seré tuya para siempre..... no querias cumplir con una ceremonia de la Iglesia, mi Pepe, pero yo te lo he exijido porque quiero ser mas tuya i tu mas mio que aquella que fue tu esposa. ¿tu comprendes no es cierto este sentimiento? yo no podria ser completamente feliz sin esto; es tal vez una idea absurda pero yo quiero ser algo mas de lo que fue *ella!* Yo no quiero que la olvides nunca, tienes que pagarle un tributo a su memoria i no creas que yo vuelva á dudar un instante de ti, yo te ayudaré a recordarla, *ya* no temo su memoria como antes la temia, perdoname si te hablo de *ella,* pero creo que es necesario que tu sepas cuales son mis sentimientos ahora – Adios mi trovador, mi bien, voi á soñar con tigo! –

– 26 –

Las 10 i ½ Contenta como en los anteriores dias, aunque no ví a mi Pepe por la mañana salimos á hacer algunas visitas, no quiero volver a salir a la calle hasta que no sea tu esposa – Esta noche estuvimos en el Congreso, se discutia un proyecto mui arido, pero ese salon me traía muchos recuerdos agradables para mí.... la primera vez que fui allí estaba mi Pepe de Secretario i desde allí de la tribuna adonde estabamos tenia el gusto de verlo..... despues, el gran baile

sentimiento del deber, bajo cuyo impulso temes obrar mal si me concedes los dulces ósculos que te pido. Oh! no tengas cuidado, dueño mio! Yo te estimo i te respeto muchísimo; te quiero llevar al altar, pura, casta como eres, sin un solo remordimiento, i no te pediría ninguno de esos favores si no tuviese la íntima seguridad de tu pureza i de que tú no sufres desdoro en tu anjélica virtud, i la santa virjinidad de tu corazon! Perdóname si puedo hacerte sufrir algun embarazo, dulce bien mio, i no me mates con ese silencio equívoco que me llena de dudas i tormento!

25

Los dias son tan felizes! las noches tan deliciosas! Hai tanto misterio; tantos ensueños, tanta ternura i tanto amor en los purísimos delites que saboreamos: noche i dia en tu santuario perfumado! Mi bien, tengo que pedirte perdon de una omision que ha sido involuntaria, hace algunos dias que no te he llevado flores para tu gabinete; tú sabes que no ha sido culpa mía, por que en casa no hai casi flores, i no he podido buscarlas en los jardines ajenos, por que aproximándose nuestra union, he tenido infinitas ocupaciones en la calle que me incomodan i quitan el tiempo: perdóname, mi bien, i no pienses que es olvido. –

26

Cada dia que pasa acrecienta mis dichas, ya por los puros gozes que Soledad me procura con sus finezas, ya por la idea de que nuestra santa union se acerca mas, i, que en breve tendré la ventura mas completa, desde el 5 de mayo. Sí, yo espero la dicha mas profunda, me siento lleno de adorables ilusiones i confío con una inmensa fé, que mi vida será ya tranquila i feliz, sin las ajitaciones amargas que ha(n) devorado antes mi corazon! Esta noche salí con Soledad para ir al

adonde estuve tan feliz al verme amada por ti – Oh! mi trovador cuan gratos son para mi corazon estos recuerdos! – Adios –

– 27 –

Las 10 i ½ – noche – Cuan dulces son mi Pepe los dias que pasamos amandonos adorandonos como nosotros! i habrá corazones que nieguen el amor, que nieguen esa simpatia, esa suprema ternura que hace de dos seres dioses, anjeles de felizidad?... oh! que dicha es el amarse así, deseando solo el vivir de una para el otro, pensando siempre el uno en el otro i no estar contentos sino cuando estamos juntos; yo estoi segura que nos amaremos siempre así, si tu dejaras de amarme como ahora jamas lo podria confesar, pues antes de decirtelo moriría..... Mi trovador, tu sabes cuanto te amo, no lo dudes, yo tengo entusiasmo, oh! mi corazon es ardiente como el tuyo, pero no tengo valor para espresar todo lo que siento, perdóname si te hago sufrir a veces con mi silencio! – Adios bien mio, mi adorado Trovador! –

– 28 –

Las 11 – noche – Oh! diario mio hai cosas que no se pueden decir sin temblar, i mucho menos escribirlas..... he tenido esta mañana un momento de terrible desesperacion, pues crei que mi Pepe estaba..... no, no puedo escribirlo – Dios mío, Dios mío! ten piedad de mí, consérvame bueno á mi Pepe.

Congreso, pero no estuvimos contentos allí, por que la discusion era árida en estremo i carecía de todo interes. Sinembargo, los recuerdos eran mui gratos, i yo tenía siempre gusto en estar cerca de mi ánjel en presencia del público que tiene envidia de mi dicha.

27

Mi Dios! cuánta felizidad! cuánto amor, cuánta ternura! Qué deleites tan hondos i tan puros! Ah! hai cosas que no se escriben, porque son superiores al lenguaje: no escribiré en mi Diario, por que mi corazon lo guarda todo…… Cuán dulces confidencias! cuán feliz soi! Adios – hasta mañana mi ánjel – mi casta i perfumada flor, mi inocente i adorable Soledad! Sueña con tu Trovador amantisimo i esclavo. –——

28 – Las 11 de la noche

Ah! para qué escibir? Es mejor que el Diario nada diga respecto del dia de hoi. Si algun perdon debo pedir, lo pido humildemente a mi amada Soledad: Si debo concederle alguno, se lo concedo con toda mi alma. – Húndase en el olvido el recuerdo del día de hoi! – faltan ocho dias no mas! qué felizidad es saborear la esperanza momento por momento, i sentir que la ventura se acerca paso a paso, con todo el misterio de un bien divino! Esta noche, estuvimos en el Congreso con mi Solita, i estuvimos mui contentos, porque la discusion era interesantísima: se trataba de constituir la República en Estados federales. Esa idea no es aceptada por muchos, pero ella triunfará por que tiene el mas fuerte de los apoyos i el del interes particular. – Despues

– 29 –

Las 11 i ½ – noche – Despues del dia de ayer….. hoi hemos pasado un dia de alegria i contento mi Pepe comio con nosotros, estuvo mui amable i mui tierno; vino esta mañana mi bien con Agripina i con Miguel i su esposa, tu familia mi Pepe, en menos de ocho dias será tambien la mía! Cuanto te amo, mi Trovador, cuan inmenso es mi cariño por tí! no quisiera que te apartaras ni un momento de mi lado, no puedo estar tranquila si tu no te encuentras junto a mí! – que felizes somos, nos amamos tanto, es tan igual nuestro amor, oh! que felizes somos, amado mio, la vida así es un paraiso i se desliza entre perfumadas flores mientras seguimos la senda llenos de alegria i de amor! – Adios mi Trovador, recuerda sin cesar a tu amante Solita! –

– 30 –

Las 10 i media – noche – Faltan cuatro dias i seré tuya, tuya enteramente….. yo estoi mui feliz con tu amor Trovador mio, te amo tanto, si, tanto como tu me amas mi Pepe, sino que yo no puedo decírtelo….. esta mañana, esta tarde, he estado tan contenta, sin una nube que turbe nuestra dichosa vida ni empañe por un instante el sol de nuestra alegría, nos queremos tanto, es tan bello amarse así! – Adios, te dejo, Diario mio, pocos dias me faltan ya para decirte lo que siento….. Mi Pepe, me despido de tí otra vez para irme a entregar al sueño i verte allí tambien tan amante i tan querido como has sido hoi!

fui a pasear con mi ánjel, por que la noche estaba mui bella. Cuánta poesía, cuánto amor, cuánto divino deliete hai siempre en el cielo iluminado por la luna! – Adios dueño mio: voi a soñar contigo. –

29 – Las 10 ½

Voi a escribir cuatro líneas, para consagrarte un recuerdo, mi amada Soledad, – por que estoi abrumado de sueño, i quiero descansar. – Este dia ha sido mui grato: salí con mi querida Agripina a hacer algunas visitas, i estuve despues donde mi Solita, mui contento i feliz. – Siempr la encuentro bella i amable, i cada dia me siento mas profundamente enamorado. Hoi he comido en familia con mi reina i señora i despues salimos a dar un paseo que solo tuvo de agradable el ser con *ella* i su familia, por que la tarde ha sido mui triste i desapacible. La noche ha sido deliciosa, mui deliciosa….. He concluido el dibujo de un paisaje que creo le ha gustado a mi bella. – Adios, dueño mio: – Hasta mañana, soñemos!...

30 – Las 11 de la noche.

Termina el mes de Abril, i va a empezar el de nuestra union, Soledad! Ah! son tan dulces las vísperas de nuestra union, que yo no querría se acabase, si no fuese por que nos esperan todavía mas hermosos dias. – A cada nuevo sol que alumbra nuestras alegrías, siento que te amo mas profundamente que el dia anterior. – Cuán suave, hermosa e infinita es la cadena delas dulces sensaciones, cuando ella rodea i enlaza dos corazones que se aman! – Eres tan bondadosa, mi Solita, – mi reina, que no sé cómo pagarte tus ternuras, por que toda la adoracion que te rinde mi alma, no es bastante a recompensar tanta ventura! – Aun siento la deliciosa impresion de tus perfumados labios….. i voi a mi lecho dominado todavía por la embriaguez i el deleite que se beben en tus celestiales caricias…..

[MAYO]
1° de Mayo

Son yá mas de las once, he estado mui dichosa, mui feliz con mi amado Pepe, estuvimos contemplando juntos un eclipse de luna, sus manos estrechando las mias i ambos mirando el hermoso espectáculo del cielo cubierto de estrellas brillantes, entre otras constelaciones veiamos la cruz de mayo, que parecia de diamantes reverberando al pie del Trono del Señor como en señal de paz i de esperanza; la luna se cubrio poco a poco como con un crespon oscuro..... nosotros entramos á la casa, i poco despues se despidió mi amante Trovador, que cada dia es mas querido de mi corazon – Adios mi bien, mi Pepe! –

MAYO
Dia 1º – las 11 de la noche

Empieza el mes de mi felizidad, despues de tantos años de una juventud ajitada, llena de contratiempos de todo jénero, de amarguras i desengaños. Esta reservado a ti, mi Soledad, ser el bello instrumento que Dios empleara para indemnizarme con la ventura i la tranquilidad, de mis anteriores tristezas! Por eso, al amarte tan ardientemente, yo me siento dominado de la mas profunda gratitud hacia ti. – Tú has sido mi Providencia visible, i bajo el amparo de tu dulce amor, yo he vuelto al camino dela esperanza i del placer!

Cuán hermoso ha sido para mi corazon el dia de hoi! Cada vez mas enamorado de un ánjel cada dia mas amante, me siento mecido por el vaiven de la blanda ola del placer, i mis horas de espera pasan risueñas i hermosas entre caricias i ternuras, ensueños i deleites tan hondos como puros. La noche ha sido mui grata, por que despues de mil dulzuras, he gozado con Soledad en una escena de sublime contemplacion. A las 10 la luna estaba en eclipse, i este magnífico fenómeno, tan sencillo a los ojos dela ciencia, nos inpiraba un éxtasis divino que levantaba nuestras almas a la altura de esa rejion de misterios i hermosuras que se llama *el cielo*. Juntos los dos, cojidos de las manos, i reclinando mi cabeza contra el castísimo pecho de mi arcánjel, no sé si me dominaba mas la adoracion ácia Soledad, o la meditacion relijiosa que me alzaba hasta Dios! Con cuánta embriaguez se contemplan los astros i las maravillas de la creacion, cuando al misterio de esa contemplacion se agrega el misterio de un santo amor i la duclce persuasion de ser amado! Cuán divina i poética es la relijion del amor! Yo he gozado mucho, i meditando en el cielo, cuyas hermosuras me han encantado siempre, he adquirido aun mas la profunda conviccion de que mi amor será invariable. – Sí, mi Soledad; te amo con ese santo amor que el poeta mismo no sabe pintar, por que vive en el fondo del alma, tiene algo delos misterios sublimes dela inmortalidad!

– 2 –

Cuan dulce, cuan delicioso paseamos i conversamos esta noche Pepe mío! que gratas son estas confianzas intimas de corazon a corazon, amandonos tan tiernamente, con tanto entusiasmo como nosotros! Cada dia soi mas feliz i encuentro mas cualidades para amarte mi Trovador! – Me hablo de sus pasados años, de sus tristezas de otro tiempo, de su felizidad i de su amor de ahora; eres tan bueno, bien mio, que tu mereces toda la dicha que te puede brindar este mundo, tu corazon es tan noble, tu alma tan elevada, que tu debes hallar la felizidad al fin de tantas desgracias, de tantas pruebas que has tenido que sufrir en tu primera juventud, pero mi Pepe, no te acuerdes de los viles que te han calumniado, mira que la censura de los malos, sus insultos, son prueba de que eres bueno, cuando no pueden transigir con tigo, ellos no comprenden un noble procedimiento porque juzgan por sí mismos, olvida amado mio todo eso porque amarga tus momentos de placer, recuerda solo nuestro amor tan mutuo i tan profundo ¿no es suficiente esto para endulzar tu vida? Fuimos hasta San Diego la luna estaba mui bella i nosotros qué contentos la contemplabamos. Adios mi Trovador, hasta mañana! –

– 3 –

Las 10 i ½ noche   Contenta como ayer, feliz con mi amado Trovador, veo llegar el tiempo de ser tu esposa con tanta tranquilidad i

2 – Las 11 de la noche.

Despues de pasar un bellísimo dia, como los anteriores, distribuidos en las confidencia, las caricias i las ternuras del amor, i en la lectura, el dibujo i las gratas distracciones del hogar, hemos tenido una noche divina. Salimos de paseo: el cielo tenía una admirable hermosura, i una magnificencia nada comun. La luna brillaba con supremo encanto i las sombras de los altos campanarios en las calles, i de los sauces tembladores en el camellon se delineaban con un romanticismo sublime. El cielo había aglomerado infinitas bellezas que ostentar, i convidaba a la meditacion i al amor. La noche trae siempre el imperio misterioso de los *recuerdos*, i hace evocar entre sus sombras i sus claridades melancólicas mil historias del Corazon, mil ensueños i esperanzas, i un mundo entero de apariciones fantásticas i caprichosas. –

Soledad i yo, cojidos del brazo i estrechándonos las manos con cariñosa efusion, caminábamos a la sombra de los árboles, viendo con embriaguez, por entre el follaje tranquilo e inmóvil, la blanca faz de esa luna que tanta vezes ha sido nuestra compañera, que ha oido nuestros suspiros, que ha protejido nuestro amor, encantado nuestra mente, i poblado nuestro corazon, con sus encantos i su influencia benéfica, de mil dulces esperanzas de dicha….. La luna tiene siempre misterios, deleites i consuelos para los artistas, para los amantes, para los desgraciados i para los dichosos…..

Tú no olvidarás, mi amada novia, todos los deliciosos coloquios, las gratas confidencias, los dulces juramentos, las santas esperanzas i los purísimos placeres de esta hermosa noche. – Soi mui dichoso, i espero serlo siempre, por que me adoras i te adoro….. Adios, mi adorable arcánjel: – Sueña con tu bardo que te idolatra i recibe el dulce beso que te envío! –

3

Quisiera escribir mui largamente; pero estoi rendido de cansancio i de sueño. – Hoi estuve con mi Soledad, mui contento i pasamos

confianza en el porvenir que algunas veces yo misma me asombro, oh! yo no habia creido nunca hallar un ser a quien amara tanto como yo te amo a tí mi Pepe; pero si tu eres tan bueno, tan fino que quien no te ha de amar profundamente, te comprendo tanto i tu me comprendes tambien, que es seguro que Dios nos formo el uno para el otro, esta mañana recibi una amantisima i dulce cartica de mi Pepe mandandome unas flores i diciendome cuan dichoso eres i cuanto me amas; cuanto agradezco estas pequeñas pruebas de tu afecto i que a ojos extraños parecerian insignificantes me hacen conocer toda la ternura de tu afecto i de tu amor – somos mui dichosos, solo nos ocupamos el uno del otro i soñando contigo paso la noche siempre, persuadida de que tu tampoco me olvidas un instante – Adios mi amado, – Adios mi Trovador!

– 4 –

Las 10 – noche – Adios, mi diario, Adios!.... llegó por fin el dia en que me despido de tí despues de haberme acompañado diariamente por un año i ocho meses, te comenze con dudas, con tristezas, con amargos pensamientos aunque una esperanza brillaba entonces en lontananza, esperanza que vi realizada despues.... te doi fin llena de alegria, de placer profundo, viendo entre sueños una felizidad prometida sin un pesar en la memoria, sin una duda sin una nube tan solo en mi esplendido horizonte! te empeze por qué mi corazon deseaba tener un amigo á quien confiar mis sueños, mis recuerdos, mis penas, mis alegrias i sobre todo para hablar de aquel que habia hecho tan profunda impresion en mi corazon yo deseaba desahogarme, contar mis sentimientos, i te busqué a ti, fiel compañero que has recibido todas mis lágrimas, mis suspiros, mis deleites, te dejo feliz, el corazon completamente tranquilo, pero te dejo conmovida porque has sido por mucho tiempo mi unico amigo i consuelo mudo de mis dolores...... ahora tengo otros deberes que cumplir i solo a *el* debo contar mis pensamientos solo en *el* tendré la confianza que tuve contigo.

horas deliciosas. Todo adelanta i se prepara para nuestra union anhelada, i apenas faltan ya 44 horas para que seas mi esposa para siempre, ante Dios i los hombres......

Pero hoi he tenido un pesar: concurrí al entierro de un honrado joven, amigo i hermano, el Sr. Andres Daza, a quienes los masones hicimois las exequias i todos los honores mortuorios: tuve necesidad de leer un discurso i salí conmovido i triste...... Estas impresiones son siempre dolorasas para un corazon sensible como el mio.

Cada vez que pienso en la muerte i cabilo sobre la memoria que harán de mí i las amarguras que mi desaparicion causaria a los seres que me son queridos, mi alma se hiela i entristece profundamente. —

Adios, mi Soledad; es ya mui tarde i necesito de reposo: mañana te escribiré la última pájina de *este* Diario, por que desde el dia 5 tendrémos un libro común de nuestra vida. – Voi a soñar en tí, dulce bien mio! –

4

Querido Diario *mio*: voi a hacerte ya mi última confidencia, a dejar escrita tu última pájina, puesto que mañana mi memorandum será ya la historia de una vida doble, – de dos almas juntas, de dos corazones unidos, – el de Soledad, – mi esposa i el mio. – I qué placer tengo al considerar que la primera pájina escrita aquí ha sido grata, i que lo es inmensamente la última que te consagro!

Sí, desde el 1° de enero hasta hoi, apenas hai cuatro o seis pájinas que revelan alguna amargura: las demas son historia íntima de mis esperanzas, mis consuelos i mis dichas de amante i amado. –

Hoi, en la víspera feliz de mi enlaze eterno, el dia ha sido alegre, todas las horas placenteras, i todo me anuncia una suprema i perdurable felizidad. – Largas horas de intimidad i de quehaceres domésticos primero; gratas conversaciones i alegrías, i al cabo, esta noche un profundísimo deleite en mis confidencias amorosas con mi Soledad. Le llevé un lindo ramo de pensamientos perfumados; conversamos íntima i dulcemente sobre nuestra union i nuestro porvenir, i llenos

El dia de hoi ha sido fecundo en emociones i sentimientos distintos: temprano fui a la Iglesia de San Francisco allí elevé mi alma á Dios i cumplí con un solemne precepto de mi Relijion: me confesé, i comulgue por la ultima vez antes de ser *su* esposa. Le rogué a Dios que me diera virtud i tacto para cumplir mis nuevos deberes como esposa i compañera de un ser que cifra toda la felizidad en mí, cuyo valor i resignacion en la desgracia debo yo inspirar, llorar con sus pesares, alegrarme con sus alegrias, ser el anjel tutelar de su felizidad doméstica, enfin, cumplir dignamente los deberes de una tierna, previsiva i amante esposa, Oh! Dios no me abandonará en ese camino tan dulce para el alma noble el de ser la constante compañera de un ser tan profundamente amado de mi corazon como lo es mi Pepe! Le pedí al Señor que le diera su bendicion a mi Madre para que siempre viva contenta a mi lado, que sea yo su tierno apoyo en todas partes i que en lugar de perder una hija tenga dos hijos que se ocupen de su felizidad constantemente, le pedí al Señor que me inspirara siempre con actos de bondad para probarle cada dia cuanto la amo i cuan profundo es mi agradecimiento por todo el tierno cariño que siempre ha tenido acía mí – Invoqué la sombra de mi padre para que me protejiera en mis nuevos, i dificiles, deberes de llenarlos bien; Padre mio que me amabas tanto mirame ahora cuan dichosa soi i dame algunas de tus virtudes para poder hacer feliz al hijo que mañana te presentaré en el esposo que he aceptado!..... Adios mis veinte i un años al entrar en los 22 ya seré una nueva mujer seré ya esposa!!... Cuantas ideas se me presentan en este instante, pero mi mente esta ajitada i no me es posible escribir mas largo talvez mañana te diré el ultimo Adios..... Mi adorado Pepe me trajo un bellisimo i perfumado ramo de pensamientos esta tarde, cuantos recuerdos tendran en lo futuro, amado mio! nosotros seremos tan dichosos, no es cierto, mi dulce Trovador! Hasta mañana mi novio amado! –

de confianza i de fé, nos hemos preparado para la santa union que esperamos con alegría. –

Por la noche, he leido nuevamente muchas de mis improvisaciones a Soledad, i ella estaba contenta, encantada i dichosa. Oh! nuestro amor es un bello poema, i tenemos derecho para esperar la felizidad. –

Cuántas vezes nuestros sueños i nuestros pensamientos han coincidido, i cuántas pruebas nos ha dado el tiempo ya que el dia de nuestra ventura llegaría para que ella fuera eterna i profunda! Yo me siento con valor i fuerzas para cumplir mi deber, i buscar en el camino dela vida esa tranquilidad deliciosa i envidiable que solo se encuentra en las dulzuras del hogar! Estoi contento i dichoso, sí, mui dichoso! Lo espero todo, i confiando en la proteccion de Dios, en el amor de mi Soledad, i en la rectitud de mi corazon, iré a recibir la santa bendicion de nuestra ternura! –

Adios, Diario mio: – guarda estos recuerdos, i que ellos me sirvan para no olvidar nunca, despues de ser *esposo*, las alegrías i las dichas que te canté como *amante* simplemente!

José M. Samper

Thank you for acquiring

LOS DIARIOS ÍNTIMOS DE SOLEDAD ACOSTA
Y JOSÉ MARÍA SAMPER
EDICIÓN CRÍTICA FLOR MARÍA RODRÍGUEZ-ARENAS

from the
Stockcero collection of Spanish and Latin American significant books of the past and present.

This book is one of a large and ever-expanding list of titles Stockcero regards as classics of Spanish and Latin American literature, history, economics, and cultural studies. A series of important books are being brought back into print with modern readers and students in mind, and thus including updated footnotes, prefaces, and bibliographies.

We invite you to look for more complete information on our website, www.stockcero.com, where you can view a list of titles currently available, as well as those in preparation. On this website, you may register to receive desk copies, view additional information about the books, and suggest titles you would like to see brought back into print. We are most eager to receive these suggestions, and if possible, to discuss them with you. Any comments you wish to make about Stockcero books would be most helpful.

The Stockcero website will also provide access to an increasing number of links to critical articles, libraries, databanks, bibliographies and other materials relating to the texts we are publishing.

By registering on our website, you will allow us to inform you of services and connections that will enhance your reading and teaching of an expanding list of important books.

You may additionally help us improve the way we serve your needs by registering your purchase at:
http://www.stockcero.com/bookregister.htm

www.ingramcontent.com/pod-product-compliance
Lightning Source LLC
Chambersburg PA
CBHW031705230426
43668CB00006B/110